高职高专材料工程技术专业
(陶瓷工艺方向)项目式课程丛书

陶瓷成型技术

王　超　主　编
周晓燕　副主编
陆小荣　主　审

中国轻工业出版社

图书在版编目（CIP）数据

陶瓷成型技术/王超主编. —北京：中国轻工业出版社，2024. 7
高职高专材料工程技术专业（陶瓷工艺方向）项目式课程丛书
ISBN 978-7-5019-8779-5

Ⅰ. ①陶…　Ⅱ. ①王…　Ⅲ. ①陶瓷—成型—高等职业教育—教材
Ⅳ. ①TQ174. 6

中国版本图书馆CIP数据核字（2012）第078384号

责任编辑：李建华　杜宇芳
策划编辑：李建华　　责任终审：滕炎福　　封面设计：锋尚设计
版式设计：宋振全　　责任校对：燕　杰　　责任监印：张　可

出版发行：中国轻工业出版社（北京鲁谷东街5号，邮编：100040）
印　　刷：北京君升印刷有限公司
经　　销：各地新华书店
版　　次：2024年7月第1版第5次印刷
开　　本：787×1092　1/16　　印张：13
字　　数：300千字
书　　号：ISBN 978-7-5019-8779-5　定价: 38.00元
邮购电话：010-85119873
发行电话：010-85119832　010-85119912
网　　址：http：//www.chlip.com.cn
Email：club@chlip.com.cn

如发现图书残缺请与我社邮购联系调换
241257J2C105ZBW

前　言

《陶瓷成型技术》一书以材料工程技术专业（陶瓷工艺方向）市场调研与人才需求分析为基础，针对陶瓷企业实际工作岗位相关职业能力的要求，根据专业人才培养方案及《陶瓷成型技术》课程标准，结合陶瓷企业成型技术的实际情况与发展趋势，在相关课程教学实践的基础上编写而成。

为了充分体现高职高专职业教育的特点，培养高技能应用型人才，本教材在内容编排上，力求由浅入深，语言简明易懂，重点突出。在内容取舍上，主要选择具有代表的陶瓷成型项目，并略去了繁琐的公式推导，把重点放在知识点的整理、归纳与操作任务的编排上，目的主要是使学生具备陶瓷生产一线成型岗位所必备的基本知识与相关技能。

本书在高职高专教学改革的大背景下编写完成。将实际工作任务、工作过程和工作时需具备的知识点有机融合并组织教学内容，以职业能力为依据，以职业能力发展为目标，以工作任务为线索，以典型产品为载体，充分体现职业教育课程的开发理念，以典型任务引领整个项目式教学。

本书以更能体现高职教学特色的“项目”具体分类编排。“陶瓷成型基础知识”部分简要介绍陶瓷成型的主要方法及选择依据。项目1——注浆成型；项目2——可塑成型；项目3——压制成型，是传统陶瓷常用的成型方法，具有代表性；项目4——其他成型，主要介绍除传统陶瓷以外的新型陶瓷的部分成型方法，列举的如热压注、挤压、流延等成型方法也具有典型性；项目5——干燥；项目6——修坯与施釉，实际是陶瓷成型后的加工，本书也把其归类于陶瓷成型的范畴；项目7——成型模具，主要介绍陶瓷成型模具的相关知识，对成型技术的理解具有重要帮助。

对于本书中的每一个项目，里面都含有归纳整理知识点及典型任务，理论与实践相结合，学习与操作相匹配。此外，《陶瓷成型技术》一书内容除涵盖了陶瓷成型的主要方法外，还穿插了较多陶瓷成型机械的相关知识，从而体现对高职学生动手能力的要求。为便于教学，每一个项目前面都有学习目标、知识要求、技能要求，项目最后都有思考题，供读者参考。

本书为高职高专材料工程技术专业（陶瓷工艺方向）项目式课程丛书中的一本，全套书籍包括陶瓷原料分析技术、陶瓷坯釉料制备技术、陶瓷成型技术、陶瓷烧成技术、陶瓷装饰技术和陶瓷生产检测技术。本书适合高职高专相关专业的教学使用，也可作为中等专业学校和陶瓷企业职工的培训教材。

本书由无锡工艺职业技术学院王超任主编，江西陶瓷工艺美术职业技术学院周晓燕任副主编，无锡工艺职业技术学院陆小荣任主审。其中项目2——可塑成型由周晓燕编写，其他由王超编写。无锡万宝陶业有限公司陈富强、无锡兰丰陶业有限公司潘国平等参与了本书的编写工作，为本书的编写提供了大量的素材，并提出了宝贵的意见和建议。

在编写过程中，由于本人学术水平有限，书中可能会存在一些不妥乃至错误之处，欢迎广大读者批评指正。

编　者

2012年2月

目　　录

陶瓷成型基础知识

学习目标

陶瓷成型常用方法的初步认知

知识要求

1. 了解常用陶瓷制品的成型方法
2. 了解注浆成型、可塑成型、干压成型的特点，初步了解其过程
3. 了解陶瓷成型方法选择的依据

技能要求

能现场初步认识陶瓷成型的基本工具及设备

知识点一　陶瓷成型方法的种类

传统陶瓷制品是采用天然矿物原料（如黏土、长石、石英等）及少量的化工原料，经配料、粉碎加工、成型、烧成等工艺制成。传统陶瓷包括日用陶瓷、艺术陈设陶瓷、卫生陶瓷、建筑陶瓷等，如图0-1至图0-4所示。由图可见，陶瓷造型丰富多变、形状各异，且各有特点，从而满足不同消费群体的需求。但总体而言，成型的实质都是将制备好的坯料，用各种不同的方法制成具有一定形状和尺寸的坯件。

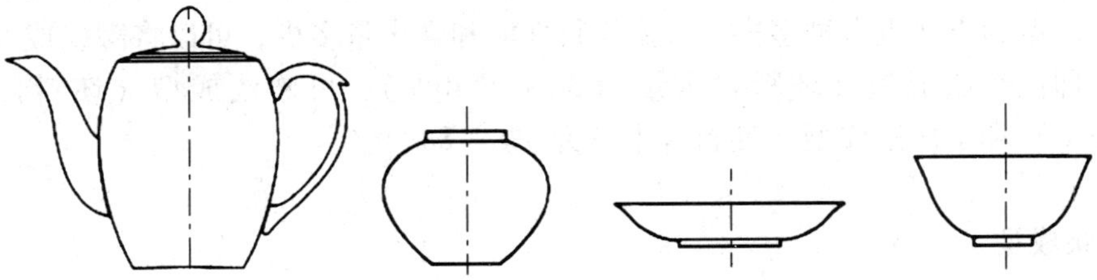

图0-1　日用陶瓷

图0－2　艺术陈设陶瓷

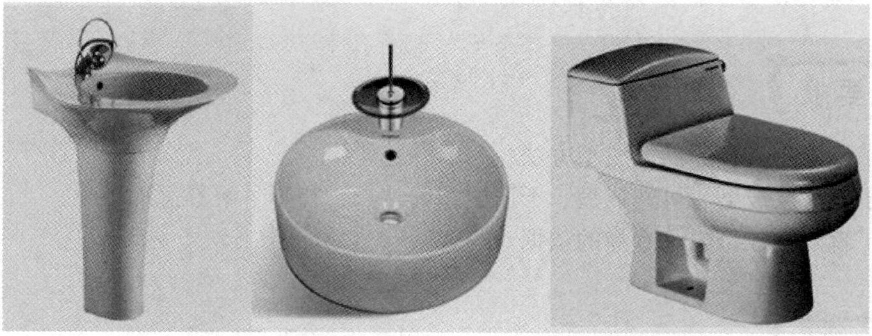

图0－3　卫生陶瓷

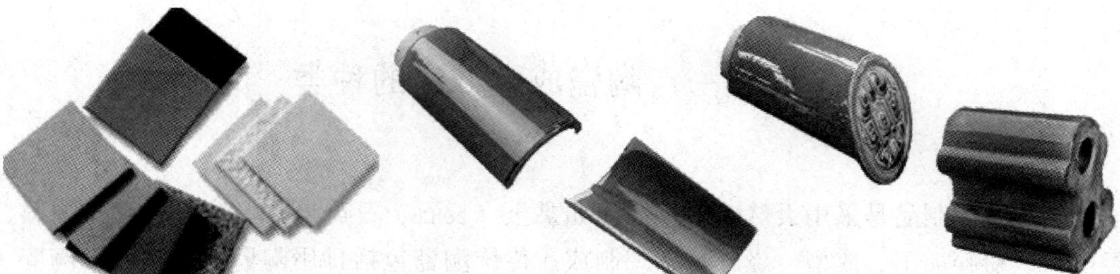

图0－4　建筑陶瓷

陶瓷制品种类繁多，其形状、大小、性能和烧成温度各不相同，所以陶瓷成型的工艺复杂，成型的方法也多种多样。根据坯料性能和含水量多少，可以将陶瓷成型方法分为三类，即注浆法成型（坯料含水量为30%～40%）、可塑法成型（坯料含水量为18%～26%）和干压法成型（坯料含水量为6%～8%）。

（一）注浆成型

注浆成型是基于多孔石膏模具能够吸收水分的物理特性，将陶瓷粉料配成具有流动性的泥浆，然后注入多孔模具内（主要为石膏模），水分在被模具（石膏）吸入后便形成了具有一定厚度的均匀泥层，脱水干燥的同时形成具有一定强度的坯体。注浆成型方法适应性强，凡是形状复杂，不规则的薄壁、厚胎、体积较大且尺寸要求不严的制品都可用注浆法成型。如日用陶瓷中的花瓶、酒瓶、汤碗、椭圆形盘、茶壶手柄等都可采用注浆法成型。

注浆成型后的坯体含水率大，且结构不均匀，干燥收缩和烧成收缩均较大。另外，从生产过程来说，其生产周期长、手工操作多、劳动强度大、占地面积大、模型消耗多。随着生产工艺的不断进步和注浆成型机械的不断发展，这些问题将会得到改善和解决，从而使注浆成型更适合于现代化的陶瓷生产。

注浆成型的整个过程一般可分为三个阶段：

（1）泥浆注入石膏模具后，在石膏模毛细管力的作用下吸收泥浆中的水，靠近模壁泥浆中的水分首先被吸收，颗粒开始靠近，形成最初的薄泥层。

（2）水分进一步被吸收，薄泥层逐渐变厚，泥层内部水分向外部扩散，当泥层厚度达到注件厚度时，就形成雏坯。

（3）石膏模继续吸收水分，雏坯开始收缩，表面的水分开始蒸发，待雏坯干燥形成具有一定强度的生坯后，脱模后即完成注浆成型。

（二）可塑成型

可塑成型是对可塑性的陶瓷坯料或泥团施加外力，迫使其在外力作用下发生变形而制成坯件的成型方法。雕塑、印坯、拉坯、手捏等手工成型方法都属于可塑法成型，但这些成型方法较为古老，多用于艺术陶瓷的制造。而旋压成型和滚压成型，则是目前工厂广泛采用的可塑成型方法，可用于盘、碗、杯、碟等陶瓷制品的生产。

1. 旋压成型

旋压成型是利用石膏模与型刀配合使坯料成型的方法，坯料一般为经过炼制而成的可塑性较好的泥料。操作时，将经过真空炼制的泥团放在石膏模中，并使石膏模转动，然后慢慢地放下型刀。由于型刀的压力，泥料被均匀地分布在模子的表面，然后用工具清除多余泥料，转动的模壁和型刀所构成的空隙被泥料填满，型刀的曲线形状与模型工作面的形状构成了坯件的内外表面，而样板刀口与模型工作面的距离即为坯件胎厚。

旋压成型设备简单、适应性强，可以旋制大型深孔的制品，但成型后的坯体质量一般。旋压成型劳动强度大，生产效率低，成型时所消耗的泥料和石膏模数量多，而且要求工人有一定的操作技术，因此，这种陶瓷成型方法已不多见，但在浙江长兴一带生产酒坛的企业仍然保留。旋压成型用泥料含水率较高，并且在成型操作过程中需加水“揥光”，从而使坯体表面光滑。此外，型刀对坯体的正压力也比较小，使得坯体致密度较差，在干燥过程中易出现变形、开裂等缺陷。目前，小批量制品、中低档瓷器仍采用旋压成型法。为提高成型质量和生产率以及降低劳动强度，对于体型较小的日用陶瓷，其成型方法已基本被滚压成型所替代。

2. 滚压成型

滚压成型是在旋压成型的基础上发展而成的。滚压成型与旋压成型的不同之处是将旋压成型中的“旋坯刀”改为回转型的“滚压头”。滚压成型时，盛放泥料的模具和滚压头分别绕各自的轴线以一定速度同方向旋转，滚压头一边旋转一边逐渐靠近盛放泥料的模具，并对泥料进行“滚”和“压”的作用而使其成型。滚压成型与旋压成型相比，其优点如下：

（1）由于滚压头与泥料的接触面积较大，在一定的转速下泥料受滚压的时间较长，同时泥料受到既滚又压的作用，泥料被均匀地延展开来，可使其内部颗粒维持原有的非定向排列，因此坯体致密度较高，强度大，且结构均匀，不易变形。

（2）滚压成型要求泥料的含水量较低，一般认为在19%～24%的范围内，这样有利于减少变形和缩短干燥时间。

（3）滚压头由特殊材料制成，不易磨损，寿命长。

（4）滚压成型效率高，易与前后生产工序组成联动生产线，便于实现机械化和自动化，从而改善劳动强度，节约劳动力。

3. 塑压成型

塑压成型是将含水率20%左右的可塑坯料，置于特殊的石膏模型内，而后加压成型的一种方法。塑压成型特别适用于陶板、挂盘、日用陶瓷、电子陶瓷的成型，也可用于可塑性材料的冲裁、翻边等工艺，目前已成功用于压制鱼盘等异形产品。成型后的陶板、圆盘等可以进一步加工艺术化，如雕刻、彩绘等。

塑压成型的关键工具，是特殊的石膏模或其他材料的多孔模型。值得注意的是：如用石膏模塑压成型，除需在模壁内用钢筋补强，使之能承受模头的冲压作用外，还需在模壁内适当分布直径较小的多孔软管。这些小管在加压成型时可迅速均匀排水，在脱模时又可吹入空气帮助脱模，使成型好的坯体吸附在上模而离开下模，最后又向上模内吹气，使坯体脱离（可参见项目7中关于塑压模型的详细介绍）。当采用金属模型时，为防止粘泥，可采取添加润滑剂或加热的方法。塑压成型的坯体不需带模干燥，比可塑成型异型制品的生产效率高，坯体质量好，是一种有发展前途的新工艺。

4. 雕塑、印坯与拉坯

雕塑、印坯与拉坯成型都是古老的手工可塑成型法，由于这些成型方法简便、灵活，对于量少而特殊的器形，目前仍需使用这些方法。

典型可塑成型方法见表0－1。

表0－1　典型可塑成型方法比较

成型方法	主要设备	模具	成型产品种类	坯料类型及要求	坯体质量	工艺特点
拉坯	辘轳车	—	圆形制品如花瓶、坛子、罐子等	黏土质坯料，可塑性好。成型水分均匀，为23%～25%	表面光滑程度及尺寸精确度较差	设备简单。要求很高的操作技术，产量低，劳动强度大。尺寸不够准确，容易变形等
车坯	卧式或立式车坯机	车刀	外形复杂的圆柱状产品	坯料为挤泥机挤出的泥段。湿车水分为16%～18%，干车为6%～11%	干车坯体尺寸精确。湿车较差，且有变形	干车粉尘大，生产率低，刀具磨损大，已逐渐由湿车代替

续表

成型方法	主要设备	模具	成型产品种类	坯料类型及要求	坯体质量	工艺特点
旋压	旋坯机	石膏模、型刀	圆形的盆、碗、碟、盘、小型电瓷等	黏土质坯料。塑性好。水分均匀，一般为21%～26%	形状规则，坯体致密度和光滑性均不如滚压成型，易变形	设备简单，操作要求高，坯体质量不如滚压成型
滚压	滚压机	石膏模、滚压头	圆形的盆、碗、碟、盘、小型电瓷等	黏土质坯料。阳模成型水分20%～23%，可塑性高。阴模成型水分21%～25%，可塑性稍低	坯体致密、表面光滑、不易变形	产量大，坯体质量高，适合于自动化生产，需要大量模型
塑压	塑压成型机	特殊石膏模	椭圆形、方形及外表面有花纹的异形盘、碟、浅口制品	黏土质坯料，水分约20%，具有一定可塑性	坯体致密度高、不易变形、尺寸准确	适合于生产异形的盘、碟类制品。坯体致密度高，自动化程度高，对模型质量要求高

（三）压制成型

压制成型又称模压成型，它是将粉料（含水量控制在4%～7%，甚至可为1%～4%）加少量黏结剂进行造粒，再将造粒后的粉料置于金属模中，在压力机械作用下压成具有一定形状的坯体。此类成型方法适合压制形状简单、尺寸相对单一的制品，如正方形、长方形的陶瓷墙地砖制品。压制成型可以大大提高坯体的致密程度，进而提高制品的强度。此外，压制成型的机械化水平较高，一次性投入较大。随着压制机械技术水平的不断更新，很多陶瓷企业的产品不断更新升级，已能压制120cm×120cm，甚至更大尺寸地砖，且质量稳定，废品率低。

压制成型是陶瓷生产中的重要成型方法之一，通常可分为干法、半干法和湿法压制。干法压制：泥料含0～5%的水（包括润滑介质和其他液态加入物）；半干法压制：泥料含水5%～8%；湿法压制：泥料含水8%～18%，一般在琉璃瓦的成型过程中采用。通常，我们只将压制成型区分为干法压制和湿法压制两类。干法压制成型的主要特点如下：

（1）干法压制的模具成本高，只有大量生产同一品种时才是经济、实惠的。

（2）干法压制最适宜于几何尺寸不太大，长宽尺寸相差也不太大，形状不太复杂的制品。形状太复杂使模具结构复杂，成本增高，且尺寸精度不一定能满足要求。

（3）为了达到最佳的压制性能，对泥料的颗粒组成和颗粒形状有较高的要求。因此，干压成型的粉料需经过严格的工序加工处理。

（4）由于坯体含水量少，因此干燥收缩小，其干燥废品率相对较低。

（5）干压成型的坯体致密度大，强度大，烧成收缩（或膨胀）通常较小，生产中也易于控制成品尺寸。

（6）干压成型的机械化程度较高，一般是流水线生产。但机械发生故障后的维修相对麻烦，且必须在短时间内完成，否则会影响生产。

（四）其他成型

注浆成型、可塑成型、压制成型基本上可以满足传统陶瓷的成型需要，但对于其他种类的陶瓷，特别是新型陶瓷，这些方法可能就不行了。这主要是因为传统陶瓷以天然矿物，如黏土、石英和长石等不加处理直接使用；而新型陶瓷则使用经人工合成的高质量粉体作为起始材料，突破了传统陶瓷以黏土为主要原料的界线，代之以“高度精选的原料”。

其次，两者结构差别较大。传统陶瓷的组成由黏土的组成决定，不同产地的陶瓷有不同的质地，所以由于原料的不同导致传统陶瓷材料中化学和相组成的复杂多样、杂质成分和杂质相较多而不易控制，显微结构粗劣而不够均匀，多气孔；新型陶瓷的化学和相组成较简单明晰，纯度高，即使是多相材料，也是人为调控设计添加的，所以先进陶瓷材料的显微结构一般均匀而细密。

最后，性能差异较大。新型陶瓷的性能远优于传统陶瓷，而且还发掘出传统陶瓷材料所没有的性能和用途。传统陶瓷材料一般限于日用、建筑、卫生等方面使用，而特种陶瓷具有优良的物理力学性能，高强、高硬、耐磨、耐腐蚀、耐高温、抗热震，而且在热、光、声、电、磁、化学、生物等方面具有卓越的功能，某些性能远远超过现代优质合金和高分子材料。因而登上新材料革命的主角地位，在工业领域，如石油、化工、钢铁、电子、纺织和汽车等行业，以及很多尖端技术领域如航天、核工业和军事工业中有着广泛的应用价值和潜力。

综上可以看出，对于新型陶瓷的成型必须使用特殊的成型工艺，如热压注成型、挤压成型、轧膜成型、流延成型、注射成型、等静压成型等，这些成型方法将在项目 4 中具体介绍。除此之外，还有些特殊的新型陶瓷成型方法，以满足不同性能、不同厚薄、不同尺寸陶瓷材料的需求。也只有在成型过程中不断加强控制、改进机械设备性能，才能制备出高性能的新型陶瓷。特殊的新型陶瓷成型方法如下：

- 特殊新型陶瓷成型方法
  - 陶瓷纤维成型
    - 拉丝成型
    - 喷吹成型
    - 甩丝成型
    - 溶胶凝胶成型
  - 喷涂成型
    - 电弧等离子喷涂成型
    - 火焰粉末喷涂成型
    - 火焰棒材直接喷涂成型
  - 功能陶瓷薄膜成型
    - 离子束沉积成型
    - 化学气相沉积成型
  - 浸渍成型
    - 印刷成型
    - 熔体浸渍成型

知识点二　陶瓷成型方法的选择

在生产中，选择成型方法主要从以下几方面考虑：

（1）制品的形状、大小和厚薄　如果产品形状复杂，尺寸精度要求不高，薄胎、厚壁产品可采用注浆法成型，而具有简单回转体的产品可采用可塑法中的旋压成型或滚压成型，具有规则几何形状的产品可采用压制法成型。

（2）坯料的工艺性能　可塑性好的坯料，在外力作用下发生形变而不开裂，撤去外力后，变形无法恢复，适用于可塑法成型，可塑性较差的坯料可用注浆法或压制法成型。

（3）产品的产量和质量要求　产量大的产品可采用可塑法中的机械成型，也可采用注浆法成型。产量小且质量要求又高时可采用手工可塑法成型，如手工茶壶的制作等。有些工业陶瓷，可以采用压制成型，如果强度和形状要求非常高，可采用等静压成型或其他新型陶瓷的成型方法。

（4）选择成型方法还应考虑经济效益、设备条件、工人操作水平及劳动强度等。

总之，在选择成型方法时，希望在保证产品产量、质量的前提下，选用设备最简单，生产周期最短，成本最低的一种成型方法。当然，有时会感到为难，因为同一产品可以采用不同的方法来成型，而不同的产品也可采用同一方法来成型。例如：直径0.6m的大圆盘，可以采用可塑法成型，也可采用注浆法成型。但是哪种成型方法的技术经济指标更高，这要通过生产实践才能确定，而且还与操作工人的经验有关。

任务　陶瓷成型现场认知

（一）任务要求

现场认识陶瓷成型常用设备，简单了解设备构造及基本工艺过程。

（二）操作准备

泥浆、可塑坯泥、石膏模型、泥刀、旋压成型机械、滚压成型机械、塑压成型机械等。

（三）操作步骤

（1）现场初步认知陶瓷注浆成型模具、工艺要求、操作步骤等，见图0－5。

（2）现场初步认知旋压成型用机械、原料及相关工艺等，见图0－6。

（3）现场初步认知滚压成型用机械、原料及相关工艺等，见图0－7。

（4）现场初步认知塑压成型用机械、原料及相关工艺等，见图0－8。

（5）现场初步认知压制成型用机械、原料及相关工艺等，见图0－9。

图0－5　注浆成型

图0－6　旋压成型

(a) 阴模滚压成型

(b) 阳模滚压成型

图0－7　滚压成型

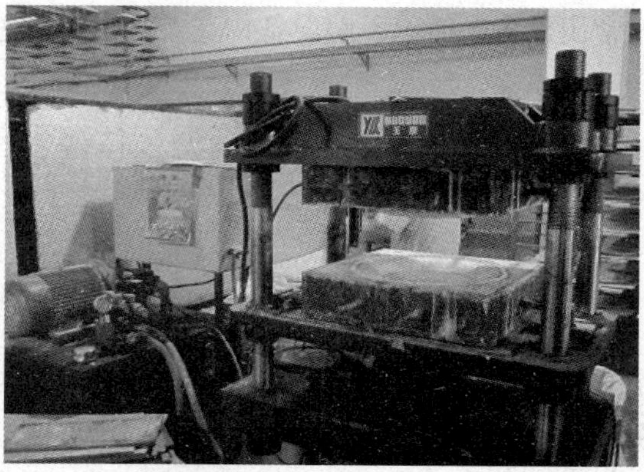

图0－8　塑压成型设备

图 0－9　墙地砖压制成型工序流水线图

（6）完成表 0－2。

表 0－2　　陶瓷成型方法

成型方法	工艺过程简述	成型原料特点	对应陶瓷产品	对应设备
注浆成型				
旋压成型				
滚压成型				
干压成型				

（四）注意事项

（1）注意安全，未经许可不得擅自动用机器设备和其他设备。

（2）严格遵守实验室规章制度。不准拿走实训室任何物品，对于损坏工厂物品或产品者，除了按有关规定赔偿外，按其情节轻重给予相应处理。

（3）听从实训指导老师安排，未经许可，不得擅自离开实训现场，不准在实训现场内打闹嬉笑等。

思考题

1. 陶瓷成型的常用方法有哪些？选择的依据是什么？
2. 通过现场观察，你觉得注浆、可塑、压制成型时采用的原料各有什么特点？

3. 瓷碗、卫生洁具、墙地砖、砂锅、陶瓷酒瓶、花盆的成型方法分别是什么？
4. 采用注浆成型制备的陶瓷产品一般具有哪些特点？
5. 试比较滚压成型阴模成型和阳模成型的区别。
6. 简单分析滚压成型和旋压成型的异同。
7. 压制成型一般适合制备哪类陶瓷产品？

项目1 注 浆 成 型

学习目标

掌握注浆成型技术，能使用石膏模具注制合格坯件

知识要求

1. 掌握注浆成型对泥浆的性能要求
2. 了解电解质稀释泥浆的机理及电解质的种类
3. 掌握注浆成型的工艺过程
4. 了解真空注浆、压力注浆等强化注浆方法
5. 了解注浆成型相关机械设备

技能要求

1. 能测试注浆成型用泥浆的基本性能
2. 掌握注浆成型操作步骤，会制作合格坯件
3. 能分析注浆坯件缺陷产生的原因

知识点一 注浆成型对泥浆的要求

注浆成型是基于能流动的泥浆和能吸水的模型来进行成型的。因此，性质良好的泥浆和高质量的模型是成型顺利进行和获得良好陶瓷坯体的保证。

（一）泥浆的流动性

注浆成型用的泥浆，必须具有良好的流动性，以保证成型时泥浆能充满模型的各个角落，并且可以减少或避免气泡、缺泥、泥缕等缺陷的产生。

注浆浆料是固体介质在液体中处于悬浮状态的分散系统。流动性良好的浆料像乳酪一样从浆桶中流出时，形成一根连绵不断的细线。同样，用一根小木棒在盛于容器中的浆料中不断地搅动，然后提起木棒，附在木棒上的浆料不断流下，如果呈细丝状，就说

明浆料的流动性良好；如呈滴状，就说明浆料的流动性较差。浆料只有流动性良好，才能保证在注浆过程中充满石膏模腔的各个部位，防止生成不完整的坯体。而且，流动性良好的浆料也便于在管道中输送，能够顺利地到达使用工位。

对于泥浆的液体介质，一般也有相应的要求。对注浆浆料的液相通常有以下要求：首先，液相与固相黏土颗粒之间不起化学反应；其次，液相的黏度要低；第三，液相不能溶解固相，但能溶解为改善坯料性能而加入的添加剂；最后，液相不含有降低坯料质量的杂质成分。

在陶瓷浆料中，水能较好地满足上述要求。在浆料系统中，固体质点被水膜（水化膜）分隔，而这层水膜的形成是由于质点表面产生了由水分子、表面活性物质和保护胶体构成的吸附层。同时，固相质点存在着相互作用力产生的排斥和吸收势能，这些力的相互作用决定了系统的稳定性。

（二）泥浆的触变性

泥浆的触变性是指泥浆在静置后变稠，而一经搅拌又立即恢复流动的性质。若触变性太大，不仅增加泥浆在管道中输送的困难，而且注成的坯件脱模后稍遇振动就会变形和软塌。若触变性太小，则泥浆悬浮性较差，会产生颗粒沉淀，石膏模内难以形成一定厚度的坯体，成坯后脱模也困难。泥浆中黏土含量较多、含水率太低、固相颗粒太细或稀释剂用量不当，均会使泥浆的触变性增大。

注浆成型浆料的触变性取决于所用黏土的性质及其颗粒分散度、电解质加入量、含水量以及制备方法等。泥浆中细小的片状颗粒一般带有负电荷，但在活性边面上可能残留少量未被中和的正电荷，或者片状颗粒间的负电荷无法形成相互排斥作用时，就会使泥浆局部甚至整个容器中形成三维网状架构，并将大量自由水包裹在网状空隙中，形成疏松而不活动的空间架构，从而使水失去流动性而变得不“自由”，泥浆的稠度则明显变大。但是这种结构是很不稳定的，具有一定的可逆性，只要稍加剪切力的作用，就能破坏这种结构，而使包裹的大量“自由水”释放，从而使泥浆的流动性又恢复。这就是触变性产生的微观解释。

泥浆的触变性是其成型的重要性能指标。陶瓷注浆成型希望泥浆有一定的触变性，但不能太大。触变性太大的泥浆，静置后容易硬化，成型时不易倒浆，成型后注件脱模或在搬运过程中稍微振动都会因泥浆流动性增大而导致注件变形，而且还有注件松软、干燥缓慢等缺点。然而，触变性太小的泥浆，则注件在脱模前不容易获得足够的强度，湿修时难以修得光滑，容易开裂。影响触变性的因素主要有以下几点：

（1）泥浆的pH　如果泥浆的pH小于7，溶液就会呈现酸性，边表面带正电，边面与板面有静电引力，再加上边面与边面间的范氏引力的作用，此时易形成卡片结构，触变性大。pH越小，边面与板面间的静电引力越大，越容易形成卡片结构，卡片结构越牢固，触变性越大。

（2）泥浆的含水量　含水量越多，颗粒之间距离越远，越不易相互搭接，触变性越小。

（3）黏土矿物的组成　分散度好，颗粒数多，粒子间越易搭接，触变性越大。如：蒙脱石分散性好，最容易形成卡片状结构，触变性好，而伊利石分散性差，触变性也差。

（三）泥浆的稳定性

稳定性是衡量泥浆性质的重要标志。泥浆的稳定性不但受黏土颗粒度和性能的影响，而且也与悬浮液性能及浓度有关。良好的稳定性能够保证浆料在较长时间存放时不发生沉淀、分层和触变性变坏。

在实际生产中常观察到，随着传统陶瓷泥浆的含水率或电解质用量稍有变化，泥浆性能也随之变化。有时见到泥浆带有凝聚性或出现沉淀现象；有时出现泥浆刚调制时流动性较好，但陈腐一定时间后泥浆流动性变坏，这些都说明泥浆的状态不稳定。泥浆中固体颗粒适宜、适当的泥浆密度和可塑性泥料以及加入适量电解质等都有利于提高泥浆的稳定性。

当泥浆中的微细颗粒在某种液体中分散时，就会出现布朗运动。如果颗粒十分细小，那么这种分散现象可以稳定一个较长的时间。若在悬浮液中加入一定量的电解质，使颗粒表面带有电荷，就能使这种分散体系更具有抵抗凝聚和下沉的能力，因而使浆料的颗粒保持“分散”，不易凝聚和沉淀，保持较好的悬浮稳定性。这种促使悬浮体稳定的电荷，可能是由于固体颗粒的表面向分散介质解离出离子，从而使颗粒本身带电荷，带电的颗粒表面为电荷相反的离子所平衡，而形成扩散双电层，因而使悬浮体系稳定。

（四）泥浆的渗透性

泥浆的渗透性指泥浆中水分的过滤性能，它与原料的性质、颗粒度、陈腐时间以及加入电解质的种类、数量有关。泥浆的渗透性对成型性能有较大的影响，它可以确定注件注成速度、注件在石膏模中需要停留的时间以及脱模注件的含水率等。坯料中塑性强的黏土引入量过多、固相颗粒太细或电解质加入过量，都会降低泥浆的渗透性。流动性好、触变性符合要求的泥浆，其渗透性能不一定好。泥浆的渗透性能不好，势必延长成坯时间，容易造成粘模，脱模困难，空心注浆时还会出现坯体内部分层、变形或开裂等缺陷。反过来，泥浆的渗透性太强，注浆时间不易掌控，还会造成操作上的忙乱。

实践表明，在坯料中加入木节土，泥浆的渗透性降低；而加入瓷土或石英、长石和熟料，泥浆的渗透性可以提高。渗透性用在一定压力差下一定时间内单位面积泥浆中透过的水量表示。泥浆可由下列数据表示它的渗透性：

（1）最初滤液量　即在第1个5min内的滤液量，通常以百分数表示，称为“最初百分率”。最初百分率越大，表示其去水能力越大，在石膏模中注件成长得越快。

（2）过滤时间　即泥浆在石膏模中停止去水所需的时间。在这段时间内不只是注件的成长，而且也是从注件中除去残余水分进入脱模的时间。

（3）总滤液量　即石膏模中注件需除去的水分。

渗透性可用来判断注件在石膏模中开始成型一直到干燥的条件以及确定各项工艺步骤。陶瓷制品的形状、厚薄和大小不同，对泥浆的渗透性要求也各不一样。件大而厚的制品，特别是卫生陶瓷和化工陶瓷，需要渗透性强的泥浆。反之，件小而薄的制品需要渗透性弱的泥浆。

（五）泥浆的含水率

在保证流动性的前提下，含水率要尽可能低，这样可以减少成型时间，增加坯体强度，降低干燥收缩。一般来说，泥浆含水率在30%～35%，密度在1.65～1.9g/cm^3。通过合理选择稀释剂种类和用量，可以在保证流动性的前提下，使泥浆水分尽可能低。

另外，对于注浆成型泥浆，还要求不含气泡，形成的坯体要有足够的强度，成型后易脱模等。在生产中，泥浆性能常用泥浆相对密度、触变性、水分等指标来检测。而通过测定泥浆的吸浆速度、脱模情况、坯体的含水率等则可反映出泥浆的成型性能。

知识点二　电解质稀释泥浆

（一）黏土－水系统

1. 黏土的离子吸附与交换

黏土由于晶格内同晶置换，破键和吸附在黏土表面的腐殖质离解使得黏土带负电，因此，它必然要吸附介质中的阳离子来中和其所带的负电荷，被吸附的阳离子又能被溶液中其他浓度大、价数高的阳离子所交换，这就是黏土的阳离子交换性质。这种黏土的离子交换反应具有同号离子相互交换、离子以等当量交换、交换和吸附是可逆过程及离子交换并不影响黏土本身结构等特点。

离子吸附和离子交换是一个反应中同时进行的两个不同过程，例如一个交换反应如下：

$$\text{Na}-\text{黏土}+\text{Ca}^{2+} \Longleftrightarrow \text{Ca}-\text{黏土}+2\text{Na}^{+}$$

在这个反应中，为满足黏土与离子之间的电中性，必须一个Ca^{2+}交换两个Na^{+}。而对Ca^{2+}而言是由溶液转移到胶体上，这是离子的吸附过程。但对被黏土吸附的Na^{+}转入溶液而言，则是解吸过程。吸附和解吸的结果，使钙、钠离子相互换位即进行交换。由此可见，离子吸附是黏土胶体与离子之间相互作用，而离子交换则是离子之间的相互作用。

影响阳离子交换反应的因素有很多，与黏土矿物种类和颗粒大小、阳离子大小、浓度、价数及其在晶体构造中的位置、介质的pH等都有关系。根据离子价效应及离子水化半径，可将黏土的阳离子交换顺序排列如下：

$$H^{+} > Al^{3+} > Ba^{2+} > Sr^{2+} > Ca^{2+} > Mg^{2+} > Cs^{+} > Rb^{+} > K^{+} > Na^{+} > Li^{+}$$

氢离子由于离子半径小，电荷密度大，占据交换吸附顺序首位。在离子浓度相等的水溶液里，位于序列前面的离子能交换出序列后面的离子。

2. 黏土与水的作用

由于黏土表面带负电荷，因此在黏土附近存在一个静电场，使极性水分子定向排列，形成水化层（吸附层）；黏土表面吸附着水化阳离子，由于以上原因使黏土表面吸附着一层层定向排列的水分子层，极性分子依次重叠，直至水分子的热运动足以克服上述引力作用时，水分子逐渐过渡到不规则的排列——扩散层。

水在黏土胶粒周围随着距离增大、结合力的减弱而分成牢固结合水、疏松结合水和自由水。黏土颗粒（又称胶核）吸附着完全定向的水分子层和水化阳离子，这部分与胶核形成一个整体，一起在介质中移动（称为胶粒），其中的水称为牢固结合水（又称吸附水膜）。其厚度为3~10个水分子层。在牢固结合水周围一部分定向程度较差的水称为疏松结合水（又称扩散水膜）。在疏松结合水以外的水为自由水。

影响黏土结合水量的因素有黏土矿物组成、黏土分散度、黏土吸附阳离子种类等。关于黏土吸附不同价阳离子后的结合水量通过实验表明：

黏土与一价阳离子结合水量>与二价阳离子结合水量>与三价阳离子结合水量

同价离子与黏土结合水量是随着离子半径的增大，结合水量减少，如：

Li-黏土结合水量>Na-黏土结合水量>K-黏土结合水量

3. 黏土胶体的ζ电位

黏土胶体分散在水中时，黏土颗粒对水化阳离子的吸附随着黏土与阳离子之间距离的增大而减弱，又由于水化阳离子本身的热运动，因此黏土表面阳离子的吸附不可能整齐地排列在一个面上，而是随着与黏土表面距离的增大，阳离子分布由多到少，到达P点平衡了黏土表面全部的负电荷，P点与黏土质点距离的大小则决定于介质中离子的浓度、离子电价及离子热运动的强弱等。

在外电层作用下，黏土质点与一部分吸附牢固的水化阳离子（如AB面内）随黏土质点向正极运动，叫吸附层。另一部分水化阳离子不随黏土质点移动，而向负极移动，叫扩散层（由AB面至P点）。因为吸附层与扩散层各带有相反的电荷，所以相对移动时两者之间就存在着电位差，这个电位差称之为ζ电位，如图1-1所示。ζ电位随着扩散层的增厚而增高。当扩散层中的阳离子全部压缩至吸附层时，ζ电位为零。

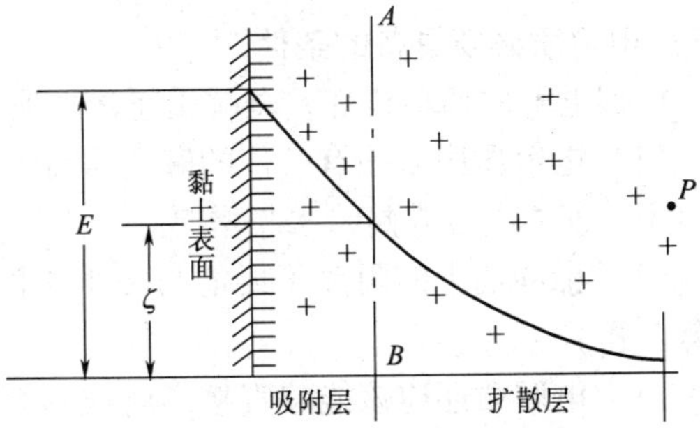

图1-1 热力学电位E与ζ电位示意图

不同阳离子所饱和的黏土其ζ电位值与阳离子半径、阳离子电价有关。用不同价阳离子饱和的黏土其ζ电位次序为：

M^{+}—黏土>M^{2+}—黏土>M^{3+}—黏土（其中吸附H_3O^{+}例外）

而同价离子饱和的黏土其ζ电位次序随着离子半径的增大而降低。换句话说，Li-黏土的ζ电位在一价离子饱和黏土中最大，其次是Na-黏土、K-黏土。

（二）电解质稀释机理

由于黏土泥浆必须具有较好的流动性，且黏度要小，因此要采用电解质稀释泥浆以获得更好的流动性。电解质通常为钠盐，如纯碱（Na_2CO_3）、水玻璃（Na_2SiO_3）等。

下面以钠盐稀释泥浆为例，解释其机理。

1. 增大ζ电位，增厚水膜，达到稀释目的

自然界中大多为ζ电位比较小的Ca－黏土，Ca－黏土与Na^+进行离子交换后变为Na－黏土，Na^+与胶核的吸附力小，从而ζ电位升高，粒子间排斥力增大；又因为Na^+的结合水量大于Ca^{2+}的结合水量，所以Na－黏土包裹的水膜较厚，从而有利于粒子间的相互滑动，从而使流动性增加。但如果钠盐加入量少，离子不能交换；加入量过多，ζ电位又减小。对于钠盐的加入量，生产中不易控制，但应该选择与黏土中有害离子交换后能形成不溶性物质的钠盐，从而促进离子的交换。

2. 通过“释放”自由水

一般情况下，当系统中自由水含量增加时，泥浆的流动性就好。黏土通常是在酸性介质中成矿的，因此黏土中加水调制成泥浆后，板面带负电，边面通常带正电，边－板面间会出现静电引力，形成片架状结构（也称卡片结构或纸牌结构），该结构的空间内封闭着自由水，使得自由水不能活动，也就使自由水失去了帮助流动的作用，因此出现了絮凝。加入钠盐的目的就是为了释放这部分自由水。

那么为什么加入钠盐就可以释放这部分自由水呢？其实，当加入的钠盐通过离解或水解形成强碱性溶液，使得边面由带正电转向带负电，与带负电的板面互相排斥，因此会拆开边面和板面结合的结构，使封闭的自由水释放出来，恢复了自由水的流动功能，从而达到稀释泥浆的目的。

（三）电解质必须具备的条件

根据电解质稀释机理，电解质通常必须具备以下几个条件：

（1）电解质中必须有一价的碱金属离子（通常为钠离子），去交换原来黏土中吸附的离子，使ζ电位升高，水膜增厚。

（2）稀释剂中的阴离子要能与黏土中的有害离子形成难溶的盐类，或者形成稳定的螯合物。

（3）电解质还应该能够直接离解或水解而提供足够的OH^-，使系统呈碱性，从而使边面带负电，拆开卡片结构，恢复自由水的流动特性。

一般情况下，泥浆稀释采用水玻璃比纯碱要好。一方面$CaSiO_3$溶解度要比$CaCO_3$小，另一方面还因为黏土粒子可以从溶液中吸附硅酸，而硅酸有保护胶体的作用。

（四）稀释剂的种类与选用

一般来说，泥浆含水量越低流动性越差，而注浆工艺要求泥浆含水量尽可能低而流动性又要足够好，即需制备流动性足够好的浓泥浆，生产上为获得这种含水量尽可能低而流动性足够好的浓泥浆采取的措施是加入稀释剂。陶瓷工业生产中常采用的稀释剂分为三类：

1. 无机电解质

无机电解质是最常用的一类稀释剂，如水玻璃、碳酸钠、磷酸钠、六偏磷酸钠等。要得到所需黏度的泥浆，与所需要加入电解质的种类和数量及泥浆中黏土的类型有密切

的关系。一般来说，电解质用量为坯料质量的0.3%～0.5%。

水玻璃对增强高岭土泥浆的悬浮能力效果最好，它不仅显著地降低其黏度，而且在相当宽的电解质浓度范围内黏度都是很低的，有利于生产操作。对于含有机物的紫木节土泥浆来说，碳酸钠的稀释作用较水玻璃好。

生产中常同时采用水玻璃和纯碱做稀释剂以调整吸浆速度和坯体的软硬程度。因为单用水玻璃时，坯体脱模后硬化较快，内外水分差别小，致密发硬，容易开裂。单用纯碱（Na_2CO_3）时，脱模后坯体硬化较慢，内外水分差别大，坯体较软，或者外硬内软。使用电解质时，要注意其品质变化。纯碱如果受潮会变成碳酸氢钠，就会使泥浆絮凝。

2. 有机酸盐类

如腐殖酸钠、单宁酸钠、柠檬酸钠、松香皂等。这类有机物质具备作稀释剂的条件，稀释效果也比较好。腐殖酸钠的用量一般小于0.25%。若超过时，泥浆黏度又增大，这和无机电解质的稀释规律相似。另外，用量过大，如烧成时其有机物未烧净，还会使釉面发暗。单宁酸钠的用量一般为0.3%～0.6%。

3. 聚合电解质

陶瓷工业中采用这类稀释剂的历史远少于上述两类稀释剂。聚合电解质常用作不含黏土原料的泥浆。常用的有阿拉伯树胶、明胶、羧甲基纤维钠盐等有机胶体，其用量少时会使料浆聚沉，适当增多时会稀释浆料，用量一般在0.3%左右。

知识点三　注浆成型过程

（一）注浆成型的两个阶段

1. 吸浆成坯阶段

在这一阶段，由于石膏模的吸水作用，先在靠近模型的工作面上形成一薄泥层，随后泥层逐渐增厚达到所要求的坯体厚度。在此过程的开始阶段，成型动力是模型的毛细管力作用，靠近模壁的水、溶于水的溶质质点及小于微米的坯料颗粒被吸入模内的毛细管中。由于水分被吸走，使泥浆颗粒相互靠近，依靠模型对颗粒、颗粒对颗粒的范德华吸附力而贴近模壁，形成最初的薄泥层。另外，在浇注的最初阶段，石膏模中的Ca^{2+}与泥浆中的Na^{+}进行交换，也促进了泥浆凝固成泥层。在薄泥层形成后的成型过程中，成型动力除模型的毛细管力外，还有泥浆中的水通过薄泥层向模内扩散的作用。其扩散动力为泥层两边水分的浓度差和压力差。此时泥层好像一个滤网。随着泥层的增厚，水分扩散阻力逐渐增大。当泥层增厚到预定的坯厚时，即倒出余浆。

2. 巩固脱模阶段

雏坯成型以后，并不能立即脱模，而必须在模内继续放置，使坯体水分进一步降低。通常将这一过程称作巩固脱模阶段。在这一过程中，由于模型继续吸水及坯体表面水分蒸发，坯体水分不断减少，并伴有一定的干燥收缩。当水分降低到某一点时，坯体内水分减少的速度会急剧变小。此时由于坯体的收缩并且有了一定强度，便可进行脱模操作了。

（二）注浆成型种类

1. 空心注浆

空心注浆是将泥浆注入模型，待泥浆在模型中停留一段时间形成所需的注件后，倒出多余的泥浆而形成空心注件的注浆方法。空心注浆利用石膏模型单面吸浆，所以也称单面注浆。模型工作面的形状决定坯件的外形，坯体厚度取决于泥浆在模型中的停留时间。一般适用于浇注壶、罐、瓶等空心器皿及艺术陶瓷制品。图1-2为空心注浆花瓶的操作示意图。

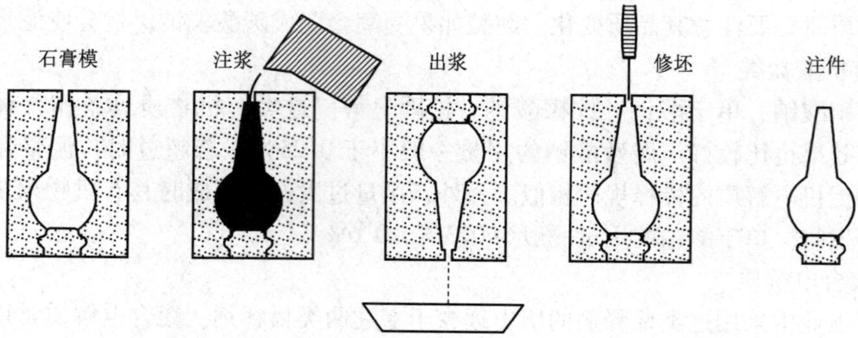

图1-2　空心注浆花瓶的操作示意图

空心注浆用的泥浆，其密度一般都比实心注浆时要小些，为1.65～1.8g/cm³。泥浆的稳定性要求高，含水率在31%～34%，触变性不宜过高，细度较细，万孔筛筛余量为0.5%～1%。在注浆操作时，首先应将模型工作面清扫干净，不得留有干泥或灰尘。装配好的模型如有较大缝隙，应用软泥将合缝处的缝隙堵死，以免漏浆。模型的含水率应保持在5%左右。适当加热模型可以加快水分的扩散，对吸浆有利，但有一个限度，否则适得其反。进浆时，浇注速度和泥浆压力不宜过大，以免注件表面产生缺陷，并应使模型中的空气随泥浆的注入而排走，适合脱模的坯体含水率由实际情况来定，一般在18%左右。

2. 实心注浆

实心注浆是泥浆注入两石膏模面之间（模型与模芯）的空穴中，泥浆被模型与模芯的工作面吸水，由于泥浆中水分不断被吸收而形成坯泥，注入的泥浆面就会不断下降，因此注浆时必须陆续补充泥浆，直到空穴中的泥浆全部变为坯件为止。显然坯体厚度由模型与模芯之间的距离来决定，因此，它没有多余的余浆被倒出，如图1-3所示。

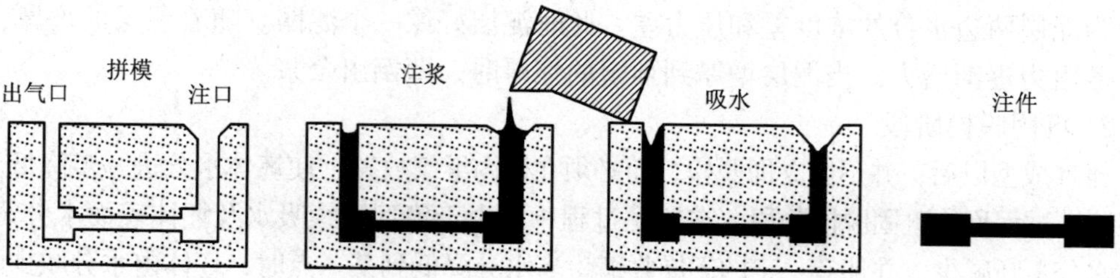

图1-3　实心注浆示意图

实心注浆所用的泥浆相对密度较高，触变性较大，细度可稍粗，万孔筛筛余量1% ~ 2%，与空心注浆所用泥浆的具体性能比较见表1－1。实心注浆可以缩短坯体的形成过程，制品的壁厚也可以得到控制，更可以制造两面有花纹及尺寸大而外形比较复杂的制品。但是，实心注浆的模型比较复杂，而且与空心注浆一样，注件的均匀性并不理想，远离模面处致密度小。实心注浆操作时，为了得到致密的坯体，当泥浆注入模型后，必须振荡几下，使泥浆填充模型空穴各处，同时也有利于气泡的逸出。另外，必须预留排出空气的通路。

表1－1　泥浆性能参考指标

指标	空心注浆	实心注浆
水分/%	31 ~ 34	31 ~ 32
密度/（g/cm^3）	1.65 ~ 1.8	1.8 ~ 1.95
万孔筛筛余率/%	0.5 ~ 1	1 ~ 2
流动性（经7mm恩氏黏度计的时间）/s	10 ~ 15	15 ~ 20
触变性	1.1 ~ 1.4	1.5 ~ 2.2

知识点四　影响注浆成型的主要因素

影响注浆浆料成型的因素很多，主要包括浆料组成、分散介质、泥浆密度、石膏模性质以及温度压力等。

（一）泥浆组成

注浆浆料的原料可分为可塑性原料和非可塑性原料。可塑性原料又分为高可塑性原料、低可塑性原料两种。

1. 高可塑性原料

属于高可塑性原料的有紫木节土、阳泉土等，其特点是可塑性强，颗粒较细，硬度低，收缩率大。它们作为浆料成型不可缺少的原料，使用时因其收缩率大，在不影响成型的前提下加入量越少越好。如果加入过量，注浆时在黏土颗粒被石膏模吸附一薄层后，次层的水分不易通过，除影响吸浆速度和易出现坍塌外，注件在干燥过程中还容易引起开裂、变形。如果加入量过少，浆料注入石膏模后水分很快被石膏模吸收，脱水较快，吸浆时间迅速，注件不够致密，还因注件水分容易脱出，干燥快，也容易产生开裂，同时由于高可塑性原料过少，浆料悬浮性降低，易于沉淀，注件的厚薄差大。因此，其使用量一般应为9% ~25%。

2. 低可塑性原料

低可塑性原料通常为硬质黏土，如彭城碱石、大同高岭土等，其特点是质地较纯，硬度高，颗粒较粗，可塑性较差，但收缩率不一定都小。用量一般视具体原料的性能和成分而定。此类黏土因颗粒较粗，透水性能好，注成速度快，能缩短注浆时间。但它们往往吸水性较强，在浆料中用量过多时将会给修坯等操作带来困难。

3. 非可塑性原料

非可塑性原料又称瘠性原料，如石英、长石、熟料和人工合成原料等。这些原料与可塑性原料混合后可以调整浆料的可塑性。

（二）泥浆颗粒度

注浆浆料的固体颗粒度对成型性能影响较大，应根据不同的制品、不同的操作方法和不同的配料而异。对于大而厚的制品，要求浆料的颗粒较粗。这是因为颗粒过细时脱水的初期进行得特别迅速，在吸力的作用下最接近模腔壁的一层注件变得十分密实而难透过水分，随之会出现注成速度很慢和不易达到所要求的注件厚度，同时干燥时水分不易透过外层排出，使最外一层逐渐干燥而收缩。再加上注件内外层密实度的差异和含水量的差异，注件易发生变形和开裂。对于小而薄的日用瓷制品，要求浆料的颗粒度要小，以利于获得均匀致密的注件。对于注浆用的浆料，除了要考虑颗粒的粗细，有时还应考虑颗粒的分布，因为颗粒的分散度影响着浆料的黏度和触变性。

（三）分散介质

制备浆料所使用的分散介质一般应以经济、不腐蚀原料和石膏模、稳定、挥发性小、黏度低、有溶解电解质能力的介质为最好。最常使用的分散介质为水，但水的性质同样会影响浆料的稳定性，所以必须经常分析和注意水质的变化，必要时在使用前应经过处理。如水中含有硫酸盐或其他可溶性盐类，会给浆料带来显著的不良影响。一般要求可溶性盐类的含量越少越好，水的硬度越低越好。如果条件允许，在生产中可以采用蒸馏水或煮沸的水（已排除空气和除去部分可溶性盐类）来配制浆料，这样既可以降低浆料盖中水的含量和电解质的加入量以及稳定浆料的质量，还有助于提高注件的强度。

浆料含水量的控制以获得所需要的流动性为准，而且通过加入适当的稀释剂给以调节。一般含水量在30%～35%。生产中习惯用浆料的密度来控制含水量，传统陶瓷泥浆的密度大约为$1.7g/cm^3$。

采用能起水化作用的原料时，如MgO或CaO进行注浆，应用无水酒精作为分散介质。热压注成型的浆料常采用石蜡作为分散介质。镁橄榄石泥料和堇青石泥料则用$Mg(OH)_2$和不含CO_2的水作为分散介质。

（四）泥浆的密度

密度的变化对流动性有较大的影响，浆料的密度越大，含水量就越小，则流动性越差。实际生产中，为了提高石膏模的利用率，希望浆料中含水量少一点为好，但必须保证浆料有良好的流动性和符合要求的黏度。同时，浆料含水量少还可缩短注浆时间和干燥时间。

此外，对于不同种类的注浆方式，如空心注浆和实心注浆，泥浆的密度也有一定差别，要根据实际情况进行调节。

（五）石膏模

注浆成型对石膏模的要求主要有以下几个方面。首先，模型设计要合理，且易于脱模，各部位吸水均匀，能保证坯体各部位干燥收缩一致；其次，模型孔隙率要大，一般在30%～40%，这样才能保证较好的吸水性能。模型在出烘房时，须保持含水率4%～6%，最大许可含水率18%～20%，过干会引起制品干裂，同时模子使用寿命缩短，过湿会延长成坯时间，甚至难于成型；第三，模型工作面应该是光洁的，无明显孔洞，无润滑迹或肥皂膜。新模第一次使用前，应用2%的碳酸钠溶液擦拭内壁，以除去残留涂料，也可用1/4泥浆水进行刷洗或用细砂纸将内表面擦去一层。最后，在翻制模型时，应严格控制石膏与水的比例，以保证有一定的吸水性与机械强度，并使模型质量稳定。

（六）泥浆温度和压力

温度是影响浆料流动性的重要因素。浆料的温度提高，其黏度降低，并促使注浆时水通过浆料和注件的扩散速度加快。一般工厂所用的浆料温度通常维持在28℃左右，使之与石膏模温度（28～35℃）接近。注浆室内温度必须加以控制，每天登记和检查读数。为使浆料适合操作要求，应在使用前一天就将浆料送到注浆室。

浆料温度适当提高后（32～33℃），浆料黏度下降，气泡容易上浮，有利于减少注件内的气泡和棕眼等缺陷。浆料的温度过高是没有必要的，因为当温度超过40℃后黏度随温度升高的变化不明显，相反其表面会很快稠化，对注浆不利。浆料温度过低时（10℃以下），浆料的固化倾向明显，流动性变坏，难于进行注浆操作。所以通常使用的浆料温度以25～30℃为宜。

增大泥浆压力能显著提高吸浆成坯速度，采用增大泥浆压力或减少泥层一边的压力等方法来缩短成型时间，这就是生产中采用压力注浆、真空注浆和离心注浆等方法的原因。

综上所述，要提高注浆速率主要取决于：

1. 降低泥层的阻力

泥层的阻力取决于泥浆的组成、浓度、添加物的种类等。泥浆中塑性原料含量多，固体颗粒细，易形成较致密的坯体，其渗透性差，使注浆速率降低。故要加快吸浆速度，可适当减少塑性原料，增粗泥浆颗粒粒子，其对大件产品的注浆成型尤为重要。

在保证泥浆具有一定流动性的前提下，减少泥浆中的水分，增加其密度，可提高吸浆速度。但由于泥浆浓度增加必然使其流动性降低，这就要求选用高效能的解凝剂（稀释剂）。泥浆中加入解凝剂（稀释剂）可以改善其流动性，但完全解凝的泥浆注浆后，其坯体致密度高，使泥层阻力增加反而影响注浆效率。若在泥浆中加入少量絮凝剂，使形成的坯体结构疏松，可加快吸浆过程。实践证明，加入少量钙镁硫酸盐或氯化物都可增大吸浆速度。

2. 提高吸浆过程的推动力

从定量公式中可知，吸浆过程的推动力，主要是指石膏模的毛细管吸力，前面已所述，石膏模的毛细管力的大小与石膏模的透渗率有关，在制造石膏模时，当水膏比为78:100时可制得具有最大毛细管力的石膏模。当然，制造石膏模时的其他工艺条件也会影响石膏模的毛细管力的大小。

为了提高吸浆过程的推动力，除了石膏模的毛细管力外，还可采用增大泥浆与模型之间压力差的方法来达到，这就是在生产中常采用的压力注浆、真空注浆和离心注浆等方法。

3. 提高泥浆和模型的温度

温度升高，水的黏度下降，泥浆黏度也因而降低，流动性增大。实践证明，若泥浆温度为35～40℃，模型温度为35℃左右，则吸浆时间可缩短一半，脱模时间也相应缩短。

知识点五　强 化 注 浆

为了改善注浆坯件质量，缩短生产周期，减轻劳动强度，提高生产效率，目前，在生产中采用了真空注浆、压力注浆及离心注浆等强化注浆方法。

（一）真空注浆

这种方法是在模型外边抽取真空，或将紧固的模型放在处于负压的真空室中。其目的是造成模型内外的压力差，提高注浆成型的推动力。真空注浆可使吸浆速度显著提高（见表1－2），同时减少坯体的气孔和针眼。

表1－2　　真空度对吸浆速度的影响

瓷器泥浆		精陶泥浆	
真空度/Pa	形成10mm坯体的时间/h	真空度/Pa	形成10mm坯体的时间/h
—	8.0	—	10.0
933	3.25	933	4.0
666	2.5	666	3.5
533	2.0	533	2.5
400	1.0	400	1.5

（二）压力注浆

压力注浆是采用加大泥浆压力的方法，来加速水分扩散，从而加快吸浆速度。最简单的加压方法是利用提高盛浆桶的位置来加大泥浆压力，如图1－4所示。这种加压方式压力相对较小，一般在0.05MPa以下。

压力也可用压缩空气将泥浆压入模型，如图1－5所示，主要用于实心浇注鱼盘等产品。压力注浆的模具中间正好是陶瓷的坯形状，一般是在坯的脚底下挖个小空洞做注浆洞，洞的直径按照陶瓷件的大小决定，一般陶瓷注浆洞直径为2～3mm，最大也不应超过10mm。压力注浆的过程一般是采用高0.6～3m的管道把泥浆利用高差压力注入模具，在一定的时间内模具里面形成了实心的陶瓷坯。

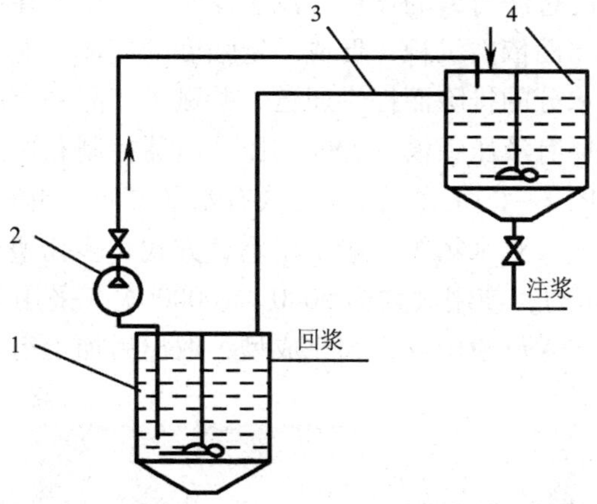

图1－4　高位注浆装置原理图

1—真空脱气罐　2—泥浆泵　3—溢流管　4—贮浆罐

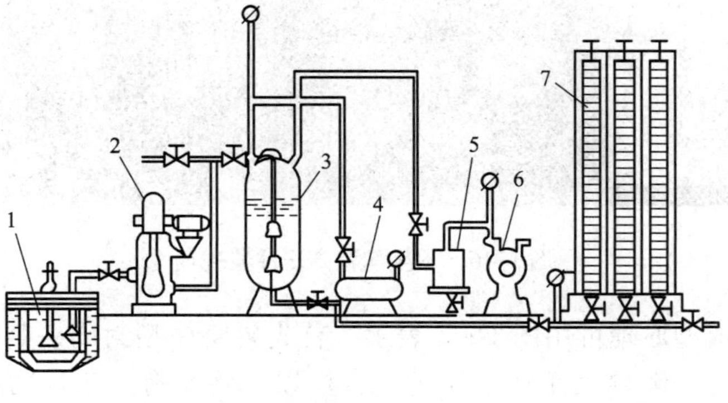

图1－5　压缩空气加压注浆示意图

1—搅拌池　2—泥浆泵　3—容器　4—空气压缩机　5—缓冲容器　6—真空泵　7—注浆台

当真空脱气后的泥浆达到预定的液面高度时，液面探极发生讯号，关闭进浆阀，同时使真空泵停止工作。然后开启空压机和管路阀门，将压缩空气通入真空脱气罐，打开注浆管路上的各个阀门，泥浆在压力作用下由下而上注入成组叠放的模型内，待泥浆充满全部模型并达到预定压力值后，关闭各阀门和空压机，注浆停止。为有利于模型的吸水和减少模型跑浆，开始的压力应低些，一般不超过5000Pa，然后逐渐升高到15000～20000Pa。叠放的模型在顶部用螺旋压机压紧，防止浇注时跑浆，待注浆停止一定时间后，就可将其松开。

另外，根据注浆时泥浆静压力的不同，可以分为低压注浆（<0.35MPa）、中压注浆（0.35MPa～1.5MPa）、高压注浆（1.5MPa～4MPa）三类。低压注浆采用的是一般石膏模型，中压注浆采用的是高强度石膏或树脂模型；而高压注浆采用的是高强度树脂模型。下面简单介绍高压注浆的成型过程。

高压注浆在卫生陶瓷行业较常见，如洗面器等都是由高压注浆完成成型过程。由于石膏模型受强度的限制，无法满足压力注浆的要求，因此多采用多孔塑料模具压力注浆。多孔塑料模具主要起过滤材料的作用。流态泥浆在高压下在模具内脱水、吃坯、定型，泥浆颗粒在模具工作面依次沉积，形成一定强度的坯体。泥浆压力越大，成型速度越快。多孔塑料模具为水分的排除而提供通道，并赋予产品一定的形状。

高压注浆成型机主要有液压锁模、泥浆加压、电器控制和机架等，有些配有脱坯装置和泥浆加热装置，如图 1－6 所示。合模方式有水平方向，也有垂直方向。对洗面器、立柱等一般采用水平方式；对水箱等一般采用垂直方式。多孔塑料模具一般为合成树脂材料，可承受 2.0MPa 压力，使用次数为 5000～10000 次。采用微孔形成方法，树脂原料配制成乳液在常温下注入母模中反应固化成型，取出后加工组装而成。

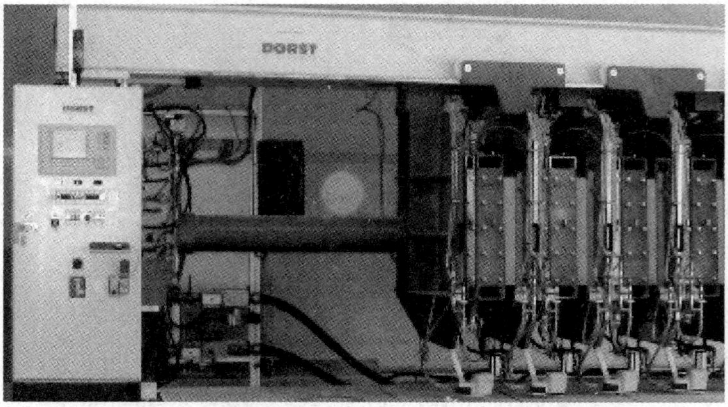

图 1－6　卫生陶瓷高压注浆现场

高压注浆的成型原理可用图 1－7 表示。首先要将模型封闭，其合模压力比例于成型坯件的大小，一般要大于注浆压力。合模以后将具有一定压力的泥浆泵入模型内，并逐渐加压至最高压力。泥浆中的水分通过模型下部的小孔滤出，坯体硬化成型。注浆完毕后，两个半模自动启开，先在左半模内抽真空，使坯体受到负压贴于模

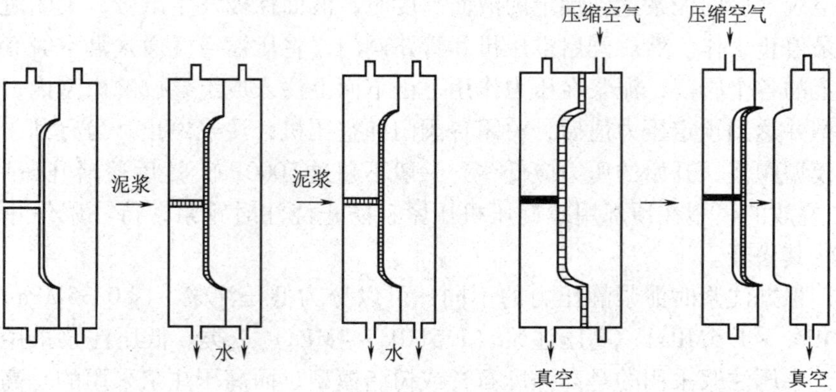

图 1－7　高压注浆成型原理图

型上，然后在右半模中通压缩空气，使坯体脱离右半模，最后在左半模中通压缩空气，坯体脱模，成型完毕。

高压注浆的特点：

（1）生产效率高，浇注时间短。

（2）所采用的塑料模型不需要干燥，使用寿命大大增加。

（3）生坯密度高、强度大，干燥收缩率小于2%，对泥浆性能没有特殊要求。

（4）劳动强度小。

但高压注浆设备复杂，一次性投资大，对模型的强度和精密度要求高。

（三）离心注浆

离心注浆是将泥浆注入旋转的石膏模型中，在离心力的作用下，使泥浆紧靠模壁，脱水后形成坯体。此法注成的坯体，厚度比较均匀，坯体致密，不易变形。离心注浆所用的泥料，其固体颗粒尺寸不宜相差过大，否则粗颗粒会集中在坯体内部，而细颗粒集中在模型表面，造成结构和收缩不均匀。模型的转速按制品大小而定，大件宜慢，中小件制品可快些。若转速过小，会出现泥纹。

注浆时，托盘可正反转动，离心力使泥浆均匀附着在模具表面，产品不易变形，产品厚度均匀，同时可以最大限度消除注浆时产生的气泡。托盘的正反转速度可以根据产品的大小调整。该机械操作平台可以绕轴芯转动，即操作工人不动，工作平台转动，大大降低了劳动强度，多余泥浆从放浆口统一回收。离心注浆机结构示意图如图1－8所示。

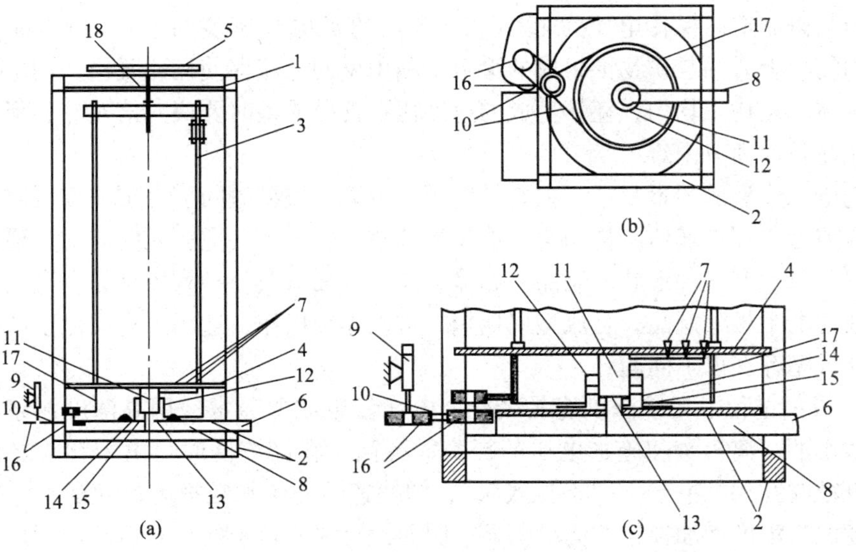

图1－8 陶瓷离心压力注浆成型机

（a）结构原理示意图 （b）仰视图 （c）底部局部剖视放大图

1—框架 2—底座 3—模具架 4—底盘 5—调节丝杆 6—入浆口 7—出浆口 8—浆料输送管道 9—电机 10—传动装置 11—浆室 12，15，18—滚动轴承 13—通孔，与浆料输入管道8活动连接 14—密封圈 16—传动轮 17—底盘传动轴离心注浆机的主要工作参数为主轴转速与功率。主轴转速慢则离心注浆的效果不明显，转速过高会导致模型产生较大的内应力而容易破坏，并且过高的转速会使机械的稳定性有所下降，更主要的是，泥料颗粒大小的不均匀性会造成不同粒径的颗粒受到不同的离心力作用，向模壁沉降的速度也会有所不同，主轴转速越高，这种差异越明显，导致坯体沿厚度方向上的均匀性变差，容易产生变形、开裂等缺陷。一般地，大件制品的转速应稍低些，小件制品的转速可适当提高，通常主轴转速为200~500r/min。

离心注浆机的功率消耗与单刀旋坯机相近，一般为0.5kW左右。表1-3为湖南省轻工机械厂生产的TCJ2Z30型离心注浆机的主要技术参数，供参考。

表1-3　TCJ2Z30型离心注浆机主要技术参数

技术指标	技术参数
产品规格	壶类，最大直径300mm
生产能力/（件/min）	4~6
主轴转速/（r/min）	350、300、250
电机功率/kW	0.6
外形尺寸/mm	800 × 400 ×1700
整机质量/kg	600

（四）电泳注浆

电泳注浆是根据泥浆中的黏土粒子（带有负电荷）在电流作用下能向阳极移动，把坯料带往阳极而沉积在金属模的内表面而成型的。注浆所用模型一般用铝、镍、镀钴的铁等材料来制造。操作电压为120V，电流（直流电）密度约为0.01A/cm^2。金属模的内表面需涂上甘油与矿物油组成的涂料，利用反向电流促使坯体脱模。用电泳注浆法成型的坯体，结构很均匀，坯体生成的速度比石膏模成型时要快九倍左右，但对制造大型陶瓷制品目前尚有困难。

影响电泳成型的因素复杂，主要是电压、电流、成型时间、泥浆浓度及电解质含量等。电泳成型得到的坯体结构均匀，颗粒排列整齐，没有气泡，无内应力。通过改变阳极形状，可以生产各种形状的制品，如盆、碟、洗面盆及特种陶瓷制品。尤其适用于生产尺寸较大的平板状制品，且成型周期短，可以连续操作，适用于自动化生产。

电泳成型存在以下问题：

（1）成型过程中泥浆浓度容易变化。电泳注浆成型通常使用高浓度泥浆，成分的离析是微小的，离析量随施加电压的提高而提高。在高浓度时，由于颗粒之间大量干扰，使颗粒间互相推撞产生“拖拉效应”，即快速运动的颗粒拖着慢速运动的颗粒一起运动，随泥浆浓度增加拖拉效应更明显，因而没有离析粒子的相对运动产生。当沉积物析出后，泥浆浓度不断下降，这对稳定电泳注浆成型控制制品厚薄一致不利，因此要不断补充泥浆，以保持泥浆浓度恒定。

（2）由于电泳所必需的电解质有少量过剩，引起水的电解，其后果是：在阴极周围产生氢气泡，在阳极上产生氧气。氢气的聚集将会破坏泥浆的稳定性，影响沉积。在成型过程中必须使泥浆连续不断的循环，以将氢气排出。氧气在阳极上聚集，会使成型后的坯体的表面布满针尖大小的气孔和鼓包。

（3）电泳成型得到的坯体强度较低。

知识点六 注浆设备

（一）真空脱气设备

泥浆在制备、运输、贮存过程中，难免有气体的混入，这些空气会影响注件的致密度和制品的性能（如机械强度、电性能等）。若使用含有气体的泥浆进行注浆成型，将导致坯体致密度差、强度低、表面不光滑等缺陷。为了获得高质量的坯体，同时改善泥浆的流动性等浇注性能，需要对泥浆进行真空脱气处理。

泥浆真空脱气设备如图1-9所示。利用真空泵5对密封罐2抽真空，贮浆桶1内泥浆在大气压力的作用下沿管道流到喷头3处，以细股的形式喷流到真空罐内，泥浆中的气体随真空管道被真空泵吸走。待密封罐中泥浆液面达到一定高度后，关闭真空泵，打开阀6和密封罐下部的放浆阀，经过脱气处理后的泥浆即可送到注浆工位。

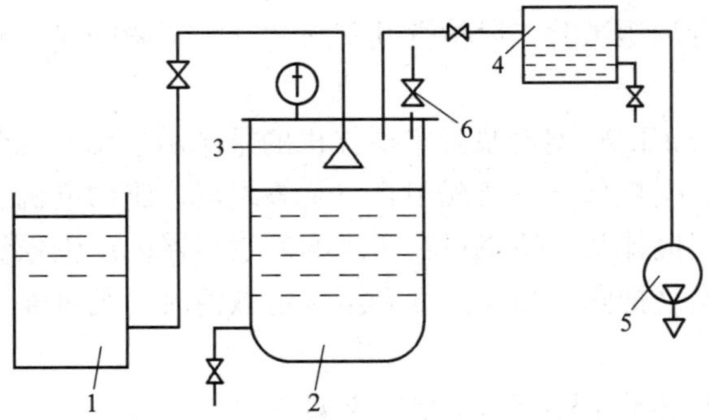

图1-9 泥浆真空脱气设备

1—贮浆桶 2—密封罐 3—喷头 4—滤气器 5—真空泵 6—阀

（二）真空搅拌设备

图1-10是泥浆真空搅拌机的工作原理图。当左贮浆罐进浆时，阀门a、c开启，e、g关闭，贮浆罐由真空泵抽成真空，泥浆经阀门c进浆管吸入罐内，同时，泥浆中的空气也不断被真空泵抽走。当罐内泥浆面上升到触及液面计的高液面探极3时，液面计发出讯号，由自动控制装置（或人工）关闭阀门a、c，开启阀门e、g，于是进浆停止，罐内液面与大气相通。经真空脱气后的泥浆可经阀门g、输浆管等送往注浆机使用。随着泥浆的送出，罐内液面逐渐下降，当液面降至低液面探极1时，液面计再次发出讯号，于是关闭阀门e、g，开启阀门a、c，贮浆罐再次进浆。同理，右贮浆罐的真空脱气过程与此完全相同，但交替工作。

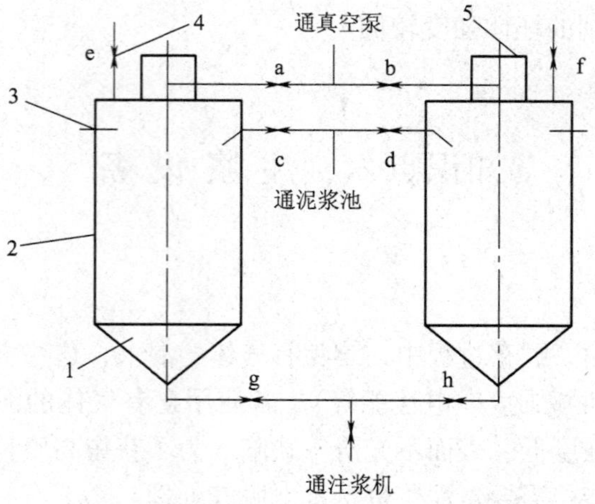

图1－10　泥浆真空搅拌机工作原理图

1—低液面探极　2—贮浆罐　3—高液面探极　4—截止阀　5—搅拌机

贮浆罐内装有搅拌机，用来搅拌泥浆以帮助泥浆中的气体迅速排出，并防止泥浆沉淀。一般使用双层桨叶搅拌机，转速为60r/min左右。贮浆罐一般使用钢板制成，内衬防腐衬里，使用前进行加压试验，以检查其密封性。贮浆罐的尺寸根据用浆量和真空脱气过程所需时间而定。

图1－11所示为TCEJ300型泥浆真空搅拌机的结构示意图，泥浆真空搅拌机主要由驱动部分、贮浆容器、搅拌部分以及配用真空泵等组成，驱动电机经减速后带动搅拌主轴旋转，旋转着的三层搅拌桨叶使浆料在密闭的贮浆容器内产生强烈的湍流运动，真空泵则不断将浆料中的空气抽除。当真空度升至一定数值时，则可停止工作，这时通压缩空气即可将浆料输出。

TCEJ300型泥浆真空搅拌机操作使用要点如下：

（1）开机前应仔细检查贮浆容器接合处以及管路密封是否良好，阀门、开关等是否在正确位置上，并点动电器开关检查搅拌轴和真空泵的旋转方向，确认正确后方可开机工作。

（2）工作时应一边输入泥浆，一边搅拌抽真空，这样有利于泥浆中的空气有效去除。进浆达到一定高度后，应先使泥浆泵停止工作，并关闭进浆阀，继续进行搅拌和真空除气，直至达到规定的真空度后再停机排出泥浆。

（3）各密封件应定期检查，及时更换。

（4）每班工作结束停机时，应将余浆排尽。

（5）定期清洗贮浆桶和进出浆管路，以保持其清洁通畅。

表1－4列出了泥浆真空搅拌机常见故障及其产生的原因与排除方法，供维修时参考。

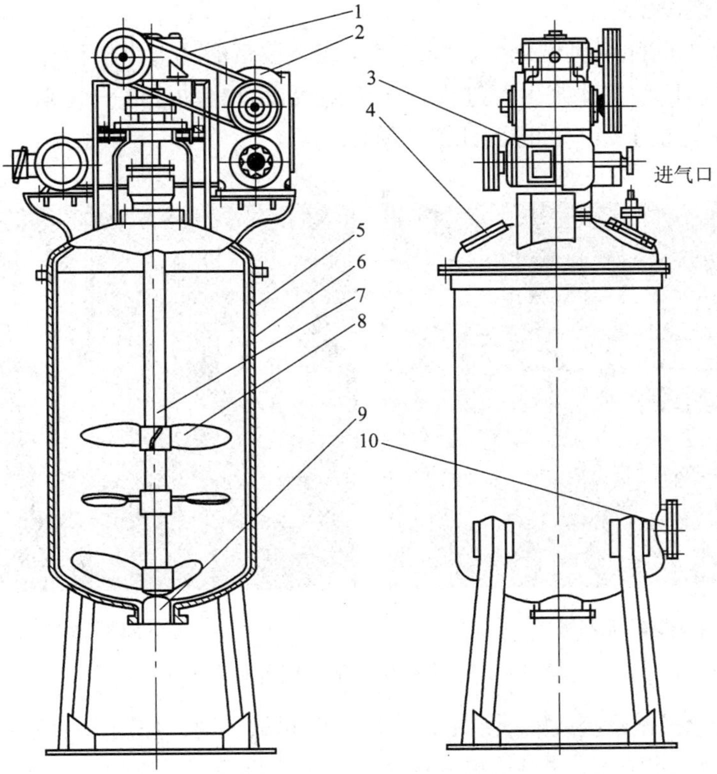

图1－11 TCEJ300型泥浆真空搅拌机

1—蜗轮减速器 2—无级变速器 3—电动机 4—观察孔 5—罐体 6—橡胶内衬 7—主轴 8—螺旋桨叶 9—出浆口 10—进浆口

表1－4　　泥浆真空搅拌机常见故障及排除方法

故障现象	产生原因	排除方法
蜗轮箱发热	（1）缺油 （2）油不清洁 （3）转动件间隙大或已磨损	（1）将油加至规定油面高 （2）更换润滑油 （3）调整间隙或更换零件
蜗轮箱漏油	（1）密封件破损 （2）螺塞松动	（1）更换密封件 （2）旋紧螺塞
真空度达不到要求	（1）主轴油封损坏 （2）主轴石棉线失效 （3）法兰固紧螺母松动 （4）法兰处密封垫破裂 （5）管路接头漏气 （6）真空泵工作失效	（1）更换新油封 （2）更换石棉线并压紧 （3）拧紧螺母 （4）更换密封垫 （5）管接头处用密封介质固紧 （6）检修真空泵
皮带打滑	（1）泥浆浓度过大 （2）无级变速器蝶形弹簧疲劳失效 （3）皮带由于运转过久拉长 （4）沾油	（1）输入合适浓度泥浆 （2）更换蝶形弹簧 （3）调整张紧装置或更换皮带 （4）擦清或更换

（三）自动化注浆设备

我国目前常见的注浆机械化生产线，是用链条拽带的环形半机械化注浆成型线，其平面布置见图 1－12。按注浆生产过程，该成型线设有自动注浆—吃浆—倒余浆—干燥—脱模和合模—模型干燥—再送到注浆等阶段。

(a) 机械自动注浆　　(b) 流水线回浆作业

图 1－12　半机械注浆成型流水线图

整个传动采用机械系统或液压系统，使环链作间歇运动，如图 1－13。在环形带的左端（从动轮一边），设有光电控制的浇注机构。当模型到达 1 位置时，光敏电阻的光束被隔断，浇注机械即开始注浆，而当泥浆注满模型时浇浆口边的触针接触泥浆，浇注机械即停止进浆。随后注满泥浆的模型进入带模干燥室，使吸浆过程加速。到位置 2 时，折浆机械手紧握模型并反转 180°进行倒余浆，接着又使模型还原，再进入带模干燥室，进行烘干。模型到位置 3 时，即由人工进行脱模。空模干燥后返回到浇注位置 1 进行下次注浆。

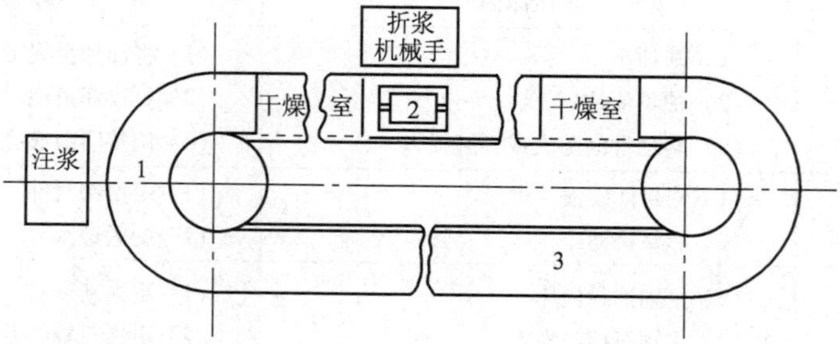

图 1－13　半机械注浆成型线

这种注浆半机械化联动线，造价较低，比较实用，维修方便，通常每班产量为 400 个左右，操作人员 2 人。但是这种联动线还存在一些技术问题，例如国内某瓷厂从日本进口一台注浆成型联动线，当折浆机械手握住模型并反转 180°进行倒余浆时，泥浆不能从浇注口四周均匀倒出，而是从一侧倒出，造成壁厚不匀；还有反转 180°时，石膏模往往从机械手上脱落掉地，破损较重，经多方改进，目前倒浆基本还是由人工完成。

从注浆成型的操作过程来看，由于成型的产品一般器型较复杂，同时有的制品还需要粘接部件等，因此要使注浆成型完全达到机械化连续化和自动化，问题比较多，是今后陶瓷工业机械化中需要进行大量研究的一项课题。

任务一　泥浆性能检测

（一）任务要求

了解泥浆性能检测的主要项目及原理，能正确使用密度计测定泥浆密度，并进行密度与波美度关系的换算。

（二）原理方法

1. 密度

密度计是利用阿基米德原理来测定液体密度的专门仪器。它是一根封闭的、附有刻度的玻璃管，底部有一泡状部分，内装有铅丸或水银，使它能在液体中竖直浮立，密度计的重力是一定的，它放在不同密度的液体中，浸入液体的那部分体积就不同，液体密度越大，密度计浮得越高，密度计与液面相平处的刻度就是液体相对密度的数值，习惯上把具有这种刻度的仪器叫做密度计。密度计分重标与轻标两种。重标用来测定相对密度大于1的液体，轻标用来测定相对密度小于1的液体。

密度计的读数一般用波美度（°Bé）来表示，因此密度计又叫波美密度计（图1－14）。

对于比水重的：密度＝144.3/（144.3 － 波美度）；

对于比水轻的：密度＝144.3/（144.3 ＋ 波美度）。

此方法测试速度快，但受泥浆温度、浓度等影响较大。

2. 细度

细度是指物料分散的程度，通常用物料颗粒的尺寸大小来表示。在陶瓷工业生产中，测定坯釉料的细度是为了控制产品质量，改变工艺性能。一般通常用万孔筛（见图1－15）筛余表示原料或坯釉料的细度。利用已知孔径的筛子，按一定的操作方法，将物料或泥浆过筛，称量出该试样中大于筛子孔径的颗粒质量，按筛余量公式计算即可。

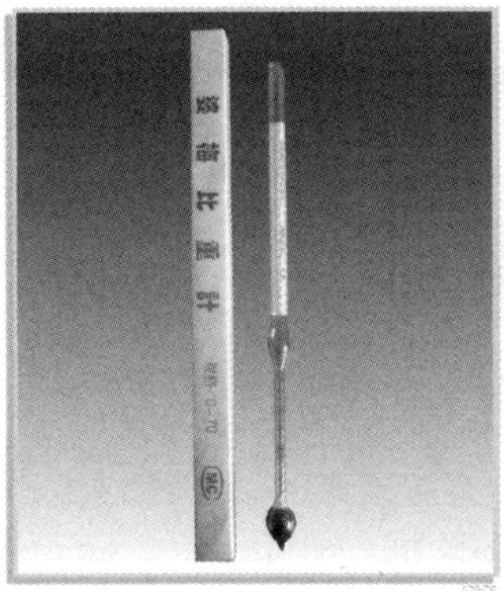

图1－14　波美密度计

图1－15　万孔筛

假设泥浆筛余干重为 m，泥浆本身干重为 m'，则细度可表示为：

$$细度 = \frac{m}{m'} \times 100\%$$

3. 流动性与触变性

泥浆在流动时，其内部存在着摩擦力。内摩擦力的大小，一般用“黏度”的大小来反映，黏度的倒数即为流动度，一般只测定其相对黏度（即泥浆与水在同一温度下，流出同体积所需时间之比）。黏度越大，流动度就越小。

$$相对黏度 = \frac{\tau_{30s}}{\tau_{水30s}}$$

式中：τ_{30s}——100mL 泥浆放置 30s 后，由恩氏黏度计中流出的时间；

$\tau_{水30s}$——100mL 水放置 30s 后，由恩氏黏度计中流出的时间。

当流动着的泥浆静止后，常会产生凝聚沉积而稠化。这种现象称为稠化性。这种稠化的程度即为厚化度。

$$泥浆厚化度 = \frac{\tau_{30min}}{\tau_{30s}}$$

式中：τ_{30min}——100mL 泥浆放置 30min 后，由恩氏黏度计中流出的时间；

τ_{30s}——100mL 泥浆放置 30s 后，由恩氏黏度计中流出的时间。

但在实际生产中，关于泥浆的细度、流动性、触变性等在泥浆制备后的检测中进行，且操作相对比较复杂。陶瓷注浆成型工人一般只是使用密度计对泥浆的密度简单进行测定后便开始注浆操作，因此这里只简单介绍密度计的操作步骤。

（三）操作准备

原料与仪器：泥浆、波美密度计、量筒等。

（四）操作步骤

（1）根据被测液体的相对密度大于 1、还是小于 1 来选用密度计。

（2）充分搅拌泥浆均化，将泥浆倒入 250mL 或 500mL 量筒中。

（3）将擦拭干净的密度计慢慢放入泥浆中（动作要轻，慢慢放手，以免把密度计碰坏），待稍微静止稳定后，直接读取读数。

（4）测量时要正确读出密度计上最小刻度所表示的数值，并能估计到最小刻度的后一位有效数字。

任务二　注浆成型操作

一、空心注浆操作

（一）任务要求

能采用空心注浆成型方法成功制作陶瓷坯体。

（二）操作准备

注浆用石膏模型、泥浆、浆桶、筛子、工作台等。

（三）操作步骤

注浆成型操作过程根据产品种类、泥浆性质不同大体需经过以下几道工序，见图1－16。

1. 模型检查

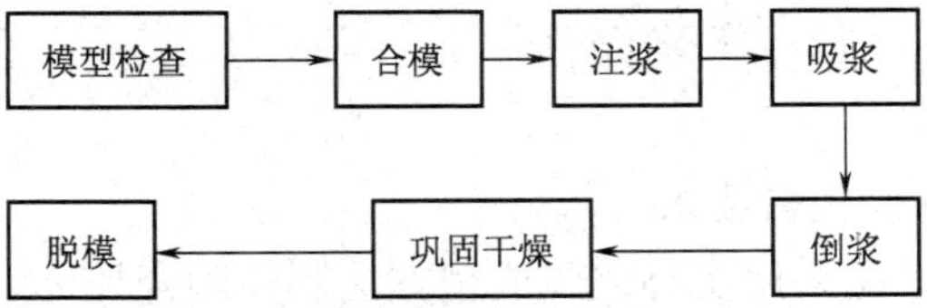

图1－16 注浆成型操作步骤

模型需保持含水率4%～6%，最大许可含水率18%～20%，过干会引起制品干裂，同时模子使用寿命缩短，过湿会延长成坯时间，甚至难于成型。正常浇注中的石膏模型，一般在白天使用并及时清理干净后，就放在车间内自然烘干。

如果新模第一次使用前，应用2%的碳酸钠溶液擦拭内壁，以除去残留涂料，也可用1/4泥浆水进行刷洗或用细砂纸将内表面擦去一层。旧石膏模型在使用前必须清除模型上的余泥、碱毛、灰土等杂质。

此外，在成型前还要对模型进行擦模处理。擦模又叫涮水，是模型处理工作中最为重要的一环，也是保证产品质量的关键。擦模对成型的作用主要是通过润湿模型，并擦出一层石膏浆，在模型表面形成Ca－黏土结构层，使坯体与模型能适当紧密的结合，达到湿坯不粘模和不坯裂的目的。

2. 合模

在合模前应先将模型的工作表面清扫干净，不得留有干泥或灰尘，并检查模子工作表面是否光洁，有无空洞和润滑油迹，如正常即可进行合模。装配好的模型如有较大缝隙，用软泥将合缝处的缝隙堵死，以免漏浆。使用时模型不宜过干过湿，其水量一般控制在4%～6%。

3. 注浆

对于单面注浆而言，将料浆注满模型即可。进浆时，浇注速度和泥浆压力不宜过大，以免注件表面产生缺陷，并应使模型中的空气随泥浆的注入而排走。而且进浆时必须一次完成，不能分步完成。注坯时最好模子置于转盘上，一面注浆，一面用手使之回转，这样可借助离心力的作用，促进泥层的生成和均匀一致，降低坯内气泡，减少烧成变形。新制成的泥浆应至少存放（陈腐）一天以上再使用，用前须继续搅拌5～10min。

4. 吸浆

观察注浆口水分扩散厚度及坯体厚度，泥浆在模中的停留时间须严格控制。

5. 倒浆（回浆）

等泥层增厚到需要的厚度时，倒掉模型内多余的泥浆，为避免倒掉后少量残余的泥浆在坯体内表面的不均匀分布，生产上还需要对倒掉泥浆后的带坯模型进行甩浆以保证残余泥浆分布均匀，避免泥缕产生。

6. 巩固干燥

刚形成的注件由于含水量较高，强度较低而不能立即脱模，需带模干燥一定时间，在此期间，由于水分的蒸发及模子的继续吸水，注件水分不断下降，坯体收缩并与模型脱离，同时强度也逐渐提高，这时即可脱模。

7. 脱模

脱模后坯体应轻拿轻放、放平、放正、放稳，并防止振动。

二、实心注浆操作

（一）任务要求

能采用实心注浆成型方法制作陶瓷坯体。

（二）操作准备

注浆用石膏模型、泥浆、浆桶、筛子、毛刷、泥刀、工作台等。

（三）操作步骤

实心注浆主要操作步骤和空心注浆类似，但没有回浆这一步骤，如图 1－17 所示。

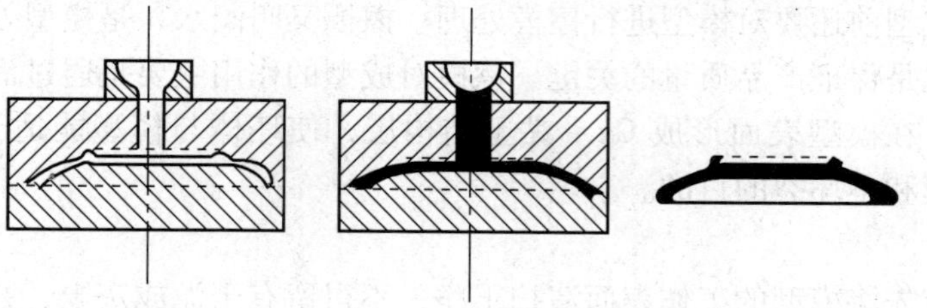

图 1－17　实心注浆鱼盘的操作过程示意图

1. 模型检查

（可参照空心注浆）。

2. 合模

在合模前应先将模型的工作表面清扫干净，不得留有干泥或灰尘。并检查模子工作表面是否光洁，有无空洞和润滑油迹。如正常即可进行合模，装配好的模型如有较大缝隙，用软泥将合缝处的缝隙堵死，以免漏浆。使用时模型不宜过干过湿，其水量一般控制在 4% ~6%。

3. 注浆

对于单面注浆而言，将料浆注满模型即可。进浆时，浇注速度和泥浆压力不宜过大，以免注件表面产生缺陷，并应使模型中的空气随泥浆的注入而排走。且进浆时必须一次完成，而不能分步完成。

4. 吸浆

此过程与空心注浆不同，吸浆越充分越好，直至模型中无泥浆为止。

5. 巩固干燥

刚形成的注件由于含水量较高，强度较低而不能立即脱模，需带模干燥一定时间。在此期间，由于水分的蒸发及石膏模型的继续吸水，注件水分不断下降，坯体收缩并与模型脱离，同时强度也逐渐提高，这时即可脱模。

6. 脱模

脱模后坯体应轻拿轻放、放平、放正、放稳，并防止振动。

任务三　注浆成型缺陷分析

（一）任务要求

能分析注浆成型坯体缺陷产生原因。

（二）原理方法

由于泥浆性能、石膏模性质、操作步骤等因素都会对注浆成型产生影响，因此注浆成型后的坯体可能会产生以下缺陷：开裂、坯体的生成不良或者生成缓慢、坯体脱模困难、气泡与针孔、泥缕、变形等。

1. 开裂

产生原因：主要是由收缩不均匀所产生的应力而引起的石膏模各部位干湿程度不同；制品各部位厚度不一，厚薄交接处太突然；石膏模型过干或过湿；注浆时泥浆供应间断，形成含有空气的夹层；泥浆的解凝剂用量不当，有凝聚倾向；泥浆未经陈腐，搅拌不匀，流性差；泥料中可塑黏土的用量不足或过多；坯件脱模过早或过迟，干燥温度过高。

2. 坯体的生成不良或者生成缓慢

产生原因：电解质不足或过量，泥浆中有促使凝聚的杂质（如石膏，硫酸钠等）；泥浆水分过高，或石膏模含水过高；泥浆温度太低（注浆时泥浆温度应不低于 10 ~ 12℃）；成型车间温度太低，主要是冬季；模型内气孔率太低，模型吸水率太低。

3. 坯体脱模困难

产生原因：在使用新石膏模时未能很好地清除附着在表面的油膜；泥浆中水分过多或模型过湿；泥浆中的可塑黏土用量过多；泥浆颗粒过细。

4. 气泡与针孔

产生原因：石膏模过干、过湿、过热或过旧；泥浆本身未处理好，有气泡未逸出；泥浆注入速度过快，使空气没有足够的时间排除；石膏模型设计不妥，不利于气体排除；泥浆存放过久或泥浆温度过高；模型内的浮尘未清除。

5. 泥缕

产生原因：泥浆黏性过大，密度大，流动性不良；注浆操作不当，浇注时间过长，放浆过快，缺乏一定的斜度或回浆不净；室内温度过高，泥浆在模型内起一层皱皮，倒浆时没有去掉；与制品形状有关系，坡度大，曲折多的模型影响泥浆流动。

6. 变形

产生原因：模型水分不均匀，脱模过早；泥浆水分太多，使用电解质不恰当；器形设计不好，致使悬臂部分易变形。

（三）操作准备

注浆用石膏模型、泥浆、浆桶、筛子、工作台等。

（四）操作步骤

（1）查看自己操作的注浆坯体有无缺陷，若有缺陷，分析该缺陷产生的原因。

（2）分析图 1－18 中缺陷产生的原因。

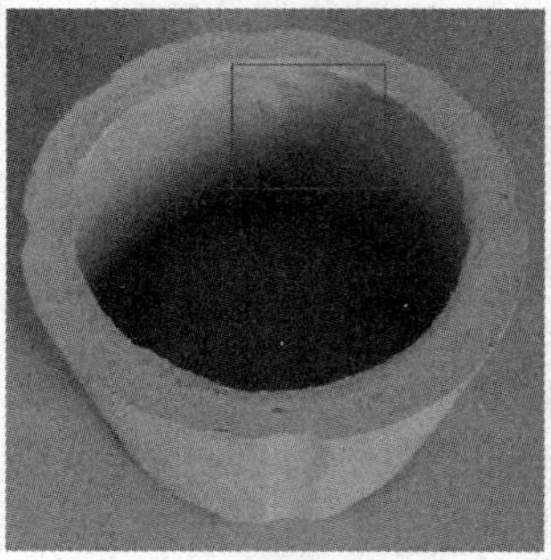

(a) 泥缕

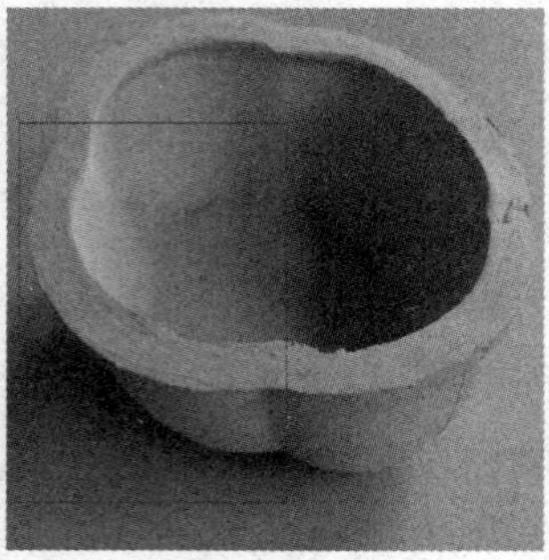

(b) 变形

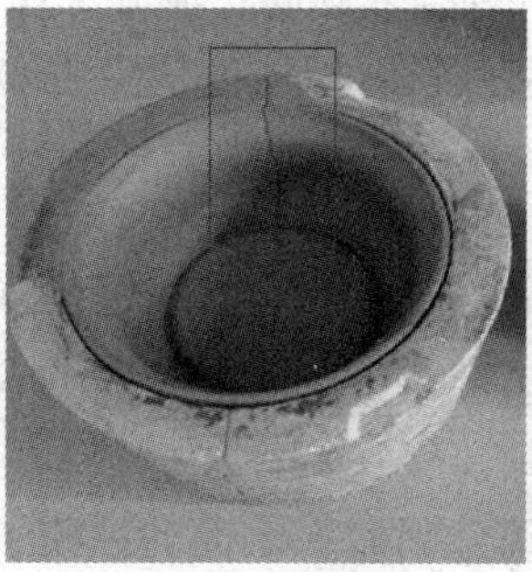

(c) 开裂

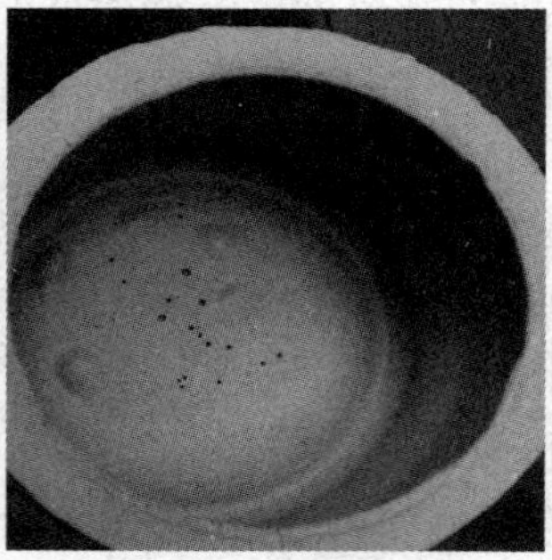

(d) 气泡与针孔

图 1－18　注浆坯体主要缺陷图

思考题

1. 注浆成型对泥浆有哪些工艺要求？
2. 什么是泥浆的触变性？试分析泥浆产生触变性的微观机理。
3. 简述电解质的两大作用机理及必须具备的条件。

4. 简述稀释剂的种类及选用原则。
5. 简述注浆成型的主要过程。注浆过程能够实现的主要动力是什么？
6. 模型跑浆是何原因？注浆坯粘模是何原因？
7. 简述注浆成型操作的主要步骤。
8. 试比较波美度与密度这两个参数的差别。
9. 试画出真空搅拌机的简易装置图，并解释其工作原理。
10. 陶瓷注浆成型的缺陷主要有哪些？并分析其产生的原因。
11. 什么是强化注浆？其主要形式有哪些？
12. 什么是高压注浆？简述高压注浆的主要特点。

项目2　可塑成型

学习目标

能正确操作旋压、滚压、塑压成型设备，制作合格坯件

知识要求

1. 掌握旋压成型、滚压成型、塑压成型的特点
2. 掌握旋压成型、滚压成型、塑压成型的工艺要求
3. 了解旋压、滚压、塑压成型机械的主要结构及工作原理
4. 了解旋压、滚压、塑压成型坯件产生缺陷的主要原因

技能要求

1. 会操作旋压、滚压、塑压成型机械，制作坯件
2. 能分析旋压、滚压、塑压成型坯件缺陷产生原因，进行初步调整
3. 能对旋压、滚压、塑压成型设备进行简单维护

知识点一　旋压成型

（一）旋压成型概述

旋压成型是日用陶瓷各种碗、盘、碟、杯类常用的一种成型方法，它利用旋转的石膏模与样板刀车成型。操作时，将经过真空练泥的坯料放在石膏模内，石膏模由模型轴带动旋转，然后慢慢放下样板刀，在型刀的挤压和刮削作用下将泥料在模型的工作表面延展开来，如图2－1所示，使坯料的表面具有一定形状和尺寸而成为坯体。成型余泥在模型口沿处用刀片或钢丝弓刮去。坯体的内外表面形状分别取决于模型的工作表面形状与型刀的工作曲线形状，坯体的厚度由型刀刀刃与模型工作表面之间的距离决定。

国内1972年就已创造了简单而有效的椭圆形旋压机，其工效约为注浆成型法的六倍，不但效率高、成本低而且劳动条件也明显改善。旋压成型设备简单，适应性强，可

以旋制大型深腔制品。但成型时坯泥含水率高，正压力小，致密度差，坯体不够均匀，易变形。另外，旋压成型劳动强度大，并需要一定的劳动技能。

（二）旋压成型的工艺要求

1. 对泥料的要求

旋压成型对泥料的一般要求是泥料水分均匀、结构一致、可塑性好，由于通过型刀的挤压和刮削来成型，型刀对于坯料的作用力相对较小，故泥料屈服值不宜太高，所以坯泥的含水率稍高些，通常为 21% ~26%。另外，在“刮泥”成型时，为提高坯体表面的光滑程度，可在坯面滴少量水，以达到“擀光”表面的目的。

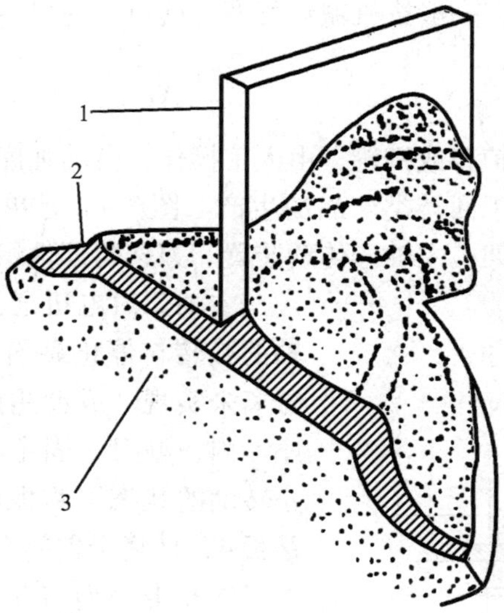

图 2－1　旋压成型排泥示意图

1—样板　2—泥坯　3—模型

2. 对型刀的要求

型刀是旋压成型的主要工具。刀刃形状除根据制品形状决定外，也与成型方法有关，型刀工作端的刀口应稍钝，并具有一定角度，通常为 15°~45°。样板刀一般采用 5~10mm厚的钢板制成，材料可选择普通碳素钢、合金等。刀片的刃部按坯体成型表面的母线制作，由于刀压成型时，样板刀对坯泥正压力小，坯体致密度差，为了提高样板刀对坯泥正压力，可采用减少刀口的角度，增加刀口宽度等措施。一般旋压成型采用阴模成型，在成型扁平制品时也可用阳模成型。在型刀背面固定了一个排泥板，以便排出余泥。适当增加型刀厚度及排泥板的使用，以及在操作时增加坯泥量等措施，都可以改善坯体致密度不足这种现象。在使用过程中，刀刃的磨损，将影响成型质量，因此应定期修磨刀刃。

3. 对模型的要求

石膏模型应外形圆整，厚薄均匀，干湿一致。工作表面应光润无空洞，无外来杂质。模型含水率在4%～14%，并根据模型质量和使用情况进行定期更换。

4. 主轴转速

主轴转速是旋压成型过程中的重要工艺参数，它与制品的形状直径及坯料的性能有关。一般来说，成型直径小的制品及阴模成型时主轴转速可稍高一些；反之，则转速应相应减小。主轴转速高，有利于坯体表面光滑，但过高时易引起“跳刀”、“飞坯”等问题。

另外，旋坯机在安装使用时，应确保机架稳固，以及主轴、模型和型刀三者“同心”，避免因设备摇晃、偏心，引起坯体的厚薄不均匀、变形及开裂。

（三）旋坯成型机械

旋坯成型机形式很多，一般按机械化程度不同可分为单刀旋坯机、单刀半自动旋坯机和双刀半自动旋坯机等。

1. 单刀旋坯机

单刀旋坯机又称为辘轳车或机轮，由人工操作，劳动强度大，生产率低。但其结构简单，价格便宜，主要用于回转类产品的生产。图2－2是单刀旋坯机的工作原理示意图，单刀旋坯机主要由机架、主轴、传动装置、刀架等部件组成。

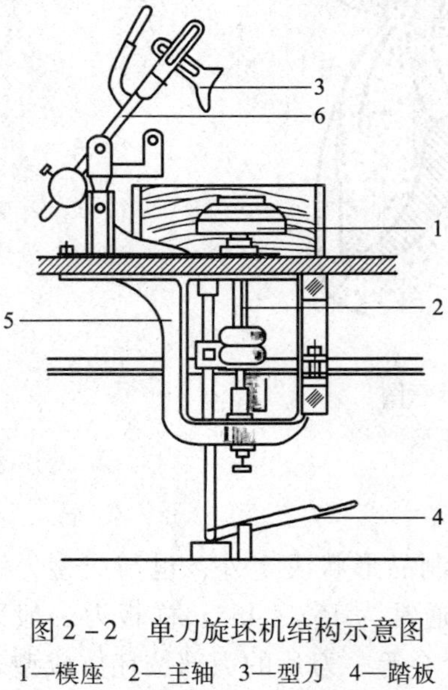

图2－2　单刀旋坯机结构示意图
1—模座　2—主轴　3—型刀　4—踏板
5—机架　6—刀架

主轴2由电机通过皮带传动带动旋转，主轴的旋转与停止靠踏板4控制离合器的闭合与分离来实现。成型用的模型放在主轴上端的模座1内，型刀3固定在刀架6上，在主轴2停止转动的状态下将泥料投入模型中，然后松开踏板4，使离合器闭合，主轴2旋转，由人工操作刀架6带动型刀3下降，完成成型操作。刀架6被松开后，在平衡重的作用下上升复位，用脚踏下踏板4，离合器分开，主轴2停止旋转后将带有坯体的模型取出，放入新的模型，进行下一次成型操作。单刀旋坯机主要有以下主要零部件：

（1）型刀　型刀是旋坯机的主要部件之一，其刀刃工作曲线形状取决与制品表面形状及成型方法（阴模成型或阳模成型）。图2－3是阴模成型碗类制品的型刀。

型刀的刀刃处宜锉成锐角，一般取 $\alpha = 15° \sim 35°$，α 角的大小直接影响在成型过程中坯体沿厚度方向所受正压力 P_n 的大小，以及将泥料刮削延展开来的作用力 P_t 的大小。图2－4为成型刀对泥料的总作用力 P 与坯体所受正压力 P_n 及布泥作用力 P_t 的关系示意图。

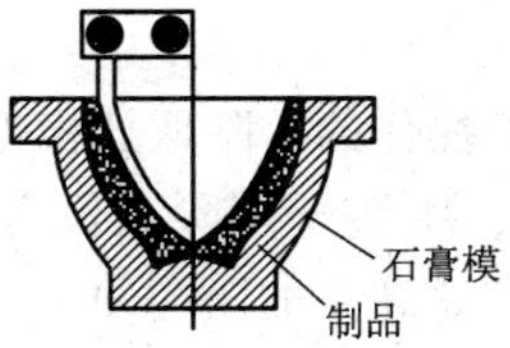

(a) 型刀成型加工工作图

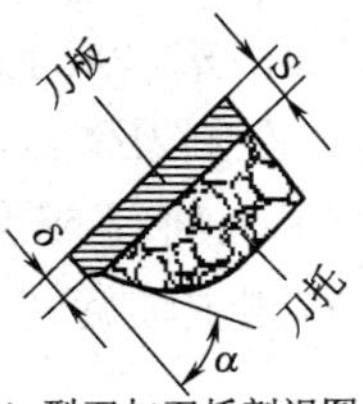

(b) 型刀与刀托剖视图

图2－3　成型碗类制品型刀

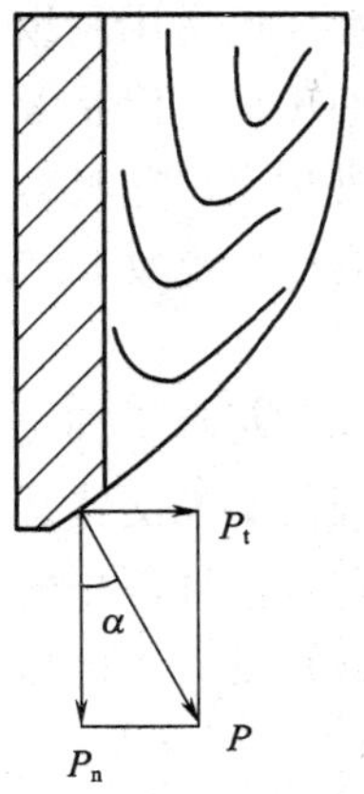

图2－4　型刀对泥料的作用力示意图

由图可知：

$$P_n = P\cos\alpha$$
$$P_t = P\sin\alpha$$

显然，α 角过大，坯体所受正压力 P_n 小，坯体不够致密，易产生变形、开裂等缺陷；α 角过小，布泥作用力 P_t 小，泥料在模型中延展困难，制品表面不光滑。

型刀由刀板和刀托（又称排泥板）组成。刀板厚度 S 和刀刃宽度 δ 视制品大小而定，制品大时取大值，制品 h 取小值，一般范围为 $S=5\sim10$mm，$\delta=1\sim2$mm。型刀材料可用普通碳素钢，在使用过程中，刀刃的磨损将影响成型制品的质量，因此需要对刀刃进行定期修磨。为了提高型刀使用寿命，减少修磨次数，可对刀刃处进行渗碳等局部热处理。刀托在成型过程中可以起到帮助排泥和适当增加型刀对泥料压力的作用，其形状一般沿刀口 α 角做成圆弧形过渡。刀托大多用较硬的木材制作，也可用铝和塑料等材料制作。

型刀多安装于靠近刀架支点的一边，为了使坯体中心部位比较致密，型刀刀头一般超过坯体旋转中心 0.5～1mm。

（2）刀架　单刀旋坯机的刀架类型主要有弧形刀架和直升刀架两类。弧形刀架的型刀具有弧形运动轨迹，刀架行程较小，适于口径较大、深度较小的浅平类制品成型。直升刀架的型刀具有直线运动轨迹，刀架行程较大，适于口径较小、深度较大的深类制品成型。

（3）主轴结构　主轴上部装有模座，用来承托石膏模型。主轴的转速与坯体大小、成型方式以及泥料性能等有关。一般，产品直径大、阳模成型、泥料可塑性较差时，主轴转速稍慢些，反之可稍快些。对于直径大于 300mm 或孔深在 200mm 以上的制品，主轴转速大致在 120～220r/min；直径在 300mm 以下者，在 220～400r/min 之间选用。

为了使主轴在成型时按预定转速旋转，在取放模型时又能马上停止转动，在传动系统中安装了离合器，常用的离合器主要有摩擦片式离合器和锥形摩擦离合器。

2. 双刀半自动旋坯机

双刀半自动旋坯机是用两组刀架交错进行成型操作的。除取放模型、投泥需人工操作外，其余如主轴转动、停止及制动、刀架升降、压坯及割除余泥等都由机械自动完成。与单刀旋坯机相比，它具有劳动强度低，生产率高，加压均匀，产品质量较稳定等优点。其主要组成包括电动机减速装置、凸轮轴与凸轮组、刀架、主轴部件、制动装置等。

旋坯机工作时，两套主轴的转动、停止及刀架的起落由凸轮轴上的两组凸轮控制，使它们的运动按工艺要求交错运行。左侧主轴旋转时，左侧刀架自动降落，完成旋压成型操作。同时，右侧主轴停止转动，右侧刀架抬起，工人将已成型好的坯体及模型取走，放入新的模型并投泥。之后左侧主轴停止转动，右侧主轴旋转，如此循环交错，进行成型操作。

知识点二　滚 压 成 型

（一）滚压成型概述

滚压成型是在旋压成型的基础上发展而来的，它是以旋转着的滚压头取代旋压成型的型刀，滚压头和盛放泥料的模型各自绕自己的轴线同向旋转，两者互相靠近时，模型中的泥料受到滚压头的压延力作用，沿模型的工作面延展而形成坯体。

与刀压成型相比，滚压成型具有下列明显的优点：

（1）坯体致密、均匀、规格一致、成品率高。

（2）能使用低水分塑性坯料成型，制品光洁平整，减少了后续工序的干燥时间和变形。

（3）对于一般的盘碟类等浅型制品，可阳模成型，也可阴模成型，有利于生产线的建立，并可减少变形和开裂。

（4）滚压成型机操作简单、方便。

滚压成型的工具是滚头，滚头是一个回转体。成型时，滚头与坯料之间除有相对滑动外，主要还有相对滚动，由于滚压成型坯体质量好，操作简单，故在日用陶瓷生产中得到广泛使用，并得以发展和完善。

（二）滚压成型工艺要求

1. 对泥料的要求

滚压成型泥料受到压延力作用，成型压力较大，成型速度较快，要求泥料可塑性好些、屈服值高些、延伸变形量大些、含水量小些。塑性泥料的延伸变形量是随着含水量的增加而变大，若泥料可塑性太差，由于水分少，其延伸变形量也小，滚压时易开裂，模型也易损坏；若用强可塑性原料，由于其适于滚压成型时的水分较高，其屈服值相应较低，滚压时易粘滚头，坯体也易变形。因此，滚压成型要求泥料具有适当的可塑性，并要控制含水量。陶瓷企业在确定原料组成之后，一般是通过控制含水量来调节泥料的可塑性以适应滚压的需要。

滚压成型对泥料的要求又随成型方式和产品尺寸的不同而变化。一般来说，阳模滚压相对于阴模滚压，冷滚相对于热滚，其可塑性稍高些而含水率稍低。成型大件制品时，水分低些，成型小件产品水分可稍高。另外，泥料水分还与转速有关，转速低时，水分可多些；转速高时，水分不宜太多，否则易粘滚头，甚至飞泥。通常滚压成型的泥料含水率在18% ~23% 之间变动。

2. 对滚头的要求

滚头是滚压成型的主要部件，为满足成型需要和保证坯体质量，在使用滚头时应考虑以下几个方面：

（1）滚头的设计　滚头的设计首先应能符合产品所要求的形状尺寸，而且制造、维修安装方便。滚头倾角（成型角、主偏角、摆角）在设计时是重要的工艺参数。所谓滚头倾角是指滚头中心线与模型中心线（主轴轴线）之间的夹角，即图2－5所示的 α 角。滚头倾角的大小对成型操作和坯体质量都有影响。滚头倾角小，则滚头的直径和体积就大，成型时泥料受压面积大，坯体较致密，强度高且不易变形。但滚头倾角过小会使排泥间隙减小，造成排泥困难，甚至空气也不易排除，造成“鼓气”缺陷。另外，成型压力过大时也易造成模型损坏。滚头倾角过大，则滚头直径和体积小，压力较小，排泥容易，但坯体致密度差，并且容易产生泥料粘滚头、坯体底部不平等问题。

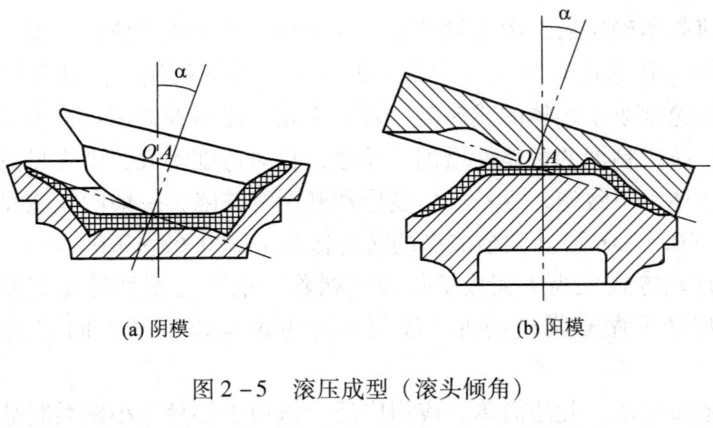

图2－5　滚压成型（滚头倾角）

滚头倾角的大小，根据产品的大小和器型、泥料的性能及滚头与主轴的转速等不同，而采用不同的倾角。产品直径大时，倾角可大些，产品直径小，倾角可小些。目前滚头倾角一般在14°~25°。

（2）滚头材料的选用　滚头材料，应具有一定的憎水性、耐磨性、机械强度和表面粗糙度，同时要便于加工修理。常用的有普通碳素钢、普通灰口铸铁、球墨铸铁及聚四氟乙烯等。

普通碳素钢：耐磨性好，但憎水性差，故只适合于加热滚头。

普通灰口铸铁：与碳素钢相比，耐磨性较差，但憎水性好，可加工成冷、热滚头。

球墨铸铁：耐磨性比普通碳素钢好，憎水性比灰口铸铁强，适合于加工冷滚头。

聚四氟乙烯：憎水性好，表面光滑，不易粘泥，有良好的加工性能，可在滚压成型机上进行修整和加工，非常适合于制作冷滚头。但材料价格昂贵，耐磨性差，由于表面易被坯泥中的硬颗粒损坏，需要经常进行修整。

近年来，国内开始用一种高相对分子质量聚乙烯材料制作冷滚头。这种材料与聚四氟乙烯相比，憎水性更好，价格低，硬度高，耐磨性好，因而使用周期长，修整次数少，是一种很有前途的滚头材料。

滚头结构由所取材料及成型工艺要求等决定，一般应考虑：

①是否装发热体　如果是冷滚压，则可采用塑料滚头，为实心结构，或者采用空心金属滚头；若为热滚压，则应采用金属材料作滚头，且为空心结构，内装发热体，为保证滚头有一定的蓄热能力，壁厚一般在10mm以上。

②与滚头轴的连接方式　滚头与滚头轴的连接方式主要有螺纹连接、法兰连接和卡盘连接。

(3) 转速和转速比　主轴和滚头的转速及其转速比直接关系到产品的产量和质量。一般来说，主轴转速高，成型效率就高；但要注意模型的固定，尤其对阳模滚压来说，主轴转速过快时，易引起泥片脱离模型，坯体边缘出现折口，底部出现花纹。而阴模滚压，其主轴转速可以比阳模滚压适当快些，过快则易粘滚头。无论阴模或阳模滚压，制品的口径大，滚头和主轴转速则应稍慢，反之则可适当加快。目前我国所用的滚压成型设备，按不同的产品和成型方式，主轴转速一般在300~800r/min，个别可达1000r/min以上。

当主轴转速基本确定后，滚头的转速要与主轴的转速相适应，一般是以主轴转速与滚头转速的比例（转速比）作为一个重要的工艺参数来控制。为使坯体表面光滑，通常要求滚头的线速度小于坯体的线速度。若滚头和坯体两者的相对速度相差太小，则坯体表面不光滑，滚头粘泥的可能性增加。反之，相对速度太大，则成型过程中，坯体会产生内应力，坯体也不致密，容易产生变形和开裂等缺陷，一般阴模成型，主轴与滚头的转速比为1:(0.3~0.7)。阳模成型的转速比为1:(0.65~0.9)。

(4) 滚头运动方式　为了完成滚压成型操作，滚头与模型需要有靠离运动，除了模型在主轴的带动下做升降运动外，还可以通过滚头以下列不同方式向模型靠离来实现。

①滚头做圆弧运动　此法简单，应用广泛。适用于小盘、小碗类制品的成型。

②滚头做圆弧运动到下止点后再做侧向摆动　此法滚头需要两个支点，结构复杂，但坯体承压均匀，多用于成型尺寸较大的盘类制品。

③滚头做垂直运动　此法坯体受压均匀，适用范围较广。

④滚头做垂直运动到下止点后再做侧向摆动　此法滚头需要两个支点，动作协调较困难，结构复杂，但坯体中心致密，泥料容易延展。

⑤滚头做垂直运动和水平运动的复合运动　一般用于阴模成型深筒类制品。

(5) 滚头运动速度　滚压成型时间很短，从滚头开始压泥到脱离坯体，只要几秒钟至十几秒钟，但每个阶段滚压的要求各不相同。在滚头接触泥料之前，可快速下压，以提高生产率；当滚头开始接触泥料时，下压速度应减慢，以防模型受冲击而破损，或引起主轴振动，同时有利于滚头与坯泥之间的气体顺利排出，否则会引起“鼓气”缺陷；当滚头达到下止点位置后，进入定压阶段，此时应保证一定的定压时间（2～3s）或定压次数（15～25次），以保证坯体质量；定压结束后，为了防止抬刀纹的出现，滚头抬离应轻缓，速度稍慢；当滚头与泥料完全脱离后，可快速上升返回到上止点位置；为了与机械的其他机构动作协调，滚头在上止点还需有一定时间的停留，之后再次下压。

3. 对石膏模型的要求

滚压成型中泥料所受压力较大，易引起石膏模破损。为了延长石膏模型使用次数，可以采取如下措施：

（1）采用增强措施提高石膏模强度。

（2）在模型设计和制造中增加模型底部和边部的厚度。

（3）将模型的重心降低，以防模型甩出。

（4）模型与模座的配合要紧密，使模型平稳地固定在模座上。

（三）滚压成型机械

1. 构造与工作原理

滚压成型所用机械设备称为滚压成型机，如图2－6所示。它是日用陶瓷各种盘、碗、杯、碟类生产用的重要成型设备，它与刀压成型机的主要区别在于：以做定轴回转的滚压头代替固定不动的样板刀，在成型过程中，以“碾压”代替“刮泥”，因而改善了坯泥在成型时运动状态和受力情况，提高了坯体质量。根据成型工艺及成型机结构的不同，常用的滚压成型机有如下几种类型：

图2－6 滚压成型设备

（1）根据模型及滚头的形状不同　可分为阳模滚压成型和阴模滚压成型两类。阳模滚压成型用凸模，坯体内表面取决于模型形状，滚头与坯体的外表面接触，这种成型方法对泥料的可塑性要求很高，成型坯体的质量较高，适于扁平形状的盘类制品成型。阴模滚压成型用凹模，坯体外表面取决于模型形状，滚头与坯体的内表面接触，它适于碗、杯、碟类和尺寸不大的盘类制品的成型。

（2）根据成型时滚头加热与否　分为冷滚压和热滚压。若成型在常温下进行，滚压头不加热，称为冷滚压。若将滚压头加热并保持在一定的温度（100～120℃）成型，称为热滚压。采用热滚压成型，当加热了的滚头与泥料接触时，滚头与坯体之间就产生一层蒸汽膜，使坯泥不易粘到滚头上，坯体的滚压面比较光滑。但热滚压要求滚头的温度较严，温度过低效果不明显，温度过高则坯体表面水分散失迅速，易造成表面硬化，影响坯体表面质量，因此需要有相应的温度控制系统。此外，热滚压需用空心金属滚头，内装加热装置，结构较复杂。与热滚压相比，冷滚压滚头简单，不需加热及恒温装置，使用方便。但要求泥料的含水率较低，以防止粘滚头。

从滚压头的设计，制造、维修以及耗电等方面考虑，在泥料性能允许的前提下，应尽量采用冷滚压。

（3）根据成型时工作台运动与否及运动方式的不同　可分为固定工作台式滚压成型机、回转工作台滚压成型机与往复工作台式滚压成型机三类。

常用滚压成型机规格和主要技术性能见表2－1。

表2－1　常用滚压成型机规格和主要技术性能

型号			JG－300	TC2G250×75	TC2G100×100	TC2G200×120	TCC460	TCC210A
结构特点			单头，滚头上下摆动	单头、转盘式	双头，滚头上下摆动	双头，水平退让	双头	双头转盘式
产品种类及规格		种类	盘、碗类	盘、碗类	深杯	深杯、碗类	盘、碗类	盘、碗类
产品种类及规格		最大直径/mm	230	250	100	200	350	210
产品种类及规格		最大高度/mm	100	75	100	100	80	60
生产能力/（件/min）			5～7	6	12	8～12	8～16	10～16
电动机	主轴	型号	JO31－4	Y90L－4	Y90S－4	Y90S－4	Y100L－4	Y100L－6
电动机	主轴	功率/kW	2.2	1.5	1.1	1.1	2.2	3
电动机	主轴	转速/（r/min）	1430	1400	1400	1400	1430	940
电动机	滚头轴	型号	AO7124	JWO9A－4	JWO9B－4	AO7124	JWO9B－4	AO6314
电动机	滚头轴	功率/kW	0.37	0.4	0.25	0.37	0.5	0.74
电动机	滚头轴	转速/（r/min）	1400	1400	1400	1400	1400	1400
外形尺寸		长/mm	1350	1210	1300	1340	1530	1580
外形尺寸		宽/mm	620	1090	1050	1196	1100	1160
外形尺寸		高/mm	1530	1470	1510	1570	1300	1700
设备质量/kg			600	2000	1800	1398	950	2020

滚压过程是指滚头从开始接触泥料至离开坯体表面的一段过程。这一过程所经历的时

间只有几秒钟，通常把这一短暂过程分为三个阶段，而各阶段对压泥的要求并不相同。滚头从开始接触泥料至定压前为布泥阶段。这一阶段泥料在模型工作面上展开，滚头的动作要轻，压泥速度要适当，一般以6～7mm/s为宜，如动作太重或太快，则易压坏模型或引起“鼓气”；若下压太慢，则易出现泥料粘滚头。接着进入定压阶段，这时泥料已压制成所要求的厚度，为使坯体表面光滑，要求滚头的动作重而平稳，泥料受压时间适当，一般以2～3s为宜。最后为抬滚阶段，是滚头抬离坯体直至完全脱离的一瞬间，要求缓慢地减轻泥料所受的压力，以消除残余应力。滚压操作的全过程是靠成型机的凸轮来控制的，各阶段的时间分配和压力大小是设计凸轮的主要依据。下面介绍一种常用滚压成型机的结构及工作原理。

图2－7是某型号双头滚压成型机的结构示意图。在机架1的正面固装着主轴13的

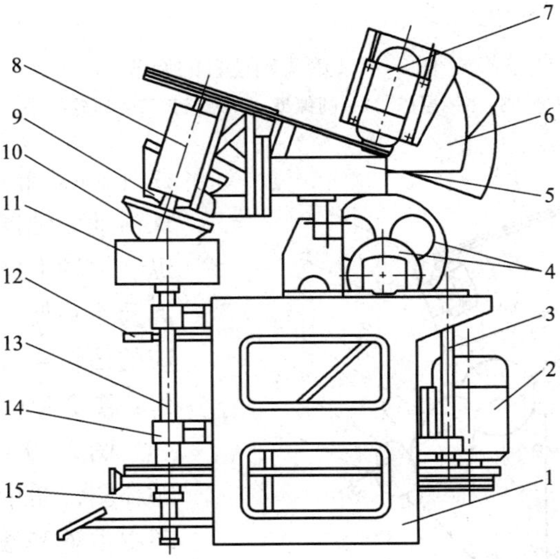

图2－7 TG－DGP型双头滚压成型机结构示意图

1—机架 2—电动机 3—蜗杆轴 4—凸轮 5—滚头架 6—配重 7—滚头电机 8—滚头轴承座 9—滚头轴 10—滚压头 11—模座 12—手柄 13—主轴 14—主轴轴承座 15—摩擦离合器

轴承座14，主轴的底部装有空套在轴上的三角带轮和摩擦离合器15，模座11固定在主轴的顶部。机架顶面装有支承滚头架的支座16，滚头架与支座之间以铰链连接，使之能绕支座摆动。滚头轴9和轴承座8以及带动滚头转动的电动机7均装在滚头架上，滚头10固定在滚头轴的下端，上端有V带轮。滚头轴的上下、左右和前后位置及其倾斜角度均可调节，如图2－8所示。松开螺钉6，拧动捏手7，可调左右位置；松开螺栓8，转动螺杆5，可调前后位置；松开螺母1，转动螺母2，可调节倾斜角度。调节完毕后，全部锁紧螺母或螺钉要重新拧紧。在机架上并排有两套完全相同的主轴部件和滚头部件，两套装置按一定的顺序交替作业。

主轴和凸轮轴是由同一电机带动旋转的，凸轮轴水平安装于机架顶端。主轴由电机经V带传动及摩擦离合器驱动，同时通过蜗杆传动带动凸轮轴旋转。在空套于蜗杆轴

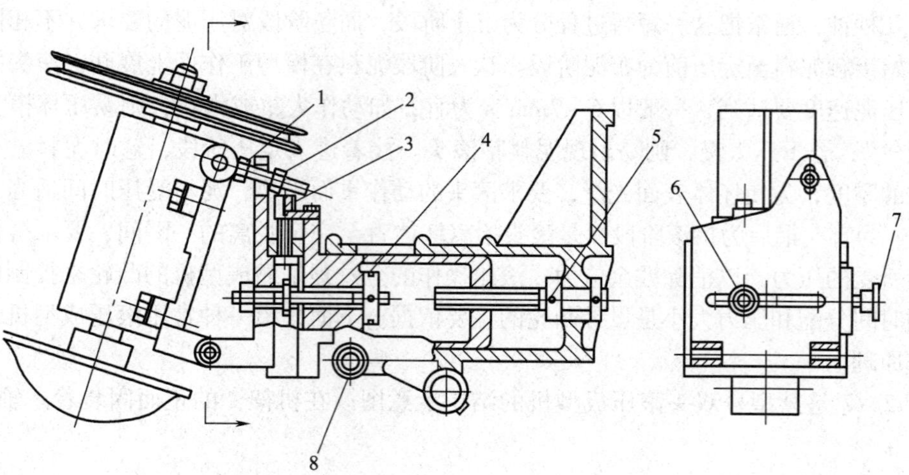

图 2－8　滚头轴位置的调节

1、2—螺母　3、5—螺杆　4—圆螺母　6—螺钉　7—压轮捏手　8—螺栓

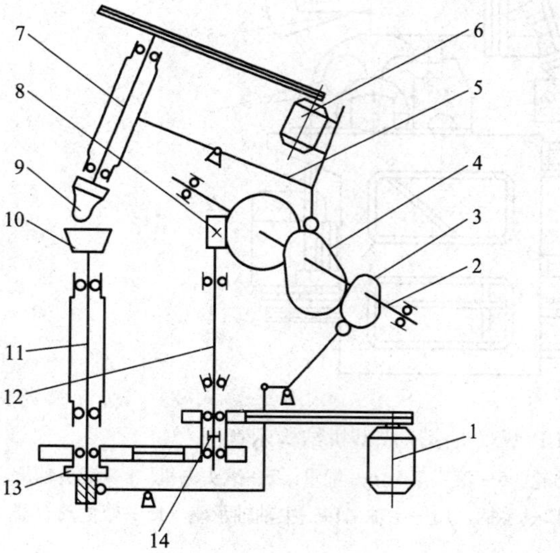

图 2－9　滚压机机械传动示意图

1—主电动机　2—凸轮轴　3—主轴离合器凸轮　4—滚头升降凸轮　5—滚头架　6—滚头电动机　7—滚头轴　8—滚头　9—模座　10—主轴　11—摩擦离合器　12—滚珠活动联轴　13—蜗轮杆　14—蜗杆

13 上的 V 带轮与蜗杆轴之间装有滚珠活动联轴器 12，联轴器由手柄操纵。主轴上摩擦离合器的闭合与分离及滚头架的摆动均由凸轮轴上相应的凸轮 4 控制，从而实现自动操作，图 2－9 为其机械传动示意图。

图 2－10 是双头滚压机的工作循环图，图中说明了在一个工作循环中主轴和滚头的工作状态，其操作过程如下：

①凸轮轴转角为 0～100°，主轴静止，滚头处于上止点位置。此时，工人将模座中盛有坯体的模型取出，放入空模并投泥。

②凸轮轴转角为 100°～150°，主轴上的摩擦离合器闭合，主轴旋转，滚头快速下降，直到与泥料接触为止。

③凸轮轴转角为 150°～200°，主轴继续旋转，滚头慢速下压，泥料在模型中延展成坯，余泥在模型口沿处被切边装置切除，直到滚头到达下止点为止。

④凸轮轴转角为 200°～280°，主轴继续旋转，滚头保持在下止点位置。

⑤凸轮轴转角为 280°～310°，主轴继续旋转，滚头慢速上升，离开坯体。

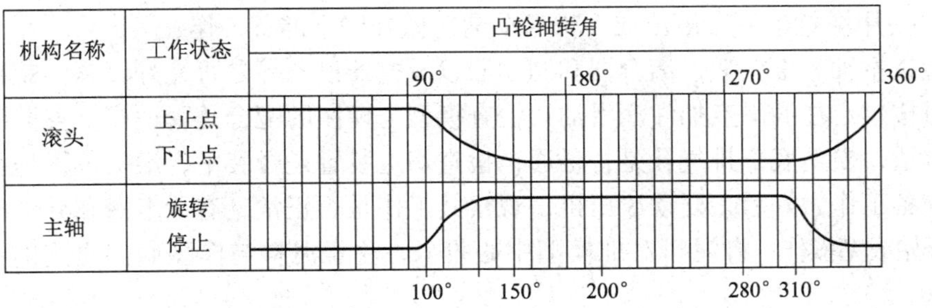

图 2－10　双头滚压机工作循环图

⑥凸轮轴转角为 310°～360°，主轴上的摩擦离合器分离，主轴停止转动，滚头快速上升，直至回到上止点为止。

至此滚压机完成一个工作循环，之后继续重复上述动作。滚压机上的另一套成型装置的工作过程与上述过程相同，只不过其取、放模型的时间与前者错开半个周期，以便于工人操作。

2. 生产能力参数

滚压成型机的生产能力取决于工作循环时间，即完成一个制品的生产过程所需的时间。

假设工作循环时间为 t，则理论生产能力为：

$$Q_0 = \frac{60}{t}$$

双头滚压时：

$$Q_0 = \frac{2 \times 60}{t}$$

考虑设备的保养、调整及故障排除等非工作时间，滚压成型机的实际生产能力达不到理论值，实际生产能力为：

$$Q = \varepsilon Q_0$$

式中：Q——滚压成型机生产能力，件/min；

Q_0——滚压成型机理论生产能力，件/min；

ε——停顿系数，一般取 $\varepsilon = 0.75 \sim 0.85$。

工作循环时间与产品的种类和泥料的性质有关，一般 $t = 6 \sim 12s$。

3. 调试与使用

（1）调试　为了保证滚压成型机能投入正常生产，每一台滚压成型机在使用前必须经过调试。一般说来，各种滚压成型机的滚头部件、凸轮与凸轮轴、主轴或滚头的转动部分、工作台的转动等机构，都具有一定的调整范围。主轴、滚头多带有无级调速装置，能根据制品的不同规格及工艺要求进行转速比的调整。凸轮轴的转动与工作台的转动（转盘式滚压成型机）或往复移动（往复工作台式滚压成型机）之间更需要通过适当的调试来达到动作的协调。调试前必须详细阅读设备的使用说明书，逐步调试，以达到较为理想的结果。

（2）使用注意事项　滚压成型机启动前应做好以下准备工作：

①检查主轴、滚头架、离合器和制动器以及电器设备等是否完好，紧固螺栓有无松动，同时按规定往润滑点加注润滑油；检查模型与模座的配合是否适当，安装时松紧程度是否合适，模型底部排气孔是否畅通；检查切边装置是否装平，滚头位置是否正确。

②准备工作做好后，开动滚压机，观察其工作是否正常，有无卡滞和异常声音。

③开始成型操作，将泥料对准模型中心投入，注意泥料与模型底部之间的气体是否排尽。

④对第一个坯体进行检查，主要检查坯体各部位的厚度是否均匀，坯体质量是否合格，表面是否光滑。如发现问题应及时进行调整，直到坯体质量合格为止。

⑤如出现泥料不能铺满模型的情况，应将泥料取出废弃，不能加泥补满。

知识点三　塑压成型

（一）塑压成型概述

塑压成型又称为兰姆成型法（ram process），它是将可塑泥料放在模型内，在常温下压制成型的一种方法。它的上、下模一般为蒸压型的α-半水石膏（制模时的膏水比约为100:37），内部盘绕一根多孔性纤维管，可以通压缩空气以及抽真空。安装时应将上下模之间留有0～25mm的空隙，以便扫除余泥。

图2-11　塑压成型设备

塑压成型法系20世纪70年代末期美国在日用陶瓷生产中开始采用的一种新成型技术，适用于非旋转对称的鱼盘类或其他广口异形产品的成型。这种成型方法的特点是设备结构简易，操作方便，坯体致密，自动化程度高。但塑压成型的模具寿命短，成本高，目前国外陶瓷企业有采用多孔树脂作为塑压模具材料。此外，该法只能成型板、盘等形状简单的扁平制品。塑压成型设备见图2-11。

（二）塑压成型的工艺要求

1. 对模具的要求

塑压成型模具与旋压、滚压成型所采用的模具有较大区别。塑压模的上模、下模均由一个石膏模和一个金属模框组成，金属模框箍住上、下石膏模，除起加固作用外，还保证上下模精确定位和对石膏模起保护缓冲作用。在上、下石膏模内均埋有用透气性较好的玻璃纤维软管按制品形状做成的排气盘束，上、下模之间形成一塑压成型制品的型腔（模胶）。塑压模结构如图 2－12 所示。

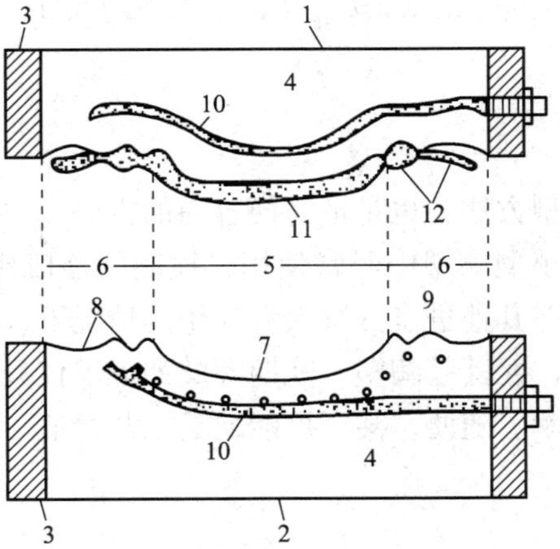

图 2－12 塑压模结构示意图

1—上模 2—下模 3—金属模框 4—上、下石膏模 5—制品成型区 6—檐沟区 7—下模内工作表面 8—沟槽 9—沟槽凸边 10—制品排气盘束 11—制品 12—余泥

（1）塑压模的致密度 石膏粉制备工艺（包括石膏粉细度、杂质含量、炒制温度等）在很大程度上影响着塑压模的致密度和强度。对塑压模的要求是强度要高，致密度不能太高。

（2）檐沟区的设计 檐沟的作用是容纳余泥，并使坯泥的挤出受到一种阻力。檐沟区模子吻合处要留出如纸一样薄的空隙。

（3）塑压模的透气性 通过塑压模制作工艺及其特殊处理，使模具具有所需的透气性。模具的尺寸、形状和定位要严格控制。在排除塑压模内的水分时，要通入 0. 7MPa的压缩空气，使塑压过程中吸入模内的水分排除掉。塑压模的排水情况，对于塑压成型坯体含水率的降低及每次塑压后模子表面的吸水能力均有影响。

在初次塑压试验中，必须对上述各点进行测定，并把测定数据记录下来，作为制定操作规程的依据。

2. 对泥料的要求

塑压成型的泥料一般为高可塑性原料，含水率一般为 21%～26%，可略高些。塑压时，成型压力由坯料的含水量定，含水率低的泥料其成型压力较高。有实验研究表明：泥料含水量为 28% 时压力约为 1. 5MPa，含水量降为 23% 时压力可增至 3. 5MPa。此外，加压速度应也适当掌握。速度越慢，成型压力越大；加压停顿时间越长，坯体脱水率和致密度越高。

3. 对成型设备的要求

塑压成型设备一般主要有五大部分组成：主机、主缸及安全缸、充液装置、液压系统、电气系统。要求塑压成型机械占用场地面积小、使用寿命长、机器生产效率高、节约电能、能最大限度减少了模具的消耗量、工作可靠性高。

知识点四　其他可塑成型

（一）捏制

捏制是最初的制陶成型方法，也是最简便容易的方法，也就是用手捏成型状，属于手制的一种。捏制方法在小型陶塑中经常使用，捏制的器皿比较少见，往往是粗糙的、不规整的，也比较小型。在其他进步方法大量使用的情况下，捏制也偶尔采用，只是用于不需要太讲究的陶器上，尤其是陶塑。晚期陶塑如果仅仅只是捏制，没有采用雕塑方法，可以反映出制作的草率、随便，甚至可能缺乏工艺价值。

（二）泥板成型

利用陶土碾成、拍成或切割成板状，来镶控制作器物的方法，叫做泥板成型法。这种方法在陶艺制作中运用广泛，变化丰富。传统的紫砂器就是用泥板成型来制作的。有人形象的称之为“黏土木工”。

泥板成型的器物可随陶土的湿度加以变化。比较湿软泥板可以扭曲、卷合等方法自由变化，随意造型；稍干的泥板可以镶接制作成比较挺直的器物。泥板的厚度随器物制作大小而定，但应注意泥板的厚度要均匀。泥板成型主要分为两种：一种是滚压法，另一种是拍片法。

滚压法：先在陶土下垫一块布，用手掌将泥料压扁。然后在泥料的两端各放置一和所需泥板厚度等厚的木条，用擀面棍前后滚压，直至压到和木条厚度相同为止。适于制作较大面积的泥板。

拍片法：拍片法是制作紫砂壶常用的方法，先将黏土放在泥案上，用泥拍的背部从黏土的中间向四周拍打。而后将黏土小心翻转过来，再用泥拍的正面斜下方用力，均匀有序拍打至所需厚度。

（三）泥条盘筑成型

泥条盘筑是继泥片贴筑方法之后，较为进步的一种陶器手制方法，它是较广泛持久使用的制陶方法之一。此法是将泥料做成泥条，然后从下至上盘绕成型，再用陶垫、陶拍、陶抹等工具抵压、抹拭、仔细加工。泥条可以从底一直盘绕到口沿，工艺合理，成型较好，制作也较便利，因此很快就推广开来，替代了以前的方法。中国新石器时代早期之末，已开始了泥条盘筑法制陶，中期以后极为普遍，可以说，我国新石器时代出土的陶器中，差不多绝大多数都是采用泥条盘筑法制成的。泥条盘筑法制肉术和新石器时代的抓盛，不能说没有关系。与泥条盘筑法同时或稍后，已出现慢轮，它用于陶器成型后的修整和修饰，对陶器形制的规整与美观性的改善，起了很好的作用，而且为快轮的产生奠定了基础，慢轮还为彩陶的轮绘技术提供了条件。考古发现证明，许多发达的新石器时代文化，都几乎是泥条盘筑法与慢轮修整相结合，制造出大量较精致的陶器。进入铜器时代以后，这种方法才逐步为轮制法取代，但现代某些边远少数民族中，还有类似的制陶工艺残留。泥条盘筑法陶器的内侧，常能观察到泥条盘绕的余痕。

（四）雕塑

凡异形产品如人物、鸟兽或方形、多角形等器物，多采用手捏、雕塑、雕削、雕镶法成型。人像、山水、花草、虫鱼、禽兽等一般用手捏、雕塑、雕削法成型；方形花钵等多角形器物则采用雕镶法成型。雕镶法是先将练好的塑性泥料用印坯和拍打相结合的方法制成适当厚度的泥片，然后切成所需形状大小，再用刀、尺等工具进行修、削以制成符合要求的式样和厚度，最后用泥浆粘镶成坯体。

人物、鸟兽等批量生产时，则把雕塑好的人物、鸟兽作为种模进行翻模，制成石膏模型的工作模，再用注浆法成型。这种人物、鸟兽、山水等形状复杂的产品的石膏模制作技艺很有讲究，有时一件产品要分成好几块注浆，而且人物的衣服飘带、鸟兽的羽毛头角等细微部分的凹凸棱角线条都要清晰地显示出来，这在石膏模制作和注浆成型方面难度都是很大的。有些功夫精湛、操作熟练的技艺人员制作的人物鸟兽，栩栩如生，形神俱备，成为珍贵的工艺美术品，有的甚至成为无价的瑰宝。

雕塑成型也属于手制，但却是一种艺术创作的方法。古代的陶塑之类，除了少数模制和一部分捏制外，大多是用雕塑方法成型的。捏制也是初级的、简单的雕塑形式。这里所说的雕塑法，是比捏制要进步和完备的美术方法，它使用了雕塑工具，采用了艺术表现手法，塑、雕、刻、贴等相配合，使陶塑具有较强的表现力和艺术价值。历代陶俑、陶模型明器，一些原始陶塑和某些器皿上的雕塑装饰等，都广泛使用了雕塑艺术，有些器皿的造型上，也兼用了雕塑方法。雕塑还在陶器的装饰艺术中经常运用，起了非常好的效果。雕塑方法是与人类的造型艺术同时发生的，但制陶的雕塑成型方法，也可以说是与陶器同时发生的，而挑剔一点说，应该是新石器时代文化进入发达时期，才逐渐开始发挥到陶器上面的，已经发现的使用雕塑手法的新石器时代陶器，还并不算丰富，而大量的发现，主要是属于历史时期的。细心观察，使用雕塑方法和捏制的陶器，在艺术表现形式上，存在丰富与单调、成熟与粗劣之分，在效果上也会有明显差异。雕塑方法常见的手法有：捏塑、堆塑、贴塑、圆雕、浮雕、透雕、琢刻、剔刻、镂刻等多种。

（五）印坯

凡异形产品和精度要求不高的产品，均可用塑性泥料在石膏模中印制成型。印坯也可分单面印坯和双面印坯。现在采用实心注浆成型的匙类产品，过去就是用双面印坯法成型的；现在采用空心注浆法成型的人物的手法，过去就是用单面印坯法成型然后黏合的。雕塑瓷厂生产的许多六角瓶、菱形花钵以及人物禽兽中某些局部器形都常常采用印坯法成型然后经过修整再和其他部分粘接成整个坯体。

制品两面均有固定形状或两面均有凹凸花纹的，则可采用阴阳石膏模进行双面印坯，如中空制品则可采用单面印坯，然后粘接成坯体。

印坯最大优点是不需要机械设备，但生产效率低、而且常由于印坯时施压不均、干燥收缩不均而引起开裂变形。因此，印坯成型法逐渐被注浆成型法或机械加压法所取代。

（六）拉坯

拉坯成型是陶瓷发展到一定阶段出现的较为先进的成型工艺，是陶瓷历史上一个重大的革命。它不仅提高了工作效率，而且用这种方法制作的器物更完美、精致，同时可以拉塑出很大型的作品。新石器时代的仰韶文化已经出现了慢轮辅助成型，后来发展到快轮，从此拉坯以其不可替代的优势成为陶瓷成型工艺的主流。

用拉坯的方法可以制作圆形、弧型等浑圆的造型，比如盘子、碗、罐子等，它的特点是作品挺拔、规整，器物的表面会留下一道道旋转的纹路。现代陶艺甚至通过对拉坯成型的作品进行切割，再重组成一件新作品；或者通过对拉坯成型的作品进行扭曲、镂空、挤压之后再拼合，创作出新的，富有特色的作品，包括器皿、容器、雕塑。

拉坯是一种万能成型法，如碗类、盘碟类、壶类、杯类、瓶类等均可用拉坯法成型。拉坯是在陶轮或轳辘上进行的，人力驱动是由拉坯工人手执木棍抵住陶轮上的孔洞中带动陶轮旋转约 1min，把木棍放下、陶轮借惯性作用继续旋转。拉坯工人把塑性泥料置于陶轮中央的泥座上进行拉坯操作。5 ~ 10min 后，陶轮转速逐渐慢下来甚至停止转动，拉坯工人又拿起木棍搅动陶轮。现在，拉坯陶轮多数已被电动机取代。

拉坯操作主要靠手掌力和手指力对塑性泥料进行拉、捧、压、扩等作用，泥料在各种力的作用下发生伸长、缩短、扩展，变成所需要的器形。拉坯时还可利用竹片、木棒及样板等进行刮、削、插孔、形成弧线等。拉坯对坯料的要求是屈服值不宜太高，而延伸变形量则要求宽些。拉坯成型用坯料的含水率一般都要比其他塑性成型法的泥料含水率高些。

任务一　旋压成型操作

（一）任务要求

能正确操作旋压成型设备并制作坯件。

（二）操作准备

可塑性泥料、旋压成型机、模型、杯子、海绵、泥弓、刮刀等工具设备的准备。

（三）操作步骤

1. 泥料切割

一般来说，旋压成型所用泥料不能太多也不能太少，多则浪费，少了就可能造成布泥不全，要重新做；其次，要注意切口尽可能平整，不要用手按压两头，以免形成鼓泡。

2. 投料

投料时要快速准确，不能仅仅轻轻地将泥料放到或者用力按到模具上，应该对准模具中心，快速地扔到上面，用力程度应以发出清脆响声为佳。

3. 成型

旋压过程主要使刀架做由上至下的运动。但速度要适宜，不要太快或者太慢。太快则可能造成布泥不均匀，模具局部受力过大，从而导致模具破碎。太慢则效率太低，并且一般操作时太慢意味着力的作用小，容易使滚头跳动，特别是在泥料太硬的时候。

操作时，用力抓住下压杆，平稳地以一定的速度下压，重点在稳。其次，厚度不是由下压力量控制的，要想压的薄一点，将滚头的螺丝往下调一定距离就可以了。此外要注意在坯体上加水以达到“擀光”的目的。

4. 刮余泥

压制时两手绷紧铁丝刮掉模具边缘多余的泥料，最好两个人合作，也可以快速将多余泥料刮掉，尽可能少损伤模具的边缘，以免造成边缘过薄，最终导致修坯后产品大小不一。

5. 干燥

压制完成后应该将模具倒扣在纤维板上，让坯体干燥脱落，不能直接放到太阳底下暴晒，以免坯体曲翘变形。

（四）注意事项

（1）在旋压成型前先检查电源、型刀螺丝是否松动等。

（2）注意成型用石膏模型的含水率，如果模型太干，应用湿海绵多擦拭几遍。

任务二 滚压成型操作

（一）任务要求

能正确操作滚压成型设备并制作坯件。

（二）操作准备

可塑性泥料、旋压成型机、泥弓、模型等。

检查主轴、滚头架、离合器和制动器以及电器设备等是否完好，紧固螺栓有无松动，同时按规定往润滑点加注润滑油。检查切边装置是否装平，滚头位置是否正确。检查工作完成后，开动滚压机，观察工作是否正常，有无卡滞和异常声音。

（三）操作过程

1. 泥料切割

将真空练泥得到的泥条切割成所需要的泥段。一般来说，所需泥料不能太多也不能太少，多则浪费，少了就可能造成布泥不全，要重新做；其次，盖泥时要注意切口尽可能平整，不要用手按压两头，以免形成鼓泡。

2. 投料

投料时应该对准模具中心，对于小型的产品，由于模型较小，若不能用力快速扔到模型里，则把泥料放到模具中心，稍稍压实即可。对于大型的浅底平盘产品，则需快速地扔到模型上，用力程度应以发出清脆的响声为佳。注意泥料与模型底部之间的气体是否排尽。

3. 滚压成型

（1）把投料完成的石膏模型放入模座，确认与模座完全吻合。

（2）开启主轴旋转按钮，此时由于主轴离合器未闭合，因此主轴没有转动。

（3）开启滚头旋转按钮，滚头旋转。

（4）开启“滚头上下运动”按钮，此时滚头在凸轮轴的控制下做上下行程运动，并控制主轴的旋转。

（5）成型结束后，待滚头至上止点，按“停止”按钮，取出石膏模型。

4. 干燥脱模

待泥料的水分进一步减少、坯泥整体与石膏模型分离后，将石膏模型倒置，坯体由于重力作用而脱出，从而完成脱膜。

（四）注意事项

（1）模具要摆放平稳，不可一边高一边低，以免模具破损。如果模具破损，应及时清理模座。

（2）若对压好的坯体不满意应该用泥将其粘下，不能用指甲或其他硬物，以免损伤模具表面。太湿的模具也不能使用，以免在压制时破裂。

（3）对第一个坯体进行检查。观察各部位的厚度是否均匀，坯体质量是否合格，表面是否光滑。如发现问题应及时进行调整，直到坯体质量合格为止。如出现泥料不能铺满模型的情况，应将泥料取出废弃，不能加泥补满继续操作。

任务三　塑压成型操作

（一）任务要求

能正确操作塑压成型设备制作坯件。

（二）操作准备

塑压成型机、泥料、模型等设备和材料的准备。

检查液压系统是否良好，油箱是否润滑油充足。检查塑压模具是否装配完成，螺丝是否有松动等。检查电源是否开启。

（三）操作步骤

（1）将精练后的泥段切成所需厚度的泥饼，泥饼的形状应近似于成坯形状并略大于坯体，将其平置于下模中心，见图 2 – 13（a）。

（2）塑压时上、下模对准，泥饼受压展开，充满塑压模的型腔中，压成坯体，见图 2 – 13（b）。

（3）开启气阀，将压缩空气通入下模，坯体脱离下模，被上模吸住，见图2－13（c）。

（4）气阀转向，将压缩空气通入上模，坯体脱离上模，落入操作者手中的托板上（有时将以上两个步骤反过来，即先将压缩空气通入上模，使坯体脱离上模，待上模升至适当高度后再将下模连同坯体一起移开），见图2－13（d）。

（5）将坯体边缘余泥剥掉，或在其干燥过程中自行脱落，见图2－13（e）。

（6）清理檐沟余泥，揩干上、下模工作表面，继续下一次塑压成型。

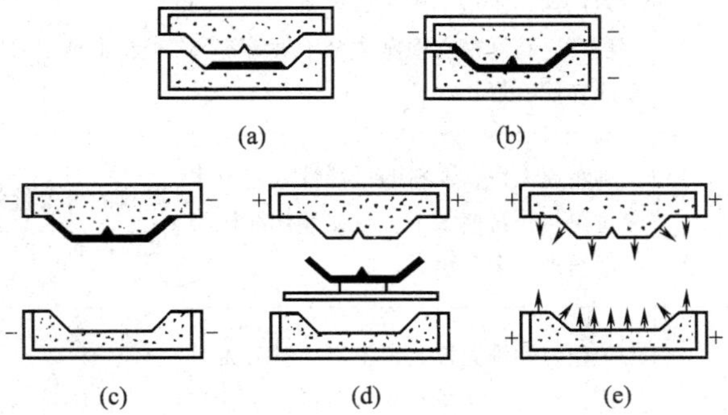

图2－13　塑压成型工艺过程

+—送压缩空气　－—抽真空

（四）注意事项

（1）操作过程，特别是成型型腔涉及高压环境，注意安全。

（2）使用前，需将模具充分浸水，并在压缩空气下排除水分，以检查模具性能是否良好，保证压缩空气能通过排气管束正常排气。

任务四　可塑成型缺陷分析

（一）任务要求

能分析可塑成型坯体缺陷种类及产生原因。

（二）原理方法

旋压成型常见缺陷如表2－2，滚压成型常见缺陷如表2－3。

表2－2　旋压成型常见缺陷分析

缺陷类型	缺陷特征	产生原因	解决办法
夹层开裂	坯体内夹有空隙，泥料有分层现象	型刀上下过快；成型时，初次装料不够，当成型到一定程度再添泥，则前后泥料不能紧密结合而形成夹层；成型时，坯泥在装模前未处理好，本身已存在夹层	控制泥料的质量，成型时型刀上下速度不能太快

续表

缺陷类型	缺陷特征	产生原因	解决办法
外表开裂	多存在于形状比较复杂、厚度急剧改变的部位	旋坯时加水过多，使坯体局部凹下部位积水，干后即产生开裂。旋制大型坯体时，由于旋坯刀上积泥太厚或旋坯刀振动，易在坯体的某部位造成开裂	控制泥料的含水率，在加水擀光时也要注意。避免型刀振动
变形	坯体发生变形	下刀过猛，割边不平，成型机主轴、刀架松动，石膏模与模座吻合不好等都易造成坯体变形	查看主轴、刀架等是否发生松动
花坯	坯体表面有条痕，不光滑	主轴转速太快，泥料的可塑性太差或水分过少；石膏模太干，致使坯体靠模型一面出现许多条痕	泥料的可塑性需改善。模型表面光滑程度需改善
鱼尾	排泥时出现鱼尾状余泥	由于型刀和排泥板装置不当，型刀刀口磨损，石膏模与模座吻合不良，主轴和刀架松动，起刀不稳等都会造成型刀接触面呈现鱼尾状薄泥层	检查主轴旋转状态，刀刃处是否磨损，以及型刀的位置是否处于最佳点位置
缺脚	坯体脚残缺	器型设计不合理，泥料的可塑性太差或水分过少等原因。若型刀和排泥板的压力过小也会造成泥料不能压实而缺脚	控制泥料的可塑性，检查设备型刀与排泥板的装配

表 2－3　　滚压成型常见缺陷分析

缺陷类型	缺陷特征	产生原因	解决办法
粘滚头	在滚压过程中泥料粘在滚头上或在边缘沟槽处粘有零星泥料	主要是泥料的可塑性过强或水分太多；滚头的转速太快；滚头过于光滑及下压速度太慢；滚头倾角过大	降低泥料的可塑性和水分；用细砂布将滚头表面擦粗糙些；将滚头的倾斜角度减小，适当降低滚头转速，调整凸轮曲线。如系热滚压，可将滚头内的电阻丝适当调整，采取中密边稀的方法排列
坯体开裂	坯体有大小不等的裂纹	坯料可塑性太差，水分太少且不均匀；或因热滚压的滚头温度太高，使坯体表面水分蒸发过快，而引起坯体内应力增大所造成	改善泥料的可塑性或适当提高泥料水分；将滚头温度适当降低；适当调整滚头平移距离，使坯体中心致密
鱼尾	坯体表面呈现似鱼尾状微凸起的痕迹	凸轮的曲线设计不合理，滚头抬离坯体太快。此外，滚头支架摆动、模型与模座不吻合或轴承松动，也会引起此缺陷	适当调整凸轮曲线，使滚头抬离坯体时动作轻捷；将滚头支架坚固；调整主轴或滚头的转速；检修模座口和轴孔

续表

缺陷类型	缺陷特征	产生原因	解决办法
底部上凸	与滚头接触的坯体底部中心出现小范围凹凸	滚头造型设计不当，角度不合适或滚头顶部磨损；滚头中心超过坯体中心过多或未对准坯体中心，泥料水分过低	将滚头的尖锥体适当修整，如过圆则锉尖一些；适当调整滚头尖锥顶点与坯体中心的距离或适当降低滚头转速；适当增加泥料水分
花底	坯体中心呈菊花形开裂	是石膏模过干、过热；泥料的水分过低，投泥过早；转速太快；滚头中心部位温度太高；滚头下压时接触泥料过猛。新石膏模如有油污也易发生这种缺陷	严格控制模型的水分和温度；适当增加泥料水分，投泥要及时，适当调整转速、滚头下压的速度与压力，降低滚头中心部位温度；新石膏模在使用前应进行清洗，除去灰尘和油污

（三）操作准备

旋压成型机及相关材料、滚压成型机及相关材料、可塑成型坯体。

（四）操作步骤

对有缺陷的可塑成型坯体进行分析，了解该缺陷产生的原因。

思考题

1. 旋压成型工艺对泥料、模型、转速有何要求？

2. 旋压成型用的型刀其刀刃一般为锐角，其角度的大小对坯体的形成有何影响？

3. 旋压成型时，发现初次装料不够，是否可以再添泥？

4. 旋压与滚压成型后的坯体，在质量上有何区别？

5. 滚压成型前发现塑性泥料断面的微孔多而不致密，该如何处理？

6. 滚压成型机主轴与滚头的转速可以任意调节吗？为什么？

7. 滚压成型对泥料及石膏模型有哪些要求？

8. 什么是滚头倾角？一般的范围为多大？滚头倾角的大小对滚压成型有何影响？

9. 滚头的材料主要有哪些？如果采用热滚，一般会采用金属还是高分子材料作为滚头？

10. 简述滚压过程的三个阶段。

11. 塑压成型主要生产哪一类陶瓷产品？

12. 塑压成型的模具虽然也是石膏模型，但却有很多特殊之处，请简要叙述。

13. 塑压成型过程中，需要对上、下模通气来脱模，其顺序为先上后下，还是先下后上？为什么？

项目3　压制成型

学习目标

理解压制成型的工艺过程，掌握相关机械的操作步骤，会操作压制成型机械压制合格的坯件

知识要求

1. 掌握粉体的相关工艺性质
2. 了解压制成型的具体过程及影响因素
3. 了解压制成型机械的结构及工作原理
4. 了解压制成型的常见缺陷

技能要求

1. 能准确操作小型手动液压压砖机压制坯体
2. 能正确操作小型自动液压压砖机压制坯体
3. 能对压制机械进行简单的维护

知识点一　粉料工艺性质

压制成型是通过外力，把粉末或其聚集体制作成具有一定尺寸、形状和强度的坯体。压制过程中，松散的粉料在压力作用下发生颗粒重新排布、弹性形变和破碎，因此，粉体的性质至关重要。

（一）粉体粒度及颗粒形状

粉体由一个一个固体颗粒组成，所以它仍然具有很多固体的属性，例如物质结构、密度等。它与固体之间最直观、也最简单的区别在于：当我们用手轻轻触及时，它会表现出固体所不具备的流动性和变形。

所谓粉体颗粒，是指在物质的本质结构不发生改变的情况下，分散或细化而得到的

固态基本颗粒。这种基本颗粒，一般是指没有堆积、絮凝等结构的最小单元即一次颗粒。在实际应用的粉体原料中，往往都是在一定程度上团聚的颗粒，即所谓二次颗粒。尤其是一些特种陶瓷的粉体原料，由于它一般都比较细微，表面活性也比较大，而更易发生一次颗粒间的团聚。不管何种粉体，颗粒之间的自发团聚是客观存在。究其团聚的原因，不外乎以下五种：分子间的范德华引力、颗粒间的静电引力、吸附水分的毛细管力、颗粒间的磁引力、颗粒表面不平滑引起的机械纠缠力。所以，对一次颗粒和二次颗粒必须加以区别和认识。通常认为：一次颗粒直接与物质的本质结构相联系；而二次颗粒则往往是作为研究和应用工作中的一种对颗粒的物态描述指标。

颗粒是构成粉体的基本单位。由于粉体是具有粒度分布的大量固体颗粒的分散相，因而，不可能用单一的大小来描述。凡构成某种粉体的颗粒群，其颗粒的平均大小被定义为该粉体的粒度。事实上，实际的粉体颗粒，其颗粒形状、不均匀程度都是千差万别的。绝大多数颗粒，并不是球形，而是条状、多边形状、片状或各种形状兼而有之的不规则体。

粒度分布是表征多分散体系中颗粒大小的不均一程度。粒度分布范围越窄，我们就说分布的分散程度越小，其集中度越高。严格讲，粉体的粒度分布都是不连续的。但在实际测量中，可以将接近于连续的粒度范围视为许多个离散的粒级。得出各粒级的质量分数或个数百分比之后，就可以描制出粒度的各种分布，如频率分布和累积分布。

（二）粉料的堆积特征

由于粉料的形状不规则，表面粗糙使堆积起来的粉体颗粒间存在着大量的空隙。粉料颗粒的堆积密度与堆积形式和粒度分布有关。显然，堆积密度越大，则在坯体的密实过程中，需要填充的空隙或需要排出的空气就越少，故在其他条件相同的情况下，可望获得质量更高的坯体。因此，只有符合紧密堆积的颗粒组成，才有得到致密坯体的可能。

假设把粉体颗粒看成是等大体积的球体，那么在球填充中，最基本的致密排列有两种，即所谓立方密堆和六方密堆两种排列方式，如图 3－1 所示。立方密堆是这样的：

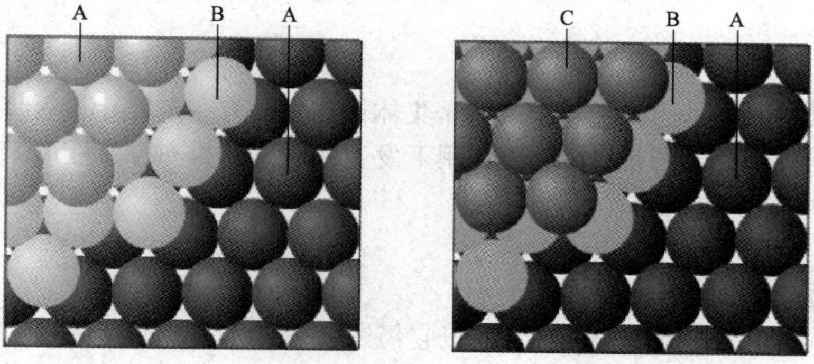

(a) 六方密堆　　(b) 立方密堆

图 3－1　等大球的最紧密堆积

A、B、C—三种不同的堆积方式

每一层球取立方形式，第二层球处于第一层球所成的空隙上。这种密堆结构其致密度为74.05%；六方密堆的第一、第二层球排列与立方密堆相同，只是第三层以正对着第一层的形式加上去，其致密度仍为74.05%，只是密堆结构上有所差异。如果认为颗粒之间没有相互作用，填充的驱动力仅仅是重力，那么等大球的最密填充必取上述两种形式。如果将球排成正方形，另一排球重叠在正方形的顶点上，则得到所谓简单立方堆积，致密度仅为52.33%。实际上的球体颗粒，有人做过大量实验，无论怎样连续振动等大球的填充物，致密度还是小于63.1%；而不振动的自然填充，其致密度总是小于60%。

因此，实际生产中往往采用粗颗粒、中颗粒和细粉三种颗粒的粉料。这时理想的堆积应该是：粗颗粒构成框架，中颗粒填充于粗颗粒构成的空隙中，细粉再填充于中颗粒与粗颗粒构成的空隙中，如图3-2所示。虽然理想的堆积是难以实现的，但三组分粉料的较为理想的堆积已为实验和生产所证实。通常堆积密度最大的粒度组成为：粗颗粒55%~65%、中颗粒10%~30%、细粉15%~30%。必须强调的一点是：粗、中、细颗粒的尺寸相差越大越好，一般相差4~5倍以上方能有显著效果。

粉料按最紧密堆积理论进行堆积，在工艺上主要是用来满足气孔率、热稳定性、透气性的要求，但实际应用中，除考虑最紧密堆积原理外，还需根据原料性质、颗粒形状、制品的成型压力、烧成条件和使用要求全面考虑。例如为使制品烧后的气孔率低，强度高，在粒度配合中可以适当增加细粉量以提高烧结强度等。

（三）粉末的拱桥效应

粉料自由堆积的孔隙率往往要比理论计算值大得多，这是因为实际粉料不是球形，加上表面粗糙，结果颗粒相互交错咬合，形成拱桥形空间，增大气孔率，这种现象称为拱桥效应，如图3-3所示。当粉料颗粒B落在A上，粉料B的自重为G，则在接角处产生反作用其合力为F，大小与G相等，但方向相反，若颗粒间附着力较小，则F不足以维持B的重量G，便不会形成拱桥，颗粒B落入空隙中。所以粗大而光滑的颗粒堆积在一起时，孔隙率不会很大。细颗粒的重量小，比表面大，颗粒间的附着力大，容易形成拱桥，如气流粉碎的Al_2O_3粉料，颗粒多为不规则的棱角形，自由堆积时的孔隙比球磨后的Al_2O_3颗粒要大些。

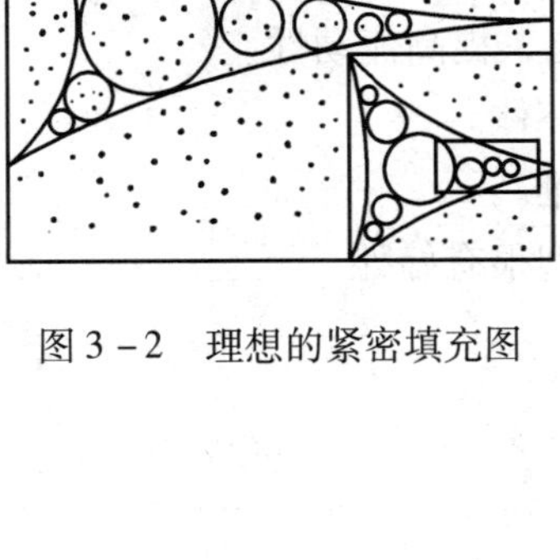

图3-2 理想的紧密填充图

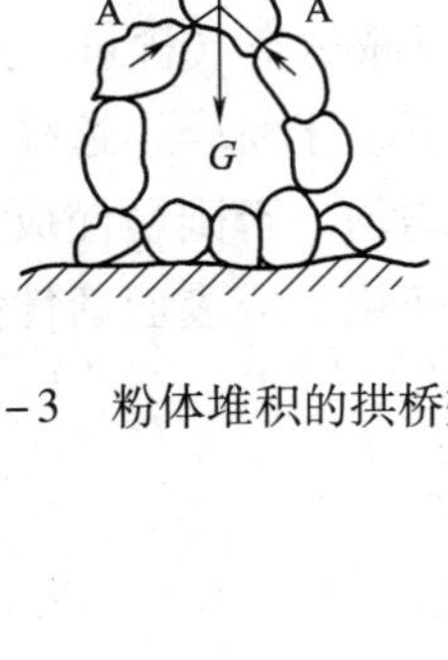

图3-3 粉体堆积的拱桥效应

（四）粉料的流动性

粉料虽然由固体小颗粒组成，但因其分散度较高，具有一定的流动性，并以粉料自身的休止角来表示其特性。休止角是粉体堆积层的自由斜面与水平面形成的最大夹角。休止角越小，流动性越好。

当粉体堆积到一定高度后，粉料会向四周流动，始终保持圆锥体，其休止角 α 保持不变。当粉料堆的斜度超过其固有的 α 角时，粉料向四周流泻，直到倾斜角降至 α 角为止，一般 α 为 $20° \sim 40°$。

实际粉料的流动性与其颗粒分布，颗粒的形状、大小、表面状态等因素有关。在成型中，粉料的流动性决定着它在模型中的填充速度和填充程度，流动性差的粉料难以短时间内填满模具，影响压制成型机械的产量和坯体质量，所以往往向粉料中加入润滑剂以降低颗粒之间的摩擦，提高其流动性。

（五）粉料的含水率

干压粉料的含水率对粉料的流动性、成型压力有较大影响。粉料含水率很低，加压成型时，颗粒相互移动时摩擦阻力就大，所以要使坯体达到很致密不太容易；将水分逐渐增加时，由于水的润滑作用，坯料容易密实。成型压力达到一定值，含水量合适的坯料可得到孔隙率极小的坯体。水分高的坯料，内摩擦力较小，坯料流动性好，可塑性较好，施加不大的压力就能使它压缩。但相对来说，干燥收缩就会增大，无论采用干压或者是采用半干压，为保证产品质量，在生产中应严格控制粉料含水率的波动范围，同时也应注意粉料水分分布的均匀程度。

此外，干法压制中要求粉料具有足够的结合性。因此粉料中应含有结合成分，也可以用添加具有结合能力的无机或有机黏结剂来完成。粉料表面的活性、团聚性能等在超细粉料中也对成型有重大影响。

以上只是简要阐述了压制粉料的重要工艺性质及其对压制过程的影响。实际上影响坯体压制性能的因素更为广泛，如坯料的均匀性、表面活性物质的加入、脊性料的塑化剂、润滑剂、混练工艺、团聚结构、粉碎程度等，都会产生较大影响。对于易成型粉体的要求，主要归纳为以下几点：

（1）粉料流动性要好。良好的流动性可保证压制时颗粒间的内摩擦小，粉料能顺利地填满模型的各个角落。

（2）粉料要有合理的颗粒级配。从最紧密堆积原理出发，较好级配的颗粒，且细粉尽可能少，可以减少空气含量，并降低压缩比，提高流动性。

（3）在压力下易于粉碎，这样可形成致密坯体。

（4）水分要均匀，否则易使成型与干燥困难。

（5）适量的塑化剂或表面活性剂对压制成型很有好处。

知识点二 压制过程

（一）干压成型工艺流程

干压成型工艺一般包括下列工序：

（1）喂料 将粉料装填入模框，为了保证坯体的规格与质量，喂料应均匀、定量。定量喂料有定容式和定量式两种方法，有手工操作，也有用专门的喂料装置实现自动喂料的。最简单的定容式喂料装置以模框作为容器，把粉料加满后刮平。也有的装料则是通过电子秤的称量来实现粉料的定量。

（2）加压成型 利用模具间的相对运动给疏松粉料施加压力，使粉料压紧成致密的坯体。这是压制成型中的关键工艺，需要控制压力的大小，压制的时间及压制的方式等因素，任何条件的改变都有可能导致坯体的质量发生变化。

（3）脱模 将成型好的坯体从模具型腔内脱出。可采用模腔固定、下模上升的方法顶出成型坯体，也有用下模固定、模腔下行的方法脱模的。

（4）出坯 将顶出的成型坯体移至放坯台面或输送带上。有手工操作，也有用专门的推出装置或真空吸坯机械手完成的。

（5）清理模具 必要时还需在模腔内壁喷油润滑。

（二）压制成型工艺原理

压制过程中，松散的物料没有足够的水分，必须施以较大的压力，借助于压力的作用，坯料颗粒重新排布，发生塑性形变和脆性形变，空气排出，体积缩小，坯料颗粒紧密结合成具有一定尺寸、形状和强度的坯体。当固体颗粒被加入到模具后，并施加压力时，由于下列机理会引起体积的缩小而致密化，如图3－4所示。

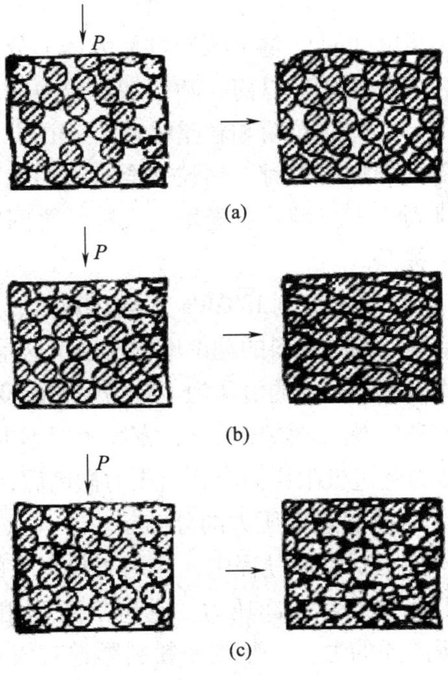

图3－4 压制过程颗粒形变示意图

（1）在低压时 颗粒发生重新排列而填充气孔产生紧密堆积。在此阶段能量主要消耗在克服颗粒间的摩擦力和颗粒与模具间的摩擦力，见图3－4（a）。

（2）在较高压力下 引起颗粒的破碎，并通过碎粒的填充而致密，此阶段起决定作用的是压制粉料颗粒的性质，见图3－4（b）。

（3）在高压下 通过塑性形变填充空间，这时颗粒间的点接触变成面接触，这种情况在脆性的陶瓷材料干压时，只有在特别高的压力下可能出现，或在高温压制时也会出现。高黏度的塑化剂也起这种作用，见图3－4（c）。

1. 压制坯体密度的变化

一般来说，坯体的密度随着压力的增大而提高。压制过程中，压力对生坯的密度、强度、孔隙率等性能的影响，比其他因素更重要，同时对生坯烧结后的性能也有明显影响。图3－5是以99%亚微米氧化铝粉为原料，其成型压力与密度的关系平衡图，其中该造粒粉的松装密度为1.12 g/cm³。由图可知，压力为30MPa时，坯体的密度已经达到2.12g/cm³；当压力上升到90MPa时，坯体密度也迅速上升到2.26g/cm³；压力从90MPa上升到130MPa，密度逐渐缓慢增加，130MPa时，密度达到最大值，继续增加压力到140MPa，坯体密度不再变大。

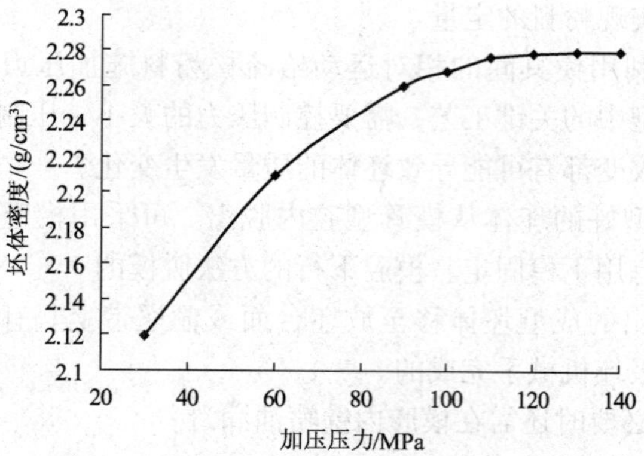

图3－5　压力与坯体密度关系图

由此可见，整个压制过程大体上分为两个阶段：

(1) 90MPa以前，随着加压压力的增大，坯体密度迅速上升。这是因为：最初充填于模具内的造粒粉颗粒是松散堆积的，造粒粉的排列并不规则，从而形成大量的孔隙，当受到外加压力时，颗粒就会有效的克服颗粒间的阻力而发生位移，使颗粒之间重新进行排列，细小颗粒会充填于大颗粒之间所形成的孔隙之中，从而气孔率下降，坯体密度得到提升。

(2) 90MPa到130MPa直至140MPa，压力不断增大，但坯体密度增大的速度越来越慢，直到接近该种粉料的理论堆积密度。这是因为当压力达到一定的数值时，坯体密度的增加方式已由颗粒间的滑移为主转为颗粒的变形和破碎为主，所以这一阶段坯体的密度增加变得越来越慢。极限压力下，密度不但不再提高，甚至有时会呈下降趋势，这是由于所施加的压力超过极限压力时，当压力撤销后，坯体将产生弹性后效，引起层裂，使密度下降。

2. 压制过程压力的分布

在压制成型过程中，作用于粉料上的压力主要消耗在以下两个方面：一是克服粉料的阻力 P_1，称为净压力，它包括颗粒相对位移时所需克服的内摩擦力及使粉料颗粒变形所需要的力。二是克服粉料颗粒对模壁摩擦所消耗力 P_2，称为消耗压力。

所以，压制过程中的总压力 $P = P_1 + P_2$，这也就是成型压力，它与粉料的组成和性质有关，与模型和粉料的摩擦面积有关，同时与坯体的大小及形状也有关。当坯体截面不变而高度增加或形状复杂时，则压力损耗增大。若高度不变，而横截面尺寸增加，则压力损耗减小。对某种坯体来说，为获得致密度一定的坯体，所需要施加的单位面积上的压力是一定值，而压制不同尺寸坯体所需的总压力等于单位压力乘以受压面积。一般工业陶瓷的成型压力为 40 ~ 100MPa，而塑性较好的坯料则可用较低的压力，一般为10 ~ 60MPa。

由于压制时压力用于克服颗粒之间的内摩擦力、颗粒与模壁之间的外摩擦力以及被压坯体的变形，所以与压头直接接触位置的物料，受到最大的压力，达到最大的致密化，随着离开压头距离的增加，压力减少。图 3 – 6 为不同高度和直径比（L/D）的圆柱体中的实际压力（单位：MPa）分布。随着 L/D 增大，下部压力急剧下降。在压力与圆柱体接触处，形成高的压力中心，这是高的摩擦力所引起的。

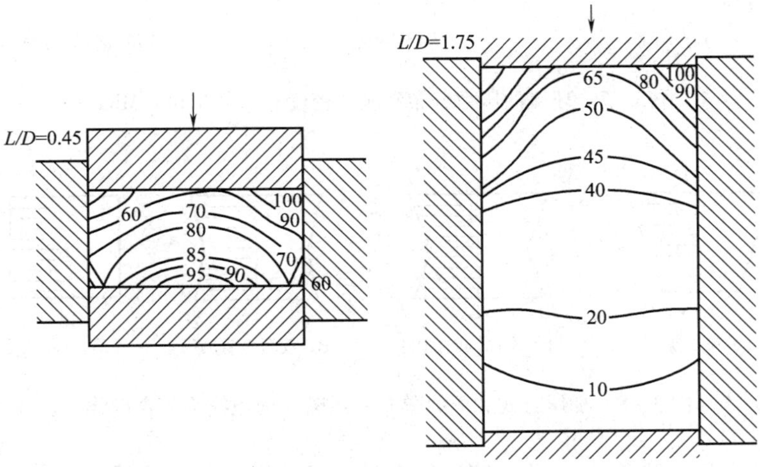

(a) 短模，L/D=0.45　　(b) 高模，L/D=1.75

图 3 – 6　坯体的压力分布（单位：MPa）

3. 加压制度对坯体质量的影响

干压成型的压力是通过粉料颗粒的接触传递的，在传递压力的过程中一部分能量消耗在克服颗粒间的摩擦力和颗粒与模壁间的摩擦力上，压力的传递时逐渐减小的，因此干压成型的加压方式、加压速度与保压时间对坯体的致密有较大的影响。

（1）加压方式的影响　单面加压时，坯体中压力的分布是不均匀的。不但有低压区，还有死角。为了使坯体密度均匀一致，宜采用双面加压，如图 3 – 7 所示。双面加压时，可消除底部的低压区和死角，但坯体中部的密度较低。若两面先后加压，二次加压之间有间歇，利于空气排出，使整个坯体压力与密度都较均匀。如果粉料四周都施加压力（也就是等静压成型），则坯体密度更加均匀。如图 3 – 8。

（2）加压速度与保压时间的影响　实践表明，加压速度与保压时间，对坯体性能有很大的影响，即与压力的传递和气体的排出有很大的关系。如果加压过快，保压时间过短，气体不易排出。同样当压力未传递到应有的深度时，外力就已经卸掉，显然难以达到较为理想的坯体质量。当然，如果加压速度过慢，保压时间过长，使生产效率降低，也是没有必要的。因此，应根据坯体的大小、厚薄和形状来调整加压速度和保压时

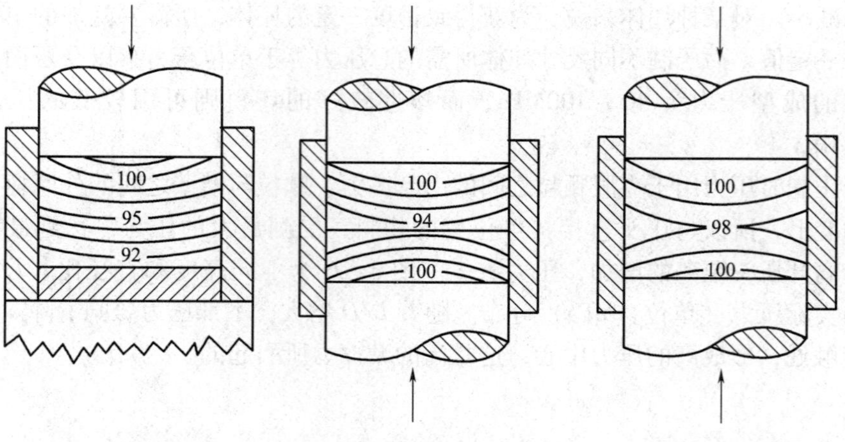

图 3－7　坯体的压力分布和相对密度分布（单位：MPa）

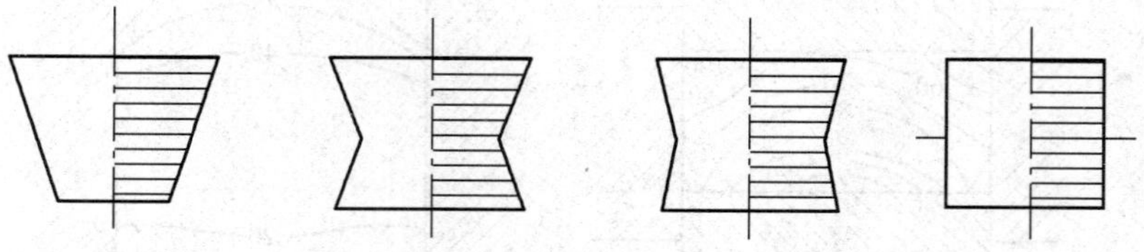

图 3－8　加压方式和压力分布关系图（横条线为等密度线）

间。一般对于大型、高度大、形状较为复杂的产品，开始加压宜慢，中间可快，后期宜慢，并有一定的保压时间。这样有利于气体的排除和压力的传递，如果压力足够大时，保压时间可以短些。不然，加压速度不当，排不出气体，会出现鼓泡，夹层和裂纹等。对于小型坯体，这方面要求不严格，加压速度可以适当加快，以便提高生产效率。

4. 水分和添加剂对坯体质量的影响

压制成型时，粉料中的水分含量是至关重要的。颗粒表面的水膜起着润滑和塑化的作用，水分含量高时还起着填充气孔的作用。坯体对于某一压力就相应有一合适的水分含量，使气孔率最低。压力越大，该水分含量就越低。在水分偏小时，增加水分的含量，则有利于提高坯体密度和均匀性。但粉料中过多的水分也是有害的，因为在成型时水分会妨碍颗粒的靠近，增加弹性变形并会助长裂纹和层裂。这是由于压制成型时，部分水膜从颗粒间的接触处被挤入气孔中，当卸去外压力后，水又重新进入颗粒之间，将颗粒推开，使成型结束的坯体发生膨胀。因此，从坯体的致密性和均匀性考虑，在压制成型时，适宜的水分含量是至关重要的。

在压制成型的粉料中，尤其是全瘠性粉料，往往需要加入一定种类和数量的添加物，促使成型过程顺利进行，提高坯体的密度和强度，减少密度分布不均的现象。添加剂主要有三个作用：

①减少粉料颗粒间及粉料与模壁间的摩擦，这种添加剂又称润滑剂。

②增加粉料颗粒之间的黏结作用，这类添加剂又称黏结剂。

③促进粉料颗粒吸附，湿润或变形，通常称为表面活性物质。

实际上一种添加剂往往起着几种作用，如石蜡，既可黏结粉料颗粒，也可减少粉料的摩擦力。添加剂和粉料混合后，它吸附在颗料表面及模壁上，减少颗粒表面的粗糙程度，并能使模具润滑，因而可减少颗粒的内外摩擦，降低成型时的压力损失，从而提高坯体密度、强度及分布的均匀性。若添加物是表面活性物质，则不仅吸附在粉料颗粒表面上，而且会渗透到颗粒的微孔和微裂纹中，产生巨大的劈裂应力，促使粉料在低压下便可滑动或碎裂，使坯体的密度和强度得以提高。若加入黏性溶液，将瘠性颗粒黏结在一起，自然可提高坯体强度。

选择压制成型的添加剂时，希望在产品烧成过程中尽可能烧掉，这样就不会影响产品的性能。添加剂与粉料最好不发生反应，其分散性要好，少量使用便能得到良好的效果。

综上所述，影响坯体质量的因素众多，主要可归纳为以下几点：

①坯体的强度、均匀程度随粉料内、外摩擦因数的降低而增高。

②坯体的均匀受力程度随受压面的增大以及坯体厚度和周边长度的减少而提高，双面压制或四周压制能提高坯体的强度与均匀性。

③向粉料中引入某些润滑剂，黏结剂和表面活性物质，有利于提高坯体密度。

④在一定范围内，粉料合理的级配及含水率有利于提高坯体的密度和均匀性。

（三）压制成型坯体缺陷

干法成型是陶瓷制品，特别是建筑陶瓷、卫生陶瓷最主要的成型方法，配料混合和成型操作不良时，坯体会产生缺陷或成为废品，而且有的缺陷是在干燥或烧成以后才暴露出来。可见，成型后的坯体内部已有缺陷，而这些缺陷是由成型方法或成型机械所造成的，最主要的缺陷就是层裂。

层裂是指在压制的坯体内部有层状裂纹的缺陷。这常常是成型的主要缺陷，层裂除了受压制成型中的不均匀性影响之外，还与众多因素有关。一般将层裂和弹性后效综合分析。坯体被压制时，施加于坯体上的外力被方向相反、大小相等的内部弹性力所平衡。模具与坯体之间也存在这种力的平衡。当外力取消时，坯体内部的弹性能被释放出来，坯体就会发生微膨胀。有时，这种膨胀后的裂纹细微，很难被肉眼所观察到，但干燥后烧成后，由于坯体收缩，这些裂纹往往成为制品缺陷的最直接根源。

粉料坯体释放弹性能的特点是：部分弹性能的释放（或者说是弹性应变）滞后于压力下降的过程，即在压力取消之后，坯体仍具有较大的滞后膨胀作用。坯体的这种滞后膨胀作用称为弹性后效。弹性后效在压制过程中往往是造成废品的直接原因。压力取消后，坯体的横膨胀被压模的侧壁阻止，因而纵向呈现较大的膨胀，有的坯体纵向膨胀甚至达1%～2%。由于弹性后效引起坯体的不均匀膨胀，以及坯体本身性质的不均匀性，往往导致坯体产生层裂废品。

压制过程中坯体产生层裂，这是一个非常复杂的过程，其影响因素较多且复杂，如坯体本身的影响（颗粒组成、水分、可塑性等）、操作条件（压机结构、加压操作情况等）都可能会对坯体的缺陷产生影响。

1. 气相的影响

坯体中的气体在压制过程中大部分被排出，一部分被压缩，应当强调的是，压制时，坯料体积的减少并不等于排出坯料中空气的体积。因为压制时尚有颗粒的弹性、脆性变形和空气本身的压缩。坯料中的气体，能够增加物料的弹性变形和弹性后效。

如果压制过程中坯料内的空气未从模具内排出，则被压缩在坯体内的空气压力是很大的。计算结果表明，这样高的压力实际已超过了砖坯的断裂强度。所以残留在坯体内的空气是造成坯体层裂的重要原因，在其他条件相同的情况下，坯体内的空气含量越多，压制时造成层裂的可能性就越大。所以，空气若不能从坯体中排出，则不可能得到优质的产品。

坯体内气相数量的多少，也与很多因素有关，如：粉料成分、颗粒组成、混合和压制操作等工艺条件，但是颗粒组成是先决条件，细粉过多的配料易于产生层裂。

2. 水分的影响

在压制粉料中水分太多也会引起层裂。因为水分的压缩性很小，具有弹性，在高的压制压力下，水从颗粒的间隙处被挤入气孔内，当压力消除后，它又重新进入颗粒之间，使颗粒分离，引起坯体体积膨胀，产生层裂。总之，在水分过大时，水分是引起层裂的主要原因，在水分较小时，弹性后效是引起层裂的主要原因。

3. 加压次数对层裂的影响

加荷和卸荷次数增多，则残余变形逐渐减小，所以在条件相同的情况下，坯体经多次压制比一次压制的密度更高。

4. 压制时间及压力的影响

在条件相同的情况下，慢慢地增加压力，即延长加压时间，也能得到类似压缩程度很大的结果。粉料在持续负载的作用下塑性变形很大。塑性变形的绝对值取决于变形速度，在任一最终荷重下，缓慢加荷比快速加荷使坯体具有更大的塑性变形。实践证明，坯体在压力不大但作用时间长的情况下加压，比大压力一次加压产生的塑性变形更大。

5. 其他因素

如粉料颗粒间的结合性太差、粉料不均匀、粉料中片状结构颗粒太多并形成取向结构、模具粗糙、摩擦力过大、模子安装不当等也是造成层裂的原因。

知识点三　压制成型机械

（一）压制机械的特点

陶瓷工业使用的压制机械是典型的专用机械，突出的特点有：

（1）陶瓷压力机由于是以石英、长石等矿物为基础原料制成陶瓷坯体，因此成型规律必须按照粉体的力学特性进行，而压制金属的通用压力机不能作为陶瓷粉料压力成型机。

（2）压力机需长时间连续运行，其工作循环频率高，环境粉尘大温度高，且压制压力大，故要求其必须安全运行，且有一定的保护装置。

（3）压制成型的压力是通过粉料颗粒的接触传递的，在传递压力的过程中一部分能量消耗在克服颗粒间的摩擦力和颗粒与模壁间的摩擦力上，压力的传递是逐渐减小的，因此粉料质量、加压工艺、压力大小对坯体的致密度有较大的影响。

（4）生产中为保证坯体足够的强度，压机一般体积较大，且价格昂贵，需要经常维护。

目前，在墙地砖生产企业，绝大多数使用的都是大型的液压压砖机，且在流水线生产过程中，完全自动化操作，节省大量大动力的同时也保证了坯体足够的强度。

（二）液压机概述

通过液压缸内液体的压力来驱动冲头上下移动的压砖机称为液压压砖机，如图3－9所示。根据所用液体不同，又可分为水压机和油压机两大类。液压机的特点是成型压力比摩擦压砖机大，加压时静压有利于坯体中气体的排出和密度的均匀，而且液压机比其他机械更易于实现自动化。但液压机的构造复杂，制造技术要求较高，而且日常维护比较困难。液压压砖机一般用于密度、强度等指标要求较高的制品的成型，如高强度大规格地砖、高档炉衬砖及一些特种功能陶瓷等。

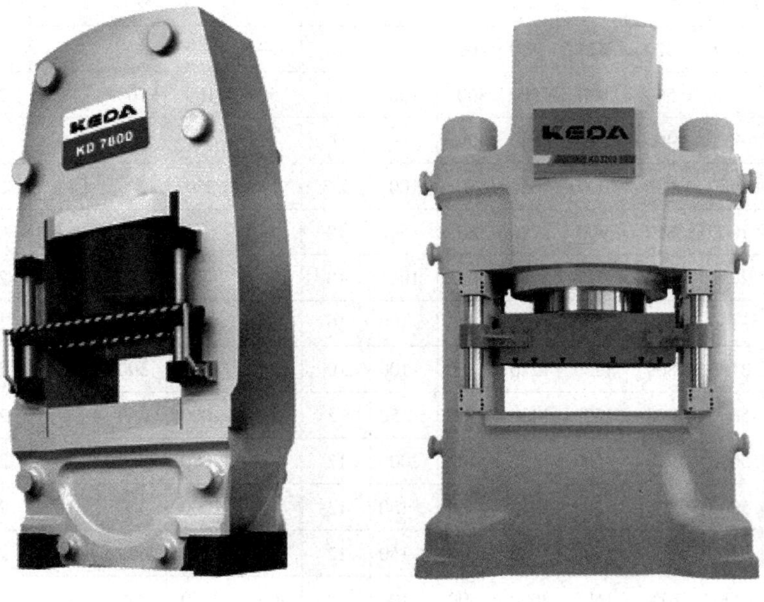

图3－9　大型液压机图示

液压机采用液压传动有以下优点：

（1）液体的压力和工作活塞（柱塞）的尺寸可在较大范围内选择，压砖机容易获得大的压制力，以满足压制大规格制品的要求。

（2）采用液压传动可以方便地实现对压制压力、速度、保压时间等参数的调节和控制，并可保持稳定，很好地满足成型工艺的要求。

（3）对砖坯施加的是静压力，工作平稳，有利于压制成型。

（4）容易实现自动化操作。

目前，液压压制机械总的特点是压制压力大，主机结构刚度大，压制制度（压力、速度、时间）灵活可调，具有参数数字显示，过程监控、故障跟踪显示、程序存储等完善的控制功能，自动化程度高，生产效率高，而且液压机的动作比普通压力机更能符合陶瓷墙、地砖压制成型工艺的要求。国内常用液压机型号规格及主要技术参数见表 3－1。

表 3－1　国内常用液压机型号规格及主要技术参数

型号	技术参数												备注
	标称压力/kN	滑块行程/mm	开口高度/mm	工作台尺寸/mm	滑块速度/(mm/s)			顶出缸		喉深/mm	液体压力/MPa	总功率/kW	
					空程	工作	回程	压力/kN	行程/mm				
Y30－2.5	25	125	200	320×200	—	38	—	—	—	105	6.3	3.2	单柱式
Y30－4	40	160	250	320×240	—	38	—	—	—	130	10	3	
Y30－6.3	63	200	320	360×320	—	38	—	—	—	170	16	4	
Y30－6.3	63	250	400	360×360	—	20	—	—	—	200	16	2.2	
Y31—25	250	250	450	320×320	—	12.5	—	—	—	—	25	3	双柱式
YB32—40	400	320	520	400×400	—	10	—	—	—	—	25	5.5	四柱式
YB32－63	630	500	800	500×500	100	10	50	160	160	—	25	7	
YB32－63A	630	400	600	520×490	—	9	—	—	—	—	25	8.3	
YB32－100	1000	600	900	630×630	100	6.3	50	250	200	—	25	10	
YE32－100A	1000	600	900	720×580	—	10	—	—	—	—	25	13.8	
YH32－200	2000	710	1120	900×900	100	10	55	400	250	—	25	15	
YH32－315	3150	800	1250	1220×1220	>100	10	55	630	300	—	25	22	
YH32－315A	3150	800	1250	1220×1150	>100	10	55	630	300	—	25	22	
Y32－500	5000	900	1500	1400×1400	>150	12	90	1000	360	—	25	60	
YH32－500	5000	900	1500	1400×1400	200	12	100	1000	360	—	25	45	
YH32－500B	5000	900	1500	2000×1500	>150	12	90	1000	360	—	25	60	
YA32－630	6300	900	1500	1600×1600	>150	12	65	1250	400	—	25	60	
YH32－1000	10000	1000	1600	2000×1800	>100	10	60	2000	450	—	25	67	

（三）液压机结构概述

下面以湖州机床厂有限公司生产的 YC32－63A－SM 型四柱液压机为例，如图3－10所示。简要介绍液压机的主要技术参数、结构、液压系统等。表 3－2 为四柱液压机的主要技术参数。该机械具有独立的动力机构、电气控制柜。以按钮控制，可实现调整

(电动)、手动、半自动三种操作形式。在工艺形式上能完成定压定形、定程定形。液压机一般由主机、动力机构和电气系统组成。

表 3－2　　YC32－63A－SM 型四柱液压机主要技术参数

<table>
<tr><th>序号</th><th colspan="2">项目</th><th>规格</th></tr>
<tr><td>1</td><td colspan="2">公称力</td><td>630kN</td></tr>
<tr><td>2</td><td colspan="2">液体最大工作压力</td><td>25MPa</td></tr>
<tr><td>3</td><td colspan="2">回程力</td><td>125kN</td></tr>
<tr><td>4</td><td colspan="2">顶出力</td><td>160kN</td></tr>
<tr><td>5</td><td colspan="2">顶出回程压力</td><td>60kN</td></tr>
<tr><td>6</td><td colspan="2">拉伸时顶出缸液体压力</td><td>25MPa</td></tr>
<tr><td>7</td><td colspan="2">拉伸时顶出缸压力</td><td>160kN</td></tr>
<tr><td>8</td><td colspan="2">滑块最大行程</td><td>500mm</td></tr>
<tr><td>9</td><td colspan="2">顶出活塞最大行程</td><td>160mm</td></tr>
<tr><td>10</td><td colspan="2">滑块距工作台面最大距离</td><td>800mm</td></tr>
<tr><td>11</td><td colspan="2">顶出活塞距工作台面最小距离</td><td>46mm</td></tr>
<tr><td rowspan="3">12</td><td colspan="2">快速下行速度</td><td>115mm/s</td></tr>
<tr><td colspan="2">工作时最大速度</td><td>10mm/s</td></tr>
<tr><td colspan="2">回程最大速度</td><td>105mm/s</td></tr>
<tr><td rowspan="2">13</td><td rowspan="2">顶出活塞行程速度</td><td>顶出最大</td><td>90mm/s</td></tr>
<tr><td>回程最大</td><td>260mm/s</td></tr>
<tr><td rowspan="2">14</td><td rowspan="2">工作台尺寸</td><td>左右</td><td>570mm</td></tr>
<tr><td>前后</td><td>500mm</td></tr>
<tr><td rowspan="2">15</td><td rowspan="2">立柱中心距离</td><td>左右</td><td>640mm</td></tr>
<tr><td>前后</td><td>360mm</td></tr>
<tr><td>16</td><td colspan="2">工作台距地面高</td><td>800mm</td></tr>
<tr><td rowspan="3">17</td><td rowspan="3">外形尺寸</td><td>左右</td><td>1850mm</td></tr>
<tr><td>前后</td><td>1855mm</td></tr>
<tr><td>地面以上高</td><td>2910mm</td></tr>
<tr><td>18</td><td colspan="2">电机总功率</td><td>5.5kW</td></tr>
<tr><td>19</td><td colspan="2">主机质量</td><td>1.8t</td></tr>
<tr><td>20</td><td colspan="2">全机质量</td><td>2.5t</td></tr>
</table>

1. 主机

主机由机身、主缸、顶出缸、限程装置组成。

(1) 机身　机身由“三梁四柱”组成。三梁指上横梁、滑块和工作台。四柱即指立柱。通过四只螺母紧固组成一封闭的刚性机架，每只紧固螺母为锯片螺母形式，通过螺钉压紧抱住立柱起防松的作用。滑块和主缸由活塞连接，油缸工作时带动滑块沿立柱做上下运动。

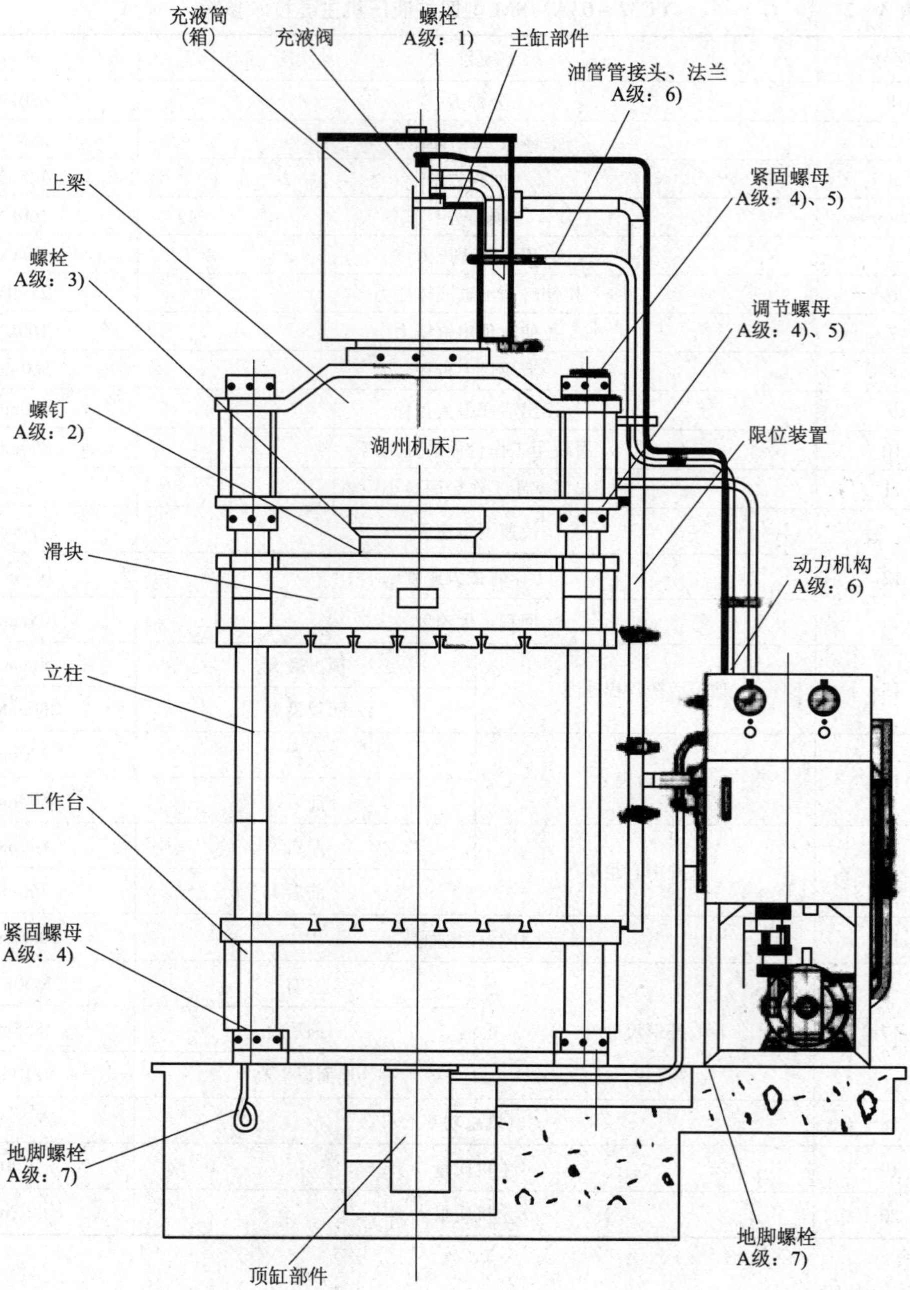

图 3－10　YC32－63A－SM 型液压机重要部件示意图

在滑块下平面及工作台平面上，设有T形槽，可配专用螺栓安装工作模具。

在工作台中央有一圆孔，顶出缸由压套紧压于圆孔内的台阶上，在上横梁中央孔内，装有主油缸。主油缸由缸口端的台阶和大螺母紧固于横梁上。滑块中央的大孔，是装配主活塞杆的，由螺栓和螺纹法兰反滑块与主活塞杆联成一体。在滑块四立柱孔内，装有导套，以便于磨损后更换，在外部均装有压配式的压注油杯，用以润滑立柱。

（2）主缸　主缸为活塞式油缸，在柱活塞中有一柱塞式油缸，快速下行时柱塞式油缸进油，上腔吸辅油箱中的油，达到快速下行。上压时，两腔均进压力油。回程时，下腔进油，上腔和柱塞油缸内均排油。

主缸由下端台肩和法兰紧固在上横梁上，活塞杆下端靠压圈和法兰连接在滑块上。活塞和导套上使用Yx型密封圈，材料为聚氨酯-4，有较好的密封性和耐磨性。

（3）顶出缸　顶出缸为活塞式油缸，活塞和导套的密封都采用Yx型聚氨酯材料。顶出缸装在工作台中央孔内，靠台肩和大圆螺母紧固。活塞杆头部M48×2螺纹供模具连接安装用。使用时可将保护用螺母旋下。

（4）限程装置　限程装置由上限位形成开关、快慢速转换行程开关、下限位行程开关共三只及开关支架、撞块组成。在各种工艺动作时，按滑块需要行程调节上、下限位开关盒快慢速转换行程开关。

2. 动力机构

动力机构由油箱、油泵、电机、阀总成、压力表、调压阀等组成。用以传递和分配工作液体，使主机实现各种动作。电机功率5.5kW，使用电压415V，频率60Hz。

油箱为焊接件，侧面设有长形油标（内有温度计，可粗略表示油温），容量一般为400L，箱内装有铜丝网虑油板，使柱塞泵可以得到较洁净的滤清油液。

主缸阀及顶出缸阀总集成见表3-3所示。

表3-3　主缸阀及顶出缸阀总集成

编号	型号	名称	功　能	安装位置
9	YW041-3506	压力阀	插装件，为控制系统空载卸荷，调定系统压力大小的主阀芯	插入底阀块内
10	HTF01-B	调压法兰	调定系统最高压力27MPa为系统安全阀	3506压力阀外（底块上）
12	HTF16-B	定压法兰	调定主缸回程卸压时的低压压力，可有效防止回程时主缸压力冲击。调定压力为4MPa左右	HTF01调压法兰上（底块上）
11	34EH-H6B-T	三位四通电磁阀	先导控制阀，控制主阀9的开启，中位时使系统卸荷，通电时，可调节系统压力大小	HTF16-B调压法兰（底块上）
15	34EO-H10B-T	三位四通电磁阀	控制主缸上下动作的换向阀	底块上

续表

编号	型号	名称	功　能	安装位置
17	24EI1 - H6B - T	二位四通电磁阀	先导控制液控二通阀的开启	顶块上
18	FX13 - 00	液控二通阀	为自制阀，控制进入主缸大腔的油液的通断阀	顶块上
19	FY11 - 00	安全阀	为主缸增速腔安全阀调定压力27MPa，用户不得擅自调高	顶块上
14	FY10 - 00	支承阀	支承滑块重量	贴于顶块上
8	34EJ - H10B - T	三位四通电磁阀	控制顶缸上下动作的换向阀	YW106A - 3600 阀块上
5	Y2 - Hd10	溢流阀	为顶缸下腔安全阀调定为27MPa	YW106A - 3600 阀块上
3a，3b	FY01	远控调压阀	分别远控调定主缸，顶缸压力大小	压力表架上

注：表中编号对应图3－11液压原理图中阀序号。

表3－4　　液压机阀的汇总

序号	代号	名称	数量	压力/MPa	流量/（L/min）	备注
1	Y12M - 4（B35）	电动机	1	7.5	1500 r/min	
2	25YCY14 - 1B	轴向柱塞泵	1	32	40	
3a、3b	FY01	远控调压阀	2	32	10	
4		单向阀	1	32	10	插入式
5	Y2 - HD10	溢流阀	1	32	10	
6		单向阀	1	32	10	插入式
7a、7b	Yx - 100ZT	点接点压力表	2	0～40		
8	34EN - H10B - T	三位四通电磁阀	1	32	40	
9	YW041 - 3506	压力阀	1	32	60	
10	F28A - H25F - 4	双调压控制盖	1	32	10	（10，12）为同一阀
11	34EH - H6B - T	三位四通电磁阀	1	32	10	
12	F28A - H25F - 4	双调压控制盖	1	32	10	（10，12）为同一阀
13	TB30 - 50W	吸油阀	1	32	300	
14	YW106A - 3502B	直控平衡阀	1	32	40	
15	34EO - H10BT	三位四通电磁阀	1	32	40	
16		单向阀	1	32	40	插入式
17	24EI1 - H6B - T	电磁阀	1	32	10	
18	FX13 - 00	液控二通阀	1	32	411	
19	FY11 - 00	安全阀	1	32	10	
20	FY07 - 00	安全阀	1	32	10	

注：表中序号与液压原理图3－11中序号一致。

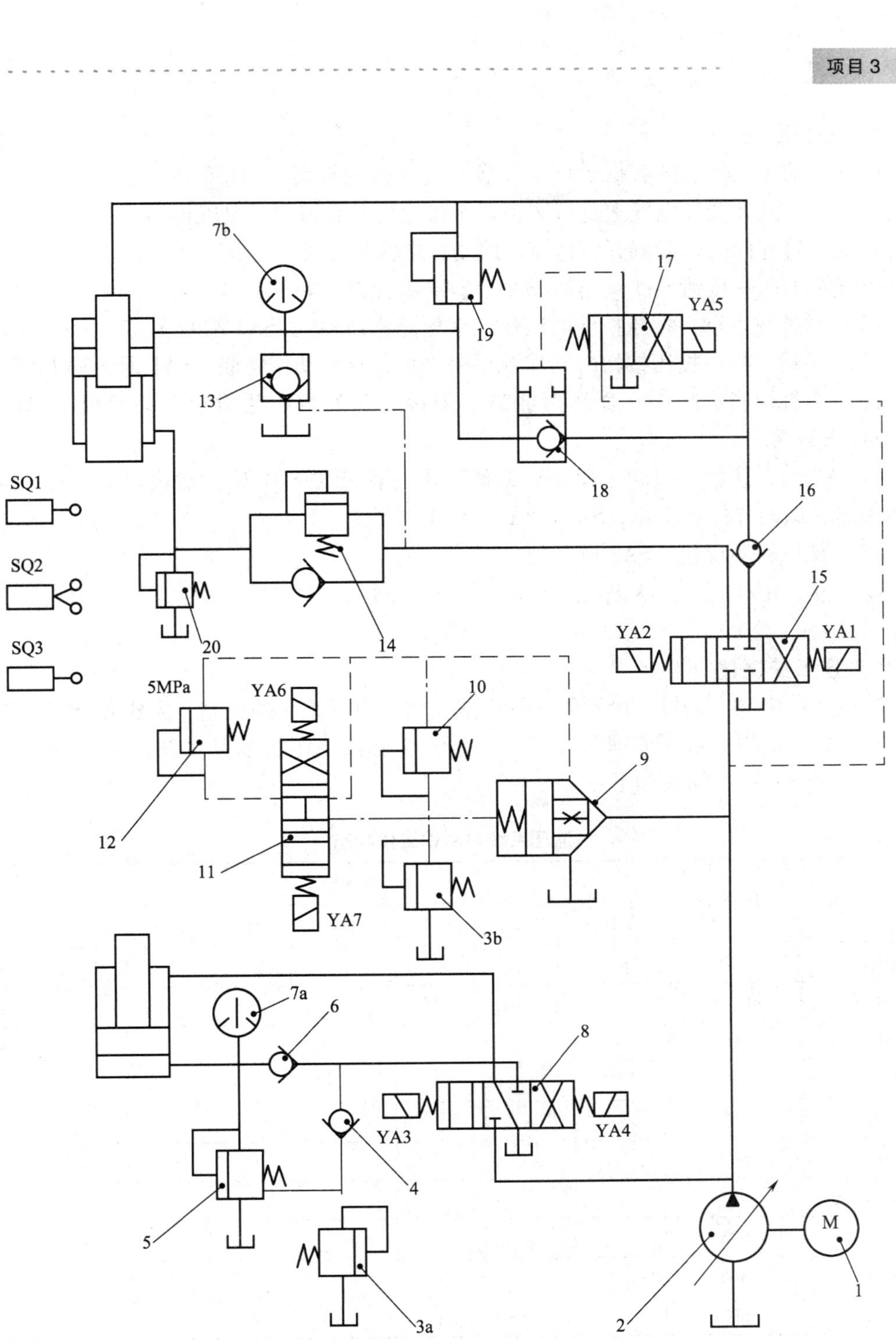

图3－11 YC32－63A－SM型液压机液压原理图

（注：表中序号注解见表3－4）

3. 电气柜

电气柜的按钮板上装有指示灯、转换开关及控制按钮，对液压机的动作进行控制。柜门开关与漏电开关在电气上进行联锁，压机运行时必须关好电气柜门、漏电自动开关才能合闸。打开门时，漏电开关即自动跳闸，以保护人身安全。

电气柜上四只按钮SA1、SA2、SA3、SA4组合方式如下：

（1）调整或点动　按压按钮时动作，手松停止，SA1、SA2都断。

（2）手动工作　按压按钮时动作，手松停止，直到动作完成。SA1通，SA2断。

（3）主缸半自动工作　保压后或碰下限行程开关SQ1后滑块自动回程，SA1通，SA2通，SA4断。

（4）主缸、顶缸半自动　保压后或碰下限行程开关SQ1后，滑块自动回程、顶缸自动顶出、退回并停止工作，SA1、SA2、SA4都通。

（5）保压时不停机　SA3通。

（6）保压时停机　SA3断。

（四）液压系统概述

液压系统由泵、电机、阀及管路等组成，借助电气系统的控制，完成各种工艺循环所需动作，下面根据液压原理图（图3－11）、电磁铁工作状态表（表3－5）及所有阀的名称（表3－5），简述如下：

表3－5　　液压系统电磁铁工作状态

动作名称	发讯元件	电磁铁							电机
		YA1	YA2	YA3	YA4	YA5	YA6	YA7	M
电机启动	SB3								+
快速下行	SB1、SB8	+				+		+	+
慢速压制	SQ2	+						+	+
保压	SP1								+
卸压	KT1		+				+		+
回程	SB4		+					+	+
回程停止									+
顶出	SB5				+			+	+
退回	SB6			+				+	+
停止	SB7								

注：电磁铁编号与液压原理图3－11中序号一致，“＋”表示电磁铁通电。

启动电机按钮，电机旋转带动油泵输出液压油，泵输出油经压力阀9流回油箱，系统呈空载卸荷状态。

按下压制按钮，电磁铁YA1、YA5、YA7同时通电，泵输出油经阀15、单向阀16，进入主缸增速腔，滑块快速下行。此时，主缸大腔形成真空，由阀13吸油补液填入。下腔排油经支承阀14、电磁阀15流回油箱。当滑块下行碰至形成开关SQ2时，电磁铁

YA5 断电，二通阀复原位，泵来油经阀 15、16 后，分别进入主缸大腔和增速腔，滑块慢速下行至压制，主缸压力由远控调压阀 3b 调定（0～25MPa 范围内），当主缸压力达到表 7b 的上限值时，表 7b 发讯号，全部电磁铁断电，系统呈保压卸荷状态。

保压时间的长短可由时间继电器调定，压力由保压阀 16、吸油阀 13 锁定，保压时间到，电磁铁 YA2、YA6 通电，系统压力由调压阀 12 低压调定，将吸油阀卸荷芯打开，主缸上腔卸压，压力降至表 7b 下限时，发讯电磁铁 YA6 断，YA7 通电。泵输出油经阀 15，支承阀 14 进入主缸下腔，此时，主缸增速腔排油，经阀 18 同主缸大腔排油一起汇入，再经阀 13 排回油箱，实现滑块回程动作。

按压顶出按钮，电磁铁 YA4、YA7 通电，泵输出油经阀 8，单向阀 6 进入顶出缸下腔，上腔排油经阀 8 排回油箱，实现顶出动作，顶出力由远控调压阀 3a 调定。

按压退回按钮，泵输出油经阀 8 进入顶缸上腔，下腔排油经溢流阀 5 回油箱，顶缸退回。

（五）常见故障机及排除

液压机常见故障及排除方法见表 3－6。

表 3－6　液压机常见故障及排除方法

序号	故障现象	故障原因	排除方法
1	滑块上下无动作	（1）油箱内油位过低 （2）高压泵反转 （3）电磁阀 11、15 失灵 （4）压力阀 9 卡死在开启位 （5）主缸调压阀 3b 调压过低	（1）加到油标基本浸没 （2）纠正电机转向 （3）检查失灵原因、予以排除 （4）拆洗 （5）适当调高
2	顶出活塞无动作	（1）阀 8 失灵 （2）阀 5、3a 卡死或调得太低	（1）检查电气，拆洗 （2）检查拆洗，调适当
3	滑块或顶出活塞误动作	（1）相应的电磁阀未复位 （2）电气接线错误	（1）拆洗或调换 （2）纠正
4	压力达不到规定数值	（1）高压泵损坏或吸油不畅，吸空等 （2）溢流阀、调压阀失灵 （3）压力表损坏或阻尼阻塞 （4）充液阀卡死 （5）油缸内密封圈损坏	（1）检查吸油管路密封拆修或调换高压泵 （2）检查排除 （3）检查排除 （4）拆洗 （5）调换密封圈
5	保压时压降太快	（1）阀 16、13 锥面密封不好 （2）高压油管密封损坏 （3）油缸内密封损坏	（1）研配锥面 （2）更换密封圈 （3）更换密封圈
6	滑块支承不好	阀 14 锥面密封不好或弹簧变形	研配锥面，更换弹簧
7	滑块下行带压	（1）电磁阀 15，阀芯没有到位或支承阀 14 弹簧过硬 （2）机身精度调节不当	（1）检查更换 （2）重调精度

续表

序号	故障现象	故障原因	排除方法
8	滑块爬行	（1）系统混入空气 （2）机身精度调节不当	（1）检查吸油口密封 （2）重调精度
9	压力表指针摆动严重	（1）调压阀阀口磨损 （2）压力表阻尼过松	（1）调换阀芯 （2）调换阻尼
10	噪声大	（1）系统混入空气 （2）高压泵噪声大	（1）检查吸油口密封 （2）拆修或调换

（六）维护保养

（1）工作油液推荐使用 N46#液压油。若选用机械油时，冬天选 N32#，夏天选用 46#。油温应在 10～60℃，油液应严格过滤后注入油箱，第一次使用不超过两个月，应更换并清洗油箱，以后工作油液约一年更换一次。

（2）滑动表面的立柱、活塞应保持清洁，注意加油，每班不少于一次。

（3）机器不允许在偏心量过大情况下使用，在公称压力下集中载荷最大允许偏心为 30mm。

（4）压力表每半年检验一次。

（5）机器较长时间停用时，应将加工表面擦洗干净，涂防锈油。将滑块放在垫块上（垫块高度 320mm 以上，底面积不小于 300mm×300mm，上下平面平行，材质为 A3 钢）。

知识点四　陶瓷墙地砖深加工机械

传统陶瓷生产一般是从原料到上釉装饰烧成为止，现代陶瓷生产在此基础上再延伸出制品加工。例如瓷质砖的磨光切边、卫生洁具的磨底钻孔、辊棒的切割、砖制品的切削拼花等。由于项目 3 主要是介绍陶瓷制品的压制成型技术，而压制成型与墙地砖密切相关，因此墙地砖的后续加工处理也作为压制成型的一部分内容进行简述。

墙地砖的深加工作为现代陶瓷生产一个重要工序主要有以下几方面原因：

（1）作为生产工艺的补充和简化　例如辊棒长度的保证，因为有了切割，工序对辊棒长度工艺要求可以随便得多。

（2）提高产品的精度和艺术水平。作为装饰加工的一种补充　例如压砖的平整度通过磨边得到保证，日用陶瓷、特陶、墙地砖通过抛光使表面质量大为提高。

（3）作为提高产品附加值的一种措施　例如大规格的炻质瓷质砖产品，通过抛光，可以大大提高产品的附加值，取得很好的经济效益。现在投资建设的陶瓷生产企业的投入产出的比一般为 1:(1～3)，而制品加工的比例可达 1:(2～5)。

陶瓷制品深加工的大量工作通常是抛光、磨光、平面加工、切割、钻孔等，其特点是加工件都是经高温烧成的硅酸盐材料，具有很高的硬度和磨蚀性，引发的粉尘大而且有害，有的制品加工精度要求甚高。

（一）铣平机

烧成后，瓷质砖的表面较粗糙，尺寸精度低。对瓷质砖进行深加工以提高其外观质量和尺寸精度是增加瓷质砖经济价值的重要手段。目前对瓷质砖进行深加工的主要机械设备是自动磨光生产线。图3－12所示为自动磨光生产线示意图。生产线由自动送砖机、铣平机、粗磨磨光机、精磨磨光机、磨边倒角机和干燥分选线组成。

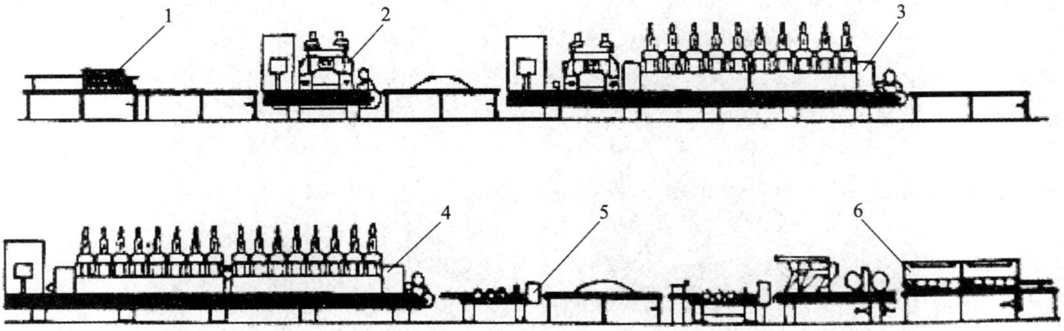

图3－12 自动磨光生产线示意图

1—自动送砖机 2—铣平机 3—粗磨磨光机 4—精磨磨光机 5—磨边倒角机 6—干燥分选线

瓷质砖由自动送砖机匀速送入，通过铣平机将砖表面铣平，并加工到相同的厚度，然后依次进入多头粗、精磨磨光机进行磨削加工。随着瓷质砖的前进，磨光机磨头的磨料目数依次增大，即粒度逐渐减小，从而逐渐减小瓷质砖表面的粗糙度，以达到所谓“镜面”加工的目的。接头通过磨边倒角机磨边倒角。最后经过干燥或打蜡上光，即可进行分选包装。

铣平机采用高速放置的金刚砂圆柱铣刀，对瓷质砖进行铣削加工，使之得到一个平整的表面及一定的厚度。由于金刚砂圆柱铣刀上的金刚砂条呈螺旋线或人字形分布，刃口与砖表面是以点接触方式进行连续加工，降低了刀具对砖的压力，减少了砖的破损，而冷却液又能以很高的流速直接冲到铣削点，改善了刀具的冷却效果。

为了进一步提高产量，降低破损，最新采用的是多次交叉加工方式，即经过2～3次铣削加工后，将砖转过90°，再铣削2～3次，从而减少了每一次的切削量；加之金刚砂铣刀有粗细之分，先粗铣，后精铣，使砖的平面度更好，压破的可能性更低。一般每个铣刀上有金刚砂条5～9条，增多了与砖表面的接触点，从而提高了切削效率。铣削量的调节一般采用两级大减速比的蜗轮蜗杆减速器驱动螺旋机构进行。并配以高精度的位移传感器，分辨率可达10μm。

（二）磨光机（抛光机）

1. 结构与工作原理

磨光机主要由磨头部件、磨头上下运动部件、传动及支承部件组成，由电动机驱动旋转，使磨块在砖的表面进行磨削。砖在输送带以一定速度（1～5m/min）输送的过程中，受到不同磨头的磨削，最后达到“镜面”效果。

磨光分粗、中、精磨，主要是根据磨料的粒度不同而起不同的作用。粗、中磨的主要作用是清除铣平机留下的刀痕；精磨是对砖的表面进行磨光，以达到“镜面”的效果。磨头部件是磨光机的核心部分，它的结构形式直接影响磨光机的质量，因此磨头的结构不断改进。各种磨头部件的外形如图3－13所示。

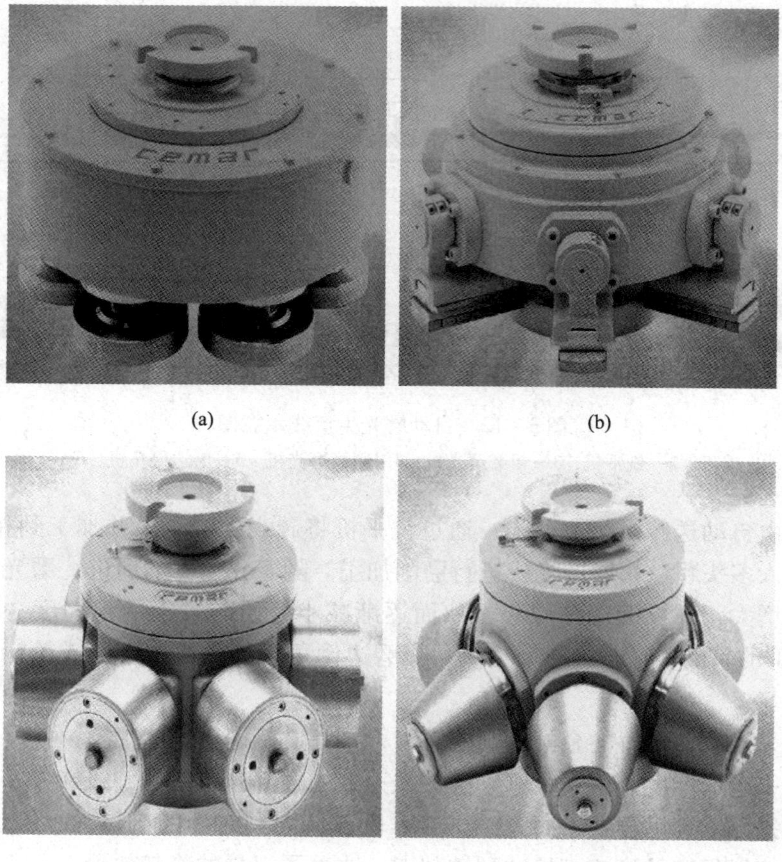

(a) (b) (c) (d)

图3－13 磨头

（a）行星式 （b）摆动式 （c）圆柱滚动式 （d）圆锥滚动式

（1）转盘式磨头 转盘式磨头是应用最早的抛光磨头，它是由2～5块磨块固定在转盘上并随之旋转，转盘与转轴之间通过弹性橡胶块传递扭矩。显然其传动精度低、噪声大，而且磨块与砖坯表面为面接触，因此磨屑排出困难，磨块冷却效果差；同时磨块对砖坯面的压应力较大，砖坯破损率较高。目前已很少采用，并已逐渐被其他形式所取代。

（2）行星式磨头 行星磨头与地砖坯表面也为面接触，同样具有磨屑排出困难，磨块冷却效果差、磨块对砖坯的压应力大、砖坯破损率大等问题，但磨头随主轴旋转的同时，通过行星减速机构增加了磨块的自转作用，这就极大限度地提高了磨块对砖坯面的研磨效率，因此行星磨头特别适用于粗磨工序。

（3）摆动式磨头　摆动式磨头是目前国际上普遍应用的较为理想的结构形式，磨块一方面随主轴公转，另一方面又绕摆动轴摆动。因此磨块与砖坯表面以线接触的方式进行磨削，具有良好的磨削作用，磨屑易于排出，磨头冷却效果好，砖坯表面非常光洁，可用于粗、精磨。其研磨抛光原理如图3－14所示。电机经V带带动主轴3旋转，主轴3通过刚性联轴器4带动齿轮6、磨块座10和磨块11旋转，同时内齿轮5与齿轮6及齿轮7同时咬合，通过齿轮7带动端面圆柱凸轮8旋转，再通过端面圆柱凸轮摆杆机构促使摆杆及棍子上、下摆动，所以与摆杆固联的磨块座10及磨块11则左右摆动，从而迫使磨块11和砖坯表面与线接触方式磨削，并能最大限度地减少磨头的发热和磨损，延长其使用寿命。同时磨头中心处又有冷却水，能及时冲走磨削时所产生的磨屑，带走热量，清洁砖坯表面，达到提高砖坯表面光洁度的目的。

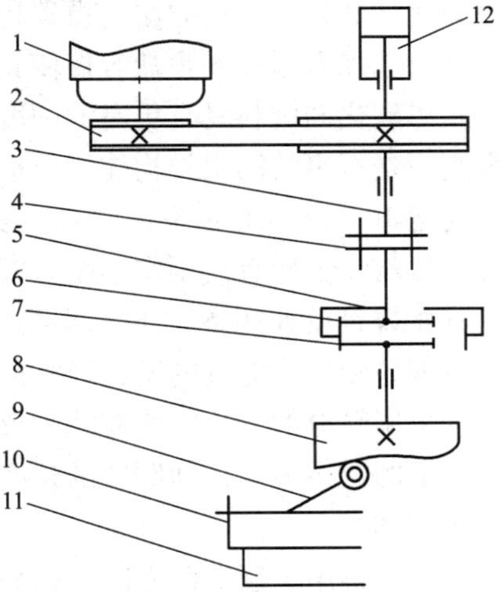

图3－14　磨头抛光原理图
1—电机　2—V带　3—主轴　4—联轴器　5—内齿轮　6、7—齿轮　8—圆柱凸轮　9—摆杆滚子　10—磨块座　11—磨块　12—气缸

（4）圆柱滚动式和圆锥滚动式磨头　圆柱滚动磨头和圆锥滚动磨头与砖坯表面为线接触，能极大限度地减少磨头对砖坯表面的压应力，从而减少砖坯的破损率；同时磨屑也易于排出，磨头冷却效果好，又具有自转的优点，因此，它们是一种很有发展前途的磨光磨头。但目前因为磨头本身结构还不够完善，所以，在实践生产中，圆柱滚动磨头和圆锥滚动磨头仅适用于粗磨工序。

生产实践证明，在磨光砖的生产过程中，粗、中、精磨工序的磨头磨料的配置也是非常重要的，它直接影响到磨光砖的产量和质量。通常不同类别的砖坯，应配置在一定范围内粒度连续分布的磨料磨头，只有这样砖坯表面的加工痕迹才能逐渐得到消除，而且粗磨工序通常应与中磨及精磨工序分开设备进行，否则它会将粗磨工序所产生的磨屑带入精磨工序，反而划伤砖坯表面等影响砖坯的光洁度等。但中磨与精磨工序的研磨量极小，处于相邻位置的砖坯厚度即使相差极小，也容易造成漏磨，所以在磨光砖的生产过程，目前通常采用两段式磨光工艺最为理想。

2. 磨料

磨料是制造墙地砖抛光磨具的主要原料，它促使抛光磨具有效地研磨和磨削墙地砖制品，从而加工抛光砖产品等。目前用于制造墙地砖抛光磨具的磨料大致有：黑碳化硅磨料、绿碳化硅磨料及金刚石磨料。

黑碳化硅磨料是以石英砂和石油焦炭为主要原料，在电阻炉内经高温冶炼而成的黑色不透明体，性脆而锋利，适用于加工较硬的非金属材料，如玉石、玛瑙、陶瓷和石材制品等。

绿碳化硅磨料的制造方法与黑碳化硅磨料的制造方法基本相似，只是所采用的原料纯度较高及添加有适量的食盐等促使其冶炼成为绿色不透明体，因其纯度较高，绿碳化硅磨料较黑碳化硅磨料具有更高的硬度及机械强度，适用于较硬非金属材料的加工。

金刚石是石墨的同素异构体，是迄今为止人类发现的自然界中最坚硬的物体，其莫氏硬度高达10，并且有很高的物理机械强度和良好的导热性，由于天然金刚石资源非常贫乏，目前几乎所有使用的金刚石磨料都是人造金刚石磨料，它是由碳素材料（如石墨等）在触媒剂的作用下，于高温高压冶炼炉中冶炼而成。

制造墙地砖抛光磨具的磨料通常需加工成具有一定形状及大小的固体颗粒，实践生产中通常采用筛分的方法，将粒径大致相近的颗粒按一定的尺寸范围分级，并采用由大到小的规定的数字表示，即磨料的粒度。

3. 黏结剂

黏结剂是将用于制造抛光磨具的磨料固结在一起，并使磨料具有一定的形态及物理机械性能。磨具工作时，黏结剂将促使变钝的磨料及时脱落，从而使磨具始终具有良好的磨削性能。黏结剂的种类很多，按化学结构可大致分为无机黏结剂和有机黏结剂，无机黏结剂又可分为菱苦土黏结剂、金属黏结剂和陶瓷黏结剂；有机黏结剂也可分为不饱和聚酯树脂、酚醛树脂和环氧树脂。目前在抛光磨具的实践生产中，通常采用菱苦土黏结剂、金属黏结剂及不饱和聚酯树脂黏结剂等。

菱苦土黏结剂是由菱苦土（氧化镁）与氯化镁溶液在一定的温度等条件下，经一系列的物理化学变化而形成的氯镁化合物。实践生产经验表明，由菱苦土黏结剂制成的磨具普遍应用于大理石、花岗岩、水磨石、抛光砖及微晶玻璃等制品的粗磨和细磨。

金属黏结剂通常采用铜、锡、镍和钍等金属粉末配制而成，主要用于制造金刚石磨具。金属黏结剂与金刚石磨料混合后，经压制烧结后制成金刚石磨具，如铣平机中广泛应用的金刚砂铣刀及磨边倒角机中的磨边砂轮等。

不饱和聚酯树脂黏结剂，多用于连续研磨生产线的抛光磨头及部分粗磨磨头的制造。

（三）磨边倒角机

磨边倒角机用于瓷质砖四周侧面的磨削和锐棱的倒角。经过磨边倒角可清除砖的“大小头”、“波浪边”、微量崩边等缺陷，提高产品的质量。

磨边倒角机根据工作方式不同，可分为单边定位磨边倒角机和对磨磨边倒角机两种，如图 3－15 所示。

单边定位磨边倒角机在磨削其中一个侧面时，对面由导轨定位，这种磨边方式对主机输送带的同步性以及砖的压紧力要求较低，虽然不能保证砖的相邻侧面严格垂直，但由于采用导轨定位，在对相邻侧面进行磨削时，利用已磨削的侧面互相紧靠，作为辅助定位。磨出的产品尺寸精度是合乎要求的。单边定位磨边倒角机整机长度较长，定位导轨调整比较麻烦。

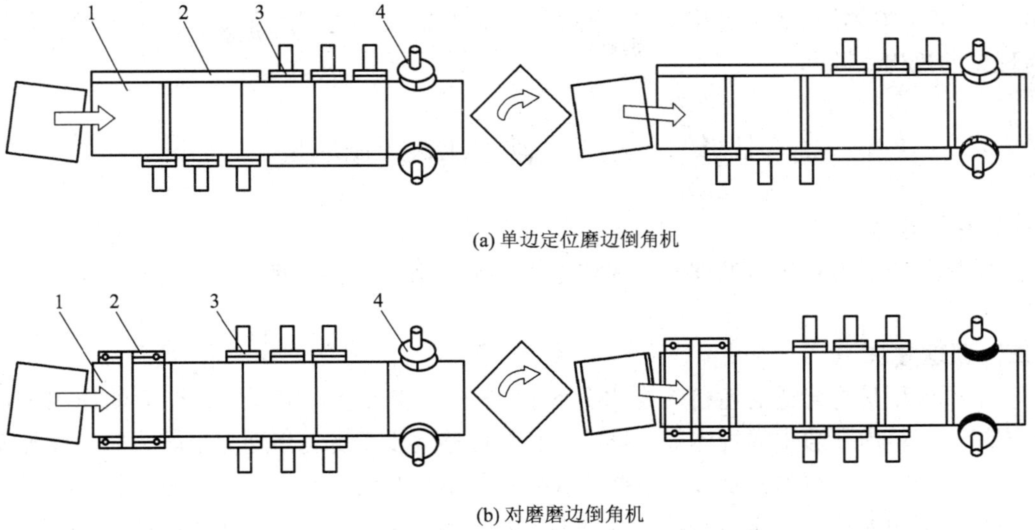

图 3－15 磨边倒角机

1—砖 2—定位导轨 3—磨边砂轮 4—倒角砂轮

对磨磨边倒角机同时磨削相对的两个侧面，没有定位导轨，整机较短，是一种较为理想的磨边倒角设备。但它必须具备以下条件：

（1）输送带要同步，不能有偏行现象。

（2）在运行过程中砖与输送带间无相对移动。

（3）砖与砖之间要有一定间隔，不能彼此干涉。

（4）磨边砂轮要锐利，同时磨削的两侧面磨削量尽可能相同。

下面对磨边倒角机的主要机构作一介绍。

1. 加工宽度的调节

为加工不同规格的产品，磨边倒角机用图 3－16 所示的调节机构。底座 1 通过轴套支承在固定的导杆 2 上，当电动机或人工驱动蜗杆副带动左右旋螺杆 3 旋转时，固定在底座上的螺母将使底座分别向左、右移动，从而调节了加工的宽度。

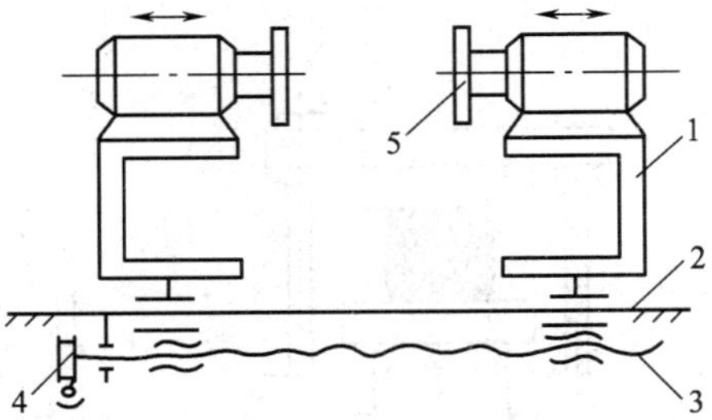

图 3－16 加工宽度调节机构

1—底座 2—导杆 3—左右旋螺杆

4—蜗杆副 5—磨边砂轮

2. 磨边砂轮进给量的调节

磨边砂轮进给量的调节是在加工宽度调定后为精确决定砖的最后尺寸和每个磨头的进给量而进行的调节。

3. 倒角磨头

倒角磨头的结构形式有整体摆杆式、整体往复式、单轴滑键式三种。整体摆杆式结构运动部分质量大，驱动气压控制较难。若驱动气压太大会使倒角过大，而当驱动气压太小，磨头移动困难，会使倒角过小。整体往复式也有以上问题存在。单轴滑键式结构由于只需移动砂轮，而不是移动整个磨头，所以只需较小的气压驱动，控制方便，是较为理想的机构。

任务一　小型手动液压机压制成型

（一）任务要求

掌握干压成型用坯料处理的原理和方法，能使用小型手动液压设备成型试片。

（二）原理方法

干压成型是将合适的坯料（含水分5%～8%）装入金属模具中，在力的作用下加以压缩，坯料内孔隙中的气体部分排出，颗粒位移逐步靠拢。当受力足够大时，颗粒发生变形、碎裂，互相紧密咬合，最终形成截面与模具截面相同、上下两面形状由模具上下压头决定的坯体。坯体内孔隙尺寸显著变小、孔隙数大大减少，坯体密度显著提高，具有一定的强度。

小型手动液压机主要采用帕斯卡原理，如图3－17所示。

当粉料为很细的瘠性粉料时，将对成型产生不利的影响：一是因流动性差和拱桥效应，影响对模腔的均匀填充；二是粉体越细、松装高度越大，压缩比大，因摩擦而产生的力损失亦大，易使坯体密度不均匀；三是孔隙中气体较难排出，易因弹性后效作用使坯体产生层裂。

因此，本操作任务中所用超微细粉体需进行造粒处理后，才能进行干压成型。塑性原料可以喷加少量水进行造粒，脊性原料可以添加塑化剂，如PVA（聚乙烯醇）、PEG（聚乙二醇）、CMC（羧甲基纤维素）等，一般为1%～3%（粉的质量）。

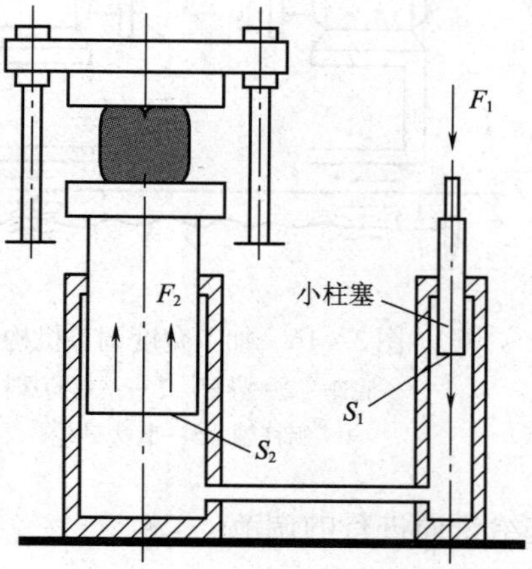

图3－17　小型液压机原理图

图3－18　手扳式液压制样机

（三）操作准备

小型手扳式液压制样机（技术参数见表3－7，设备见图3－18所示）、金属模具、瓷研钵、筛子、粉体、酒精溶液、镊子、金属勺子、称量天平等。

表3－7　　　　SBY－5技术参数表

最大载荷/吨	5	10	30
最大工作压力/MPa	40	45	60
工作面尺寸/mm	280×220	280×260	320×300
最大行程/mm	100	125	150
用油品种	10号机械油		

（四）操作步骤

1. 造粒

造粒的目的：①改善粉料的流动性。造粒使得粉料团成球形，改善了其流动性；②提高了粉料的堆积密度。造粒提供了粉料不同尺寸的球体，因此提供了一定的颗粒级配；③提高了粉料的一致性。加水后造粒，犹如滚元宵，使水分和粉料趋于均匀，提高了水的分散性。

操作时，可以将块状坯料放于瓷研钵中，以研棒捣碎成小块、再研碎、过筛（除去过细及过粗颗粒），用喷壶向托盘上方间断喷水，晃动托盘造粒。在造粒过程中注意喷壶的水不可喷太多，尽量不要让托盘中的粉料由于水的过多加入而变成深色。供干压成型的造粒粉料制备完成，装入密闭容器中，以防止水分蒸发。

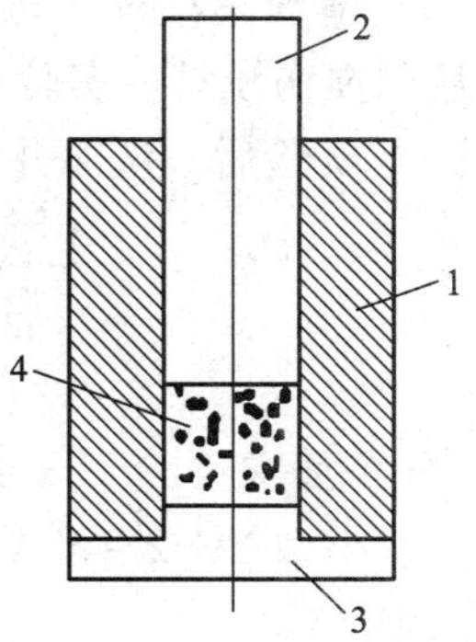

图3－19　干压成型模具示意图
1—阴模　2—上模冲
3—下模冲　4—粉料

2. 装模

模具由外模套、上压头（较高）、下压头（带台阶）组成，如图3－19所示，主要靠上压头和模套的柱面导向。使用前应检查模具的配合是否良好，良好的配合为上下压头在模套内上下运动、旋转无卡滞现象，有适当间隙又不过大，间隙为气体排出通道，过大的间隙不仅影响压力而且使粉料被挤入间隙，严重时脱模困难、甚至卡死。用棉纱擦净模套的内壁和上、下压头的外柱面及下、上加压面，并用镊子夹脱脂棉球蘸油酸酒精溶液在上述表面涂抹一遍，待酒精挥发片刻后，即可装粉。

3. 称料

根据所制备坯体厚度进行称料计算。

4. 装粉

将计算好的成型料按照工艺要求投入模具内，使其在模具内均匀分布。

5. 压制

将下压头放入模套内，稍加振动后再放入上压头，在制样机上以适当金属垫块将模具整体垫至一定高度（手动加压时，压机活塞杆运动距离过大会加压困难），拧紧回油塞螺母。上下扳动加压手柄，压机活塞杆向下推动上压头开始加压，压力表显示的压力不断增大。当达到所需压力时，停止扳动，保压1min，拧松回油塞螺母。压机活塞杆向上返回，压力撤除，再拧紧回油塞螺母，上下扳动加压手柄重新加压，保压1min，压制完成。

干压粉料中由于有较多空气，加压过程中，应有充分的时间让空气排出。因此，加压速度不能太快，最好是先轻后重多次加压，达到最大压力后要维持一段时间，让空气有机会排出。加压的速度和时间与粉料的性质、水分和空气排出速度有关。一般最好加压2～3次。

6. 脱模

取出下压头，以平整的金属垫块垫在模套下方，注意下方留有适当高度，垫块不能阻碍内腔中压块、上压头的向下运动，依压制的方法再一次加压，脱出压块。用棉纱擦净模套的内壁和上、下压头的外柱面及下、上加压面上黏附的粉料（有时黏附较牢，可用镊子刮一刮再擦），务必要全部擦净。

（五）注意事项

（1）操作压机时思想要高度集中，防止挤伤手和损坏压机。

（2）清理模具时，一定要细心认真清理干净，不要怕麻烦，否则影响后续的成型、脱模甚至损伤模具。实验结束后，擦净模具，在各配合面涂上机油以防锈。

（3）实验后，洗净并烘干所用的研钵、筛子、勺子、搪瓷托盘。

任务二　小型自动液压机压制成型

（一）任务要求

了解小型YC32－63A－SM四柱液压机的基本结构及操作原理，会操作四柱液压机压制陶瓷坯体。

（二）操作原理

液压压力机（简称液压机）是通过液压系统产生很大的静压力实现对工件进行挤压、校直、冷弯等加工处理。液压机的结构类型有单柱式、三柱时、四柱式等形式，其中以四柱式液压机最为典型，它主要由横梁、导柱、工作台、上滑块和下滑块顶出机构等部件组成，结构图如图3－20所示。

液压机的主要运动是上滑块机构和下滑块顶出机构的运动，上滑块机构由主液压缸（上缸）驱动，顶出机构由辅助液压缸（下缸）驱动。液压机的上滑块机构通过四个导柱导向、主缸驱动，实现上滑块机构“快速下行→慢速加压→保压延时→快速回程→原位停止”的动作循环。下缸布置在工作台中间孔内，驱动下滑快顶出机构实现“向上顶出→向下退回”或“浮动压边下行→停止→顶出”的两种动作循环。

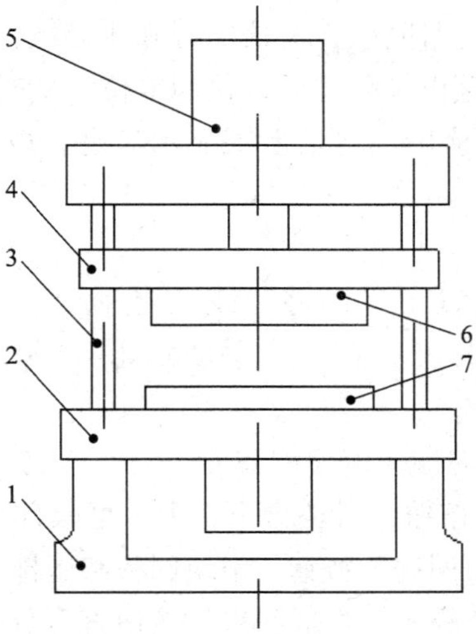

图3-20 四柱液压机结构图

1—机身 2—工作平台 3—导柱 4—上滑块 5—上缸 6—上滑块模具 7—下模块模具

（三）操作准备

YC32-63A-SM四柱液压机、模具、筛子、粉体、天平等。

（1）试车前必须仔细检查，电气、液压、主机各部分是否连接完好。

（2）开车前应检查油箱液面高度是否超过油标上部的2/3。

（3）电接点压力表调压时，该表显示值应高于系统压力1~2MPa。

（4）启动电机前用手转动一下电机和泵，应无阻碍现象，然后在油泵泄油口中注入N46#机械油，使泵在启动时得到润滑。电动电机，转向是否和泵要求转向一致，否则，将电线倒相再启动。

（5）待油泵空转几分钟再点动“压制”、“回程”数次，点动“顶出”、“回程”数次。

（6）机器在运输中由于振动，螺母松动，在调试过程中，应按要求重新调整精度，调整后应将螺母紧固。

（四）操作步骤

1. 开机

首先打开电源开关，电源指示灯亮，按下“电机启动”按钮，电机启动，液压泵处于空负荷循环状态。

2. 自动操作

（1）工作状态选择开关置于“半自动状态”、排气方式选择开关置于“排气状态”、顶缸状态选择开关置于“半自动状态”、保压方式选择置于“不停机”。此时，设备处于自动模式，生产过程一般使用自动模式。

（2）将原料按工艺值均匀加入定模型腔内。

(3) 双手同时按下“双手运行”按钮，滑块快下，达到设定限位后，滑块慢下，上下磨具闭合保压，达到设定时间后，滑块回程卸压排气，反复连续三次同样的排气动作。动作完成后，滑块慢回至设定限位后，快回复位，此时滑块处于静止卸压状态。

(4) 顶缸启动，将制品顶出，顶出上限显示灯亮，取出压制品，顶缸退回，下限显示灯亮，整套动作完成。

3. 手动操作

(1) 工作状态选择开关置于“调整”或“电动”状态、排气方式选择开关置于“不排气状态”、顶缸状态选择开关置于“手动状态”、保压方式选择开关置于“不停机”，此时设备为手动模式。

(2) 将原料按工艺值均匀加入定模型腔内。

(3) 按下“双手运行”按钮，滑块慢下，上下磨具闭合加压至工艺值，保压延时，达到设定时间后，按下“主缸回程”按钮，滑块回程卸压排气，反复连续三次同样的排气动作。排气动作完成后，继续按下“主缸回程”按钮直至滑块慢回复位，此时滑块处于静止卸压状态。

(4) 按下“顶缸顶出”按钮，顶缸启动，将制品顶出，顶出上限显示灯亮，取出压制品后，按下“顶缸退回”按钮，退回顶缸，整套动作完成。

4. 停机

(1) 关机前，必须将滑块下降，与刚性磨具闭合，启动后先回程。

(2) 按下“电机停止”按钮关闭油泵，关闭电源开关。

(五) 注意事项

(1) 电气设备接地必须牢固可靠。操作者应熟悉设备结构和性能，由专人操作。

(2) 开机前检查本机的机械、油路、电路是否正常，四柱润滑是否良好，正常后方可作业。严禁偏载、斜压作业。

(3) 当机器发现严重漏油或其他不正常状态时（如动作不可靠、噪声过大、振动等），应停车分析原因，排除故障，不得带病运转。

(4) 不得超负荷及超过最大偏心距使用。严禁超过滑块的最大行程。

(5) 施压前，人员必须撤离危险区，方可施压。

任务三　压制成型坯体缺陷分析

(一) 任务要求

能分析压制成型坯体缺陷种类及产生原因。

(二) 原理方法

压制成型常见缺陷见表3-8。

表3-8 压制成型常见缺陷分析

缺陷类型	缺陷特征	产生原因	解决办法
偏薄偏厚	砖坯厚度公差超过要求	填料过薄或过厚	调整填料厚度、固定厚薄盘位置，以防因走动而需要不断调整
斜度大	砖坯一边厚、一边薄，或四角厚薄不一；大小头；地砖烧成后一头大，一头小	填料不均匀、料层一边厚一边薄或者一边疏松一边紧密，四角料层密度不一；钢模安装不平、模腔一边深一边浅；机台加压螺杆或滑架晃动，粉料受压情况不一致	严格执行加料操作规程；换用流动性合格的粉料；调整钢模；检修机台
上凸	砖面中心凸起；下凹：砖面中心下凹	钢模不平；上模板过薄、安装时变形；安装钢模时，垫纸过多造成钢模变形；砖坯结构不匀，正反两面密度相差大，脱模时上模离开太快，砖坯两面膨胀不一；在干燥和烧成过程中收缩不一	加强对钢模规格检查、不合格钢模不安装；安装钢模时一定要装平，调整钢模垫纸不得过多；上模板不能过薄；严格执行加压和脱模操作规程；适当增加加压次数和加压时间。釉面砖素烧时，砖垛上加一盖板压紧
扭斜	砖整体不规则扭歪	垫板不平整；钢模本身变形	使用的垫板一定要平正或翘度符合要求；更换钢模
粉料粘模或冲头	由于坯粉粘在钢模上，而使砖坯表面形成的凹凸不平	坯粉太湿或干湿不匀；坯粉温度太高；钢模光洁度不够；擦模次数太少；喷雾干燥制备坯粉可溶性盐类及电解质残留在颗粒表面	采用合格粉料；提高钢模光洁度；勤擦模，在砖坯没有出现粘模之前就按预定时间间隔进行擦模；选用不易粘模电解质；装设自动擦模装置
掉边、掉角	指砖坯边角掉落	操作不当；釉面砖、地砖钢模开口宽度、深度不当或者精度不够、使用时间太长造成边角部位疏松、粗糙	严格操作、轻拿、轻放；换用合格钢模

（三）操作准备

压制成型相关机械及坯件。

（四）操作步骤

对有缺陷的压制成型坯体进行分析，了解该缺陷产生的原因。

思考题

1. 简述压制成型对粉体的要求。

2. 简述压制成型过程中粉体颗粒的变化过程。
3. 什么是拱桥效应？什么是等大球的最紧密堆积？
4. 简述压制方式、保压时间对成型坯体质量的影响。
5. 为什么二次双面先后加压坯体的致密度比单面加压要高很多？
6. 简述粉料制备过程中加入添加剂（润滑剂、黏结剂等）的原则。
7. 什么是弹性后效？其影响的因素主要有哪些？
8. 简述陶瓷墙地砖干压成型的主要缺陷。
9. 摩擦压力机的性能特点是什么？使用时应注意哪些事项？
10. 液压压力机的性能特点是什么？指出其应用场合。
11. 瓷质砖的自动磨光生产线主要由哪些设备组成？其主要设备的工作原理如何？
12. 在建筑陶瓷生产流水线中，简述墙地砖的深加工机械设备及相关作用。
13. 简述小型手动液压成型机压制小块坯体的主要操作步骤或流程。

项目4　其他成型

学习目标

了解热压注成型、挤压成型、轧膜成型、注射成型、流延成型、等静压成型等新型陶瓷的成型技术

知识要求

1. 了解热压注成型工艺特点及相关机械设备
2. 了解挤压成型工艺特点及相关机械设备
3. 了解轧膜成型工艺特点及相关机械设备
4. 了解注射成型工艺特点及相关机械设备
5. 了解流延成型工艺特点及相关机械设备
6. 了解等静压成型工艺特点及相关机械设备

技能要求

现场认知热压注成型、挤压成型、注射成型、轧膜成型、流延成型、等静压成型设备，能简单操作

知识点一　热压注成型

热压注成型是电子陶瓷，特别是氧化铝陶瓷常用的一种成型方法，通常是将配好的蜡饼置于热压注机筒内加热熔化成浆料，在压缩空气作用下，将浆料通过吸注口注入模腔，视产品的形状和大小保压一定时间后卸压，料浆在模腔内冷却成型。热压注成型后的坯体可以进行加工处理，例如车削、打孔等，然后进行排蜡处理，以去除坯体中的石蜡，增加坯体强度。排蜡后的坯体要清理表面的吸附剂，然后再进行烧结。

热压注成型法从某种意义上讲也是注浆成型，但不同之处在于：它在坯料中混入石蜡，利用石蜡的热流特性，并使用金属模具在压力下进行成型，其工艺流程如图 4－1 所示。

蜡浆制备 → 蜡饼备用 → 化浆搅拌 → 热压注成型 → 高温排蜡 → 烧结

图 4－1　热压注成型的工艺流程简介

热压注成型工艺适合形状复杂，精度要求高的中小型产品，且设备简单、操作方便，劳动强度也不大，生产效率较高，模具磨损小、寿命长，因此在特种陶瓷生产中经常采用。但热压注成型也有缺点，例如工序比较复杂，耗能大（需要多次烧成），工期长，对于壁薄的、大而长的制品，由于不易充满模腔而不太适宜。

（一）粉料的准备

氧化铝陶瓷通常采用热压注法来成型。但在成型前，必须对粉料进行前处理。由于 Al_2O_3 的晶型不同，结构也不同，性能各异，而最为稳定的是 $\alpha-Al_2O_3$，因此，利用 Al_2O_3 粉体制成 Al_2O_3 陶瓷，必须对 Al_2O_3 进行预烧。预烧的目的，主要是使 $\gamma-Al_2O_3$ 全部转变为 $\alpha-Al_2O_3$，减少烧成收缩。此外，预烧还可以排除 Al_2O_3 原料中的 Na_2O，提高原料的纯度，从而保证产品的性能。

从实际来看，预烧的方法不同、添加物不同、气氛不同，效果也不同，预烧质量也不一样。因此，预烧是 Al_2O_3 瓷生产中重要的环节之一。工业用氧化铝粉体，通常要加入适量的添加物，H_3BO_3、NH_4F、AlF_3 等，加入量一般为 0.3% ~3%。

对预烧的 Al_2O_3，可以用下列方法来检查 $\gamma-Al_2O_3$ 转变为 $\alpha-Al_2O_3$ 的程度。

1. 染色法

由于 $\alpha-Al_2O_3$ 结构致密不会吸附染料，而 $\gamma-Al_2O_3$ 是多孔的球体结构，吸附能力强，所以通过吸附染料的多少来判断转化的程度。通常所用染料有茜素、亚甲基蓝等。未转化完全的 Al_2O_3 染色深，转化完全的 Al_2O_3 则染色浅。这种方法在实际使用时简便，但不能作定量测定。

2. 光学显微镜法

此法是根据 $\alpha-Al_2O_3$ 和 $\gamma-Al_2O_3$ 具有不同的折射率来判断转化情况，一般采用折射率为 1.730 的碘甲烷作测定折射率用油，在偏光显微镜下，如果测得折射率大于 1.730 的则属于 $\alpha-Al_2O_3$。相反，小于 1.730 则属于 $\gamma-Al_2O_3$。

3. 密度法

$\alpha-Al_2O_3$ 和 $\gamma-Al_2O_3$ 的密度不同，$\alpha-Al_2O_3$ 密度大，接近理论密度，而 $\gamma-Al_2O_3$ 密度小。因此，可以根据预烧后 Al_2O_3 的密度来估算 $\alpha-Al_2O_3$ 所占的数量，从而判断预烧质量的好坏。

粉料除了需预烧外，细度也要加以控制，粉料越细，比表面积越大，在相同流动性、可注性要求下所需石蜡量更多，对热压注成型不利，对产品尺寸公差要求也不利。若颗粒太大，则蜡浆易于沉淀不稳定。粉料细度一般控制在万孔筛余不大于 0.5%，并要全部通过 0.2mm 孔径的筛。试验证明，若能进一步减少大颗粒尺寸，使其不超过 60μm，并尽量减少 1 ~2μm 的细颗粒，则能制成性能良好且稳定的蜡浆和产品。

（二）蜡浆料的制备

此工序的目的是为了将准备好的粉料加入到以石蜡为主的黏结剂中，制成蜡板以备成型使用。蜡浆中主要成分是粉料和热塑性黏结剂，后者常用的是石蜡，石蜡熔点为55～60℃，熔化后黏度小，料源丰富且便宜，作为热塑性黏结剂很合适。将石蜡称取一定量（一般为12.5%～13.5%）后加热熔化成蜡液，同时将称好的粉料在烘箱内烘干，使含水量不大于0.2%。这是因为粉料内含水量大于1%时，水分会阻碍粉料与石蜡完全浸润，黏度增大，难以成型。

此外，粉料颗粒表面一般是带电荷，有极性且亲水，而石蜡是非极性憎水的。所以瓷粉与石蜡不易吸附，加热和浆后容易产生沉淀现象。生产上常将表面活性物质作为瓷粉与石蜡的联系媒介。表面活性物质是由易溶于水或易被水湿润的原子团亲水基（极性基）和易溶于油的原子团亲油基（非极性基）所组成，瓷粉与石蜡通过表面活性物质作桥梁间接地吸附在一起。另外，表面活性物质在瓷粉颗粒表面上吸附着，形成单分子的薄层，降低粉粒与石蜡界面上的表面能，减少了分子间的作用力，提高了蜡浆的流动性，可相对减少蜡浆中的含蜡量。

常用的表面活性物质有油酸、硬脂酸、蜂蜡等。生产实践证明，表面活性物质油酸在干磨到一定细度后加入，再干磨3h后，效果较好。这样每个瓷粉颗粒表面均被油酸薄膜包裹着，降低瓷粉颗粒的表面自由能，和蜡后流动性很好。料浆的性能指标如下：

1. 稳定性

稳定性是指料浆在长时间加热而不搅拌的条件下，仍然保持其均匀不分层的性能。通常用稳定性指标 U 来表示：

$$U = V_0/V_t$$

式中：V_0——被测试的料浆体积，cm^3；

V_t——加热后分离出的蜡液体积，cm^3。

测试时采用100mL料浆，在70℃下保温24h，取上层蜡液。要求分离出的蜡液应不大于0.2mL，也就意味着 U 应该大于500时，蜡液的稳定性指标才合格。

2. 可注性

可注性是指浆料铸满模腔并保持要求形状的能力，它是衡量料浆黏度与凝固速度的综合指标。一般地说，若粉料细度合适、粉料干燥、黏结剂加入量合适，则料浆的可注性好。测定蜡浆的可注性，可用一种模具，如图4－2所示。模腔为一底边为5mm×5mm的四方锥形，锥高为200mm。可注性是用一定浆温、一定模温、一定压力下料浆注入模腔的高度 H 来表示（料浆温度70℃，模温为25℃，压力大约为0.5MPa），其 H 应在70～120mm。低于70mm，即料浆黏度太大，可注性差；高于120mm，即料浆过稀，当然成型也较困难。

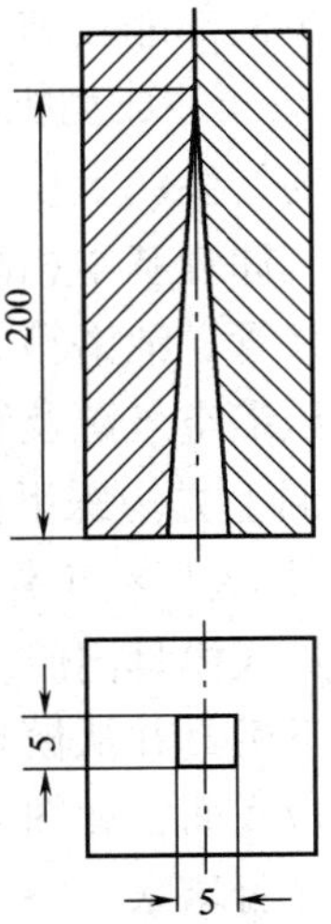

图4－2　测定可铸性模具

3. 收缩率

收缩率是指蜡浆由熔化的液体状态冷却凝固时，会有体积收缩。其收缩的大小与粉料和石蜡的膨胀系数、粉料的颗粒大小、粒形、级配、蜡浆中黏结剂的配合比以及成型温度有关。料浆在模腔中凝固时的体积收缩称为冷收缩，一般约为1%。

(三) 热压注成型

热压注成型的主要过程是将配制好的料浆蜡板放置在热压注机筒内，加热至一定温度熔化，在压缩空气的驱动下，将筒内的料浆通过吸注口压入模腔。根据产品的形状和大小保持一定时间后，去掉压力，料浆在模腔中冷却成型，然后脱模，取出坯体，有的还可进行加工处理。

1. 热压注成型过程的影响因素

(1) 蜡浆温度　在一定温度范围内蜡浆温度升高则浆料黏度降低，可使坯体颗粒排列致密，减少坯内缩孔。蜡浆温度过高则坯体体积收缩加大，表面容易出现凹坑。蜡浆温度和坯体大小、形状、厚度有关。形状复杂、大型的、薄壁的坯体要用温度高一些的浆料进行压注，一般蜡浆温度控制在65~85℃。

(2) 模型温度　模型温度决定坯体冷却凝固的速度和质量。模型温度也和坯体形状、厚度有关系。形状简单和厚壁坯体压铸时，模型温度要低些；形状复杂和薄壁坯体压铸时，模型温度要高些。使用有许多零件插入的模型时，模型温度要高些。但升高模型温度会降低坯体致密度和增多内部气孔。一般模型温度在20~30℃。生产上一般用两副模型轮换压铸，一副模型在压铸，另一副模型放在冰块上冷却。

(3) 压力制度　压力大小影响进浆速度。压力大小取决于蜡浆的黏度和流动性。采用黏度大的蜡浆和成型薄或大件坯体时，压力应加大。提高压力会降低坯体冷却时的收缩率，增大颗粒排列的致密度，减少缩孔。生产上常用的成型压力为0.3~0.5MPa。

加压持续时间除使蜡浆充满模型外，还可弥补坯体冷凝时发生的体积收缩，并使坯体充分凝固硬化。保压时间同样和坯体的形状有关，小型坯体在0.3~0.4MPa下维持5~15s，大型坯体在0.4~0.5MPa下保压1min左右，这样可使坯体收缩时得到蜡浆补充，减少内部缩孔和总收缩。

2. 热压注成型机械

目前，生产上使用的热压注机，一般有两种类型：一种是手动式，另一种是自动式，但其原理基本相同。图4-3为常用的手工操作热压注浆机结构原理图，它包括浆桶、注浆管、油浴箱、电加热装置、气动压紧模具装置、蜡浆自动控温装置、工作台和机架、压缩空气源及管路和气阀、模具等。操作时，先将模具6放在工作台13上的注浆管2的上方。踩下脚踏板15，压缩空气进入气缸8的上部，通过隔膜传力给压紧头7，将模具紧压在工作台上。与此同时，压缩空气也进入浆桶4的上部，迫使料浆经注浆管2进入模具内腔。待料浆冷却固化后，松开脚踏板，去掉浆桶内的压力和压紧力，然后取下模具并从模具中取出坯体，接着再把模具放回工作台，进行下一次压注。

机板底面，如图4-4所示，装着浆桶和注浆管，出浆口附近装设电热丝是为了防止蜡浆冷凝堵塞，一旁开手孔，作为加料饼口和料浆清理之用，直径略大于10cm，上有密封盖，工作时应盖严。热压注浆模具一般用合金钢制成，通常作成上下开合的两个半模，两半模间的空腔就是制品的形状。尺寸较大的模具，上下模分别开有通入冷却空气的夹层，以加速坯件的冷却凝固过程，提高生产率。模具的压紧用气动，靠弹簧复位。压头通过升降丝杆调节高度，以适应不同高度模具的需要。蜡浆的温度自动控制由点接触温度计、继电器、电热丝组成。油浴的目的是使加热均匀。料浆温度一般为60～85℃。

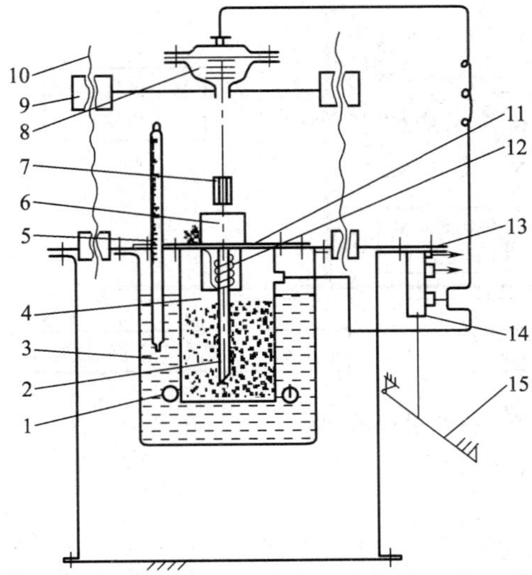

图4－3　热压注浆机结构原理图

1—电加热装置　2—注浆管　3—油浴箱　4—浆桶　5—点接触温度计　6—模具　7—压紧头　8—气缸　9—升降架　10—升降丝杆　11—机板　12—出浆口电热装置　13—工作台　14—气阀　15—脚踏板

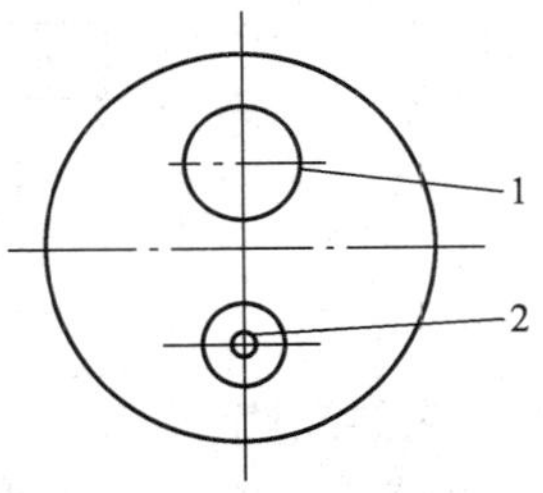

图4－4　热压注浆机机板

1—手孔　2—出浆口

压缩空气的压力为0.3～0.5MPa，与制品的大小、料浆温度等因素有关。从理论上说，进入气缸的空气应优先于进入料桶的空气，以防模具尚未压紧就开始注浆，导致料浆飞溅出来。所以有些热压注浆机设计了两个气阀，先踩通往气缸的气阀，等压头将模具压紧之后再踩通往料桶的气阀进行注浆。其实，由于压缩空气到气缸比到料桶的波折少，并且两者的横截面积相差很大，一般不会发生料浆飞溅现象，故只要使用一个气阀和一个三通接头就行了。

（四）高温排蜡

热压注形成的坯体在烧成之前，先要经排蜡处理。否则由于石蜡在高温熔化流失、挥发、燃烧，坯体将失去黏结而解体，不能保持其形状。排蜡是将坯体埋入疏松、惰性的保护粉料之中，这种保护粉料又称为吸附剂，它在高温下稳定，又不易与坯体黏结，一般采用锻烧的工业 Al_2O_3 粉料。在升温过程中，石蜡虽然会熔化、扩散，但有吸附剂支持着坯体。当温度继续升高，石蜡挥发、燃烧完全，而坯体中粉料之间也有一定的烧结出现。

此时，坯体与吸附剂之间既不发生反应，又不发生黏结，而且坯体具有一定的强度。通常排蜡温度为900～1100℃，视坯体性质而定。若温度太低，粉料之间无一定的烧结出现，不具有一定的机械强度，坯体松散，无法进行后续的工序；若温度偏高，直至完全烧结，则会出现严重的黏结，难以清理坯体的表面。排蜡后的坯体要清理表面的吸附剂，然后再进行烧结。排蜡过程见图4－5。

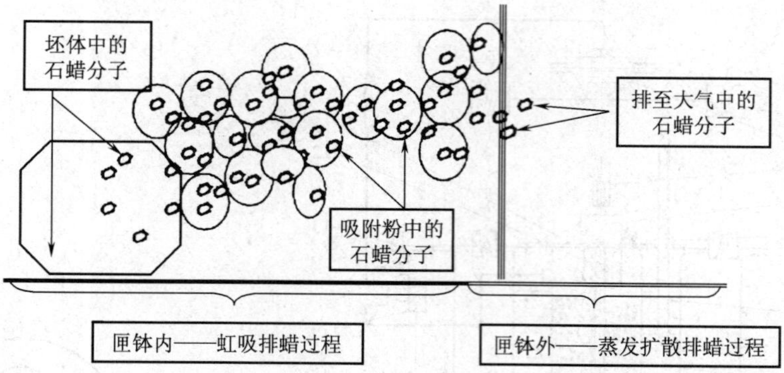

图4－5　排蜡过程示意图

（五）主要缺陷

热压注成型工艺的缺陷主要有以下几种：

1. 欠注

欠注即模具内未注满蜡浆，压出的产品不完整。形成欠注的原因如下：

（1）蜡浆的黏度大，流动性差　蜡浆的黏度和流动性与原料的含水量、石蜡和表面活性物质的加入量、原料的颗粒度、蜡浆搅拌方式和搅拌时间、成型时蜡浆的温度等有关。拌蜡前原料必须充分干燥，尽可能地减少水分，否则会使蜡浆的流动性变差。石蜡和表面活性物质如加入量不足，则蜡浆的流动性差，当然上述加入物的量也不能太多，否则会影响产品质量。原料的颗粒度如过小，则其比表面积就大，结果蜡浆黏度大，流动性差。因此在选料及球磨时要注意控制原料的颗粒度。制备蜡浆时如用手工搅拌，则蜡浆中的空气不易排除，黏度大，流动性差。如用机械搅拌，则搅拌均匀，空气得到较好排除，蜡浆黏度较小，流动性较好。拌蜡时如搅拌时间过短，石蜡及表面活性物质和原料混合不够均匀，空气不能完全排除，则蜡浆的黏度大，流动性差。因此拌蜡时必须有足够的搅拌时间。另外，成型时蜡浆温度过低也是造成蜡浆黏度大、流动性差的一个原因。

（2）注浆口温度过高或过低　注浆口温度过高，则坯体冷却后收缩过大，会造成欠注；注浆口温度过低，则会使蜡浆的黏度增大，流动性变差，从而使浆料不能注满整个模具而造成欠注。

（3）压力和注浆时间不够　压力的大小决定着浆料在模中的填充速度，也决定着浆料在模中冷却收缩时的补偿能力。压力太小，则浆料在模中的填充速度慢，就会造成注入模中的浆料不够而造成欠注。当然压力也不能太大，否则会造成浆料的填充过快，可能产生涡流，从而把空气带进注浆内，使坯体中出现气孔。因此必须选择合适的成型压力。加压持续的时间，除了使浆料充满模型外，还为了补充坯体冷凝时发生的体积收缩，并使坯体充分凝固化。如注浆时间不够，则可造成浆料未能充满整个模型，或坯体冷凝时发生的体积收缩未能得到完全补偿而出现欠注现象。因此，成型时必须保证足够的注浆时间。

（4）模具中气体未完全排出　模具中气体未完全排出会造成浆料不能注满整个模具而出现欠注现象。因此成型时要设法将模具中的气体充分排除。

2. 凹坑

产生凹坑的主要原因有：浆料和模具温度过高，使坯体冷却时收缩增大，从而造成坯体表面出现凹坑；脱模过早，在坯体还未完全凝固时即脱模而造成坯体表面出现凹坑；另外，模具进浆口太小或位置不合理，影响浆料的注入，使坯体冷凝时发生的体积收缩未能得到充分补偿而造成凹坑。改进措施是掌握好浆料和模具温度及脱模时间，选择合适的进浆口尺寸和位置。

3. 皱纹

浆料的性能不好，黏度大，流动性差，或者浆料和模具的温度过低而影响浆料的流动性，这些都会使浆料不能充满模具，坯体冷却后表面出现皱纹。另外，成型时模具内空气未排干净也会引起皱纹。

4. 气泡

产生气泡的主要原因有：拌蜡时搅拌不均匀或搅拌时间不够，浆料中的空气未能排除干净，使坯体中出现气泡；浆料流动性过大或压力过大，使浆料的填充过快而产生涡流，从而把空气带进料浆内，使坯体中出现气泡；另外模具设计不合理而影响模具内空气的排除也会出现气泡。改进措施是：拌蜡时充分排除浆料中的空气，控制好石蜡及表面活性物质的加入量，防止加入过多引起浆料流动性过大，选择合适的成型压力，设计合理的模具。

5. 变形与开裂

模具温度过高或脱模过早，即在坯体未完全凝固时脱模均会产生变形。模具已冷、脱模过晚或模具注浆口无斜度都会造成开裂。另外，模具温度过低、坯体冷却速度过快，则注模型芯会阻止坯体收缩而产生开裂。解决的办法是掌握好模具温度和脱模时间，模具注浆口要有一定的斜度。

知识点二　挤 压 成 型

挤压成型一般是将真空练制的泥料，放入挤制机内，这种挤制机一头可以对泥料施加压力，另一头装有挤嘴即成型模具，通过更换挤嘴，能挤出各种形状的坯体，也有将挤嘴直接安装在真空练泥机上，成为真空练泥挤压机，挤出的制品性能良好。

挤压成型适合挤制棒状、管状（外形可以是圆形或多角形，但上下尺寸大小一致）的坯体，待干燥后，可以再切割成所需长度的制品。一般常用挤制直径为1～30mm的管、棒等材料，壁厚可小至0.2mm左右。随着粉料质量和泥料可塑性的提高，也用来挤制长100～200mm、厚0.2～3mm片状坯膜，半干后再冲制成不同形状的片状制品，或用来挤制蜂窝状或筛格式穿孔瓷制品。

挤压成型法污染小，操作易于自动化，可连续生产，效率高，适合管状、棒状产品的批量生产。但挤嘴结构复杂，加工精度要求高。此外，由于溶剂和黏结剂较多，因此坯体在干燥和烧成时收缩较大，性能受到影响。

（一）挤压成型的工艺过程

挤压成型的关键工艺是泥料制备。挤压法成型一般要求粉料的细度较细，外形圆润，以长时间小球石球磨的粉料为好，另外在粉料中加入溶剂、增塑剂、黏结剂等添加剂以改善泥料的性能，但用量要适当。同时必须使泥料高度均匀，否则挤压的坯体质量不好。

在传统陶瓷的生产过程中，因为坯料中含有一定量的黏土，其本身就具有可塑性，所以不用另加塑化剂。在特种陶瓷的生产中，除了少数品种用的坯料含有少量黏土外，其余几乎都是采用化工原料，这些原料都是瘠性料，没有可塑性，因此，成型之前要对坯料进行塑化。

所谓塑化是指在坯料中加入塑化剂使坯料具有可塑性的过程。可塑性是指坯料在外力作用下发生变形并不开裂，撤去外力后不再恢复原状的性能。塑化剂是指可使瘠性坯料具有可塑性的物质。塑化剂一般有无机塑化剂和有机塑化剂两大类。

无机塑化剂在传统陶瓷中主要指黏土物质，其塑化机理是加水后形成带电的黏土－水系统，使黏土具有可塑性和悬浮性。有机塑化剂一般也是水溶性的，是亲水的，也是极性的。因此，这种分子在水溶液中能形成水化膜，对坯料表面有活性作用，能被坯料粒子表面吸附，而且分子上的水化膜也一起被吸附在坯料粒子表面上，所以在瘠性粒子的表面，既有一层水化膜又有一层黏性很强的有机高分子物质。这种高分子物质是可卷曲的线性分子，所以能将松散的瘠性粒子黏结在一起，又由于瘠性粒子表面水化膜的作用，使其具有流动性，从而使坯料具有可塑性。

生产中使用的塑化剂一般由三种物质组成，即黏结剂、增塑剂和溶剂。

黏结剂可以是亲水的，也可以是憎水的。均要求溶解（或融化）成液态时有较高的黏结能力。这类黏结剂中有的是天然产物（如淀粉、阿拉伯树胶、桐油、石蜡等），有的是合成产物［如聚乙烯醇（PVA）、羧甲基纤维素（CMC）、羧甲基纤维素钠盐、酚醛树脂等］。它们可用于压制成型及多种可塑成型（挤制、热压注、注射、轧膜等），还可用于浇注成型（包括流延法）。从使用角度来说，挤制成型要求用黏度中等的黏结剂如淀粉、糊精、甲基纤维素、羟乙基纤维素等。

增塑剂一般用来溶解有机黏结剂和湿润坯料颗粒，在颗粒之间形成液态间层，提高坯料的可塑性。增塑剂分为有机增塑剂和无机增塑剂两类。有机增塑剂通常有甘油、邻苯二甲酸二丁酯、草酸、己酸三甘醇等；无机增塑剂通常有水玻璃、黏土、磷酸铝等。常用的增塑剂多数为有机的醇类或脂类。

溶剂能溶解黏结剂、增塑剂并能和坯料组成胶状物质，溶剂的分子结构和它们相似或有相同的官能团。常用溶剂为水及有机醇、无水酒精、丙酮、苯、醋酸乙酯或汽油等。

（二）挤压成型主要缺陷

挤压成型易出现的缺陷见表4－1。

表4－1　挤压成型的主要缺陷

缺陷的种类	产生的原因
气孔	塑化剂产生的气体排除不尽
裂纹	混料不均匀
弯曲变形	水分过多或坯料组成不均匀
管壁厚度不一致	型芯与机嘴不同心
表面不光滑	挤压压力不稳定，坯料塑性较差或颗粒定向排列

（三）挤压成型机械

挤压成型机械的工作原理是：将经过真空练泥的塑性泥料置于挤压机的筒体内，靠螺旋轴或活塞给予相当大的挤压力，泥料便从机嘴模具“挤压”出而获得一定形状的坯体。实心体的机嘴模具较简单，空心管状制品的机嘴模具带有型芯（称为中针），如图4－6所示。为使管壁厚薄均匀，中针一定要装正，并需要带有调节装置。

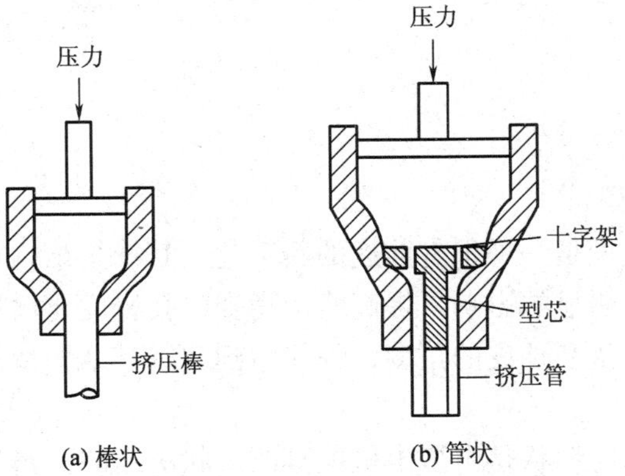

图4－6　棒和管材的挤压成型结构示意图

挤压成型机的构造，按受压方式，可分为螺旋式挤压机和活塞式挤压机两大类。螺旋式挤压机，可以连续加料、出坯，螺旋叶片的推力大，作用面多，但泥质不够均匀；活塞式挤压机的工作为间歇式，挤出的泥质较均匀。

按挤嘴的布置形式来分，挤压成型机有卧式（水平式）和立式两种，其基本结构如图4－7、图4－8所示。挤压机的选用取决于混料的性质、制品的形状和尺寸的大小。通常，空心管件制品选用立式挤压机；板状、瓦状制品则用卧式挤压机。某高压真空挤压机的型号规格列于表4－2。

表4－2　　高压真空挤压机的型号规格

机型		MV－FM－A－1型	MV－FM－A－1型	MV－310－A－1型
挤压成型能力/（L/h）		100～150	500～1500	2000～4000
功率/kW	上段	2.2	11	11
	下段	7.5	22	37
真空泵		60L/min，0.4kW	350L/min，0.75kW	500L/min，2.2kW
水泵		10L/min，65W，2台	18L/min，100W，2台	40L/min，400W

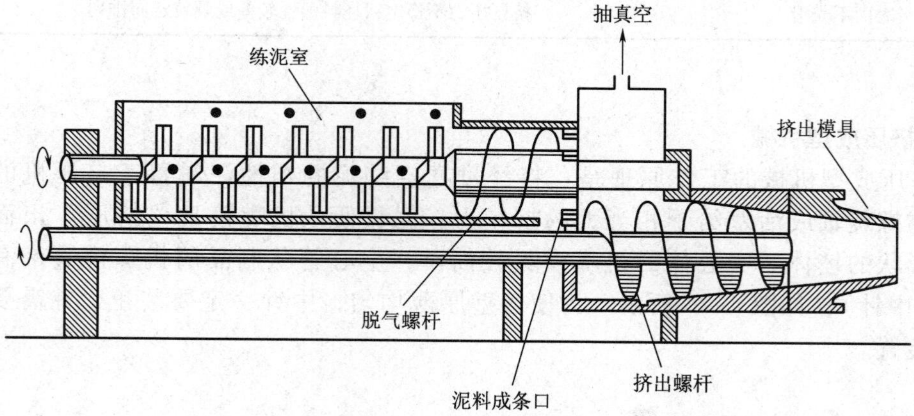

图4－7　卧式挤出机

（四）蜂窝陶瓷挤压成型

蜂窝陶瓷的挤压成型是一项很有前途的新工艺。其蜂巢结构对制品的机械强度、使用寿命和比表面积等有明显的影响。提高蜂窝陶瓷的孔密度、增加蜂窝体外皮厚度或增加外边孔壁厚或改变孔壁和外皮的角度，都能达到改进其结构特性、提高强度、延长使用寿命的目的。

蜂窝陶瓷的蜂巢结构形状是由挤出机模具的形状决定的，挤出模具如图4－9所示。模具一般使用45#钢或模具钢制造，钢板厚13～16mm。通常模具外径比其有效挤出直径大20～30mm。进泥孔深度为6～10mm。以正方形蜂窝结构为例，其线切割深度为

3～10mm，线切割缝宽（即为制品的壁厚）一般为0.2～0.5mm，进泥圆孔面积与十字出泥孔面积的比例应以（1.1～1.2）:1为宜，打孔深度与挂块长度之比应为（2～1.5）:1，否则易脱落。对于大孔制品，1个送泥孔供应1个蜂巢泥料；对于小孔制品，1个送泥孔可供约1.25个蜂巢泥料。

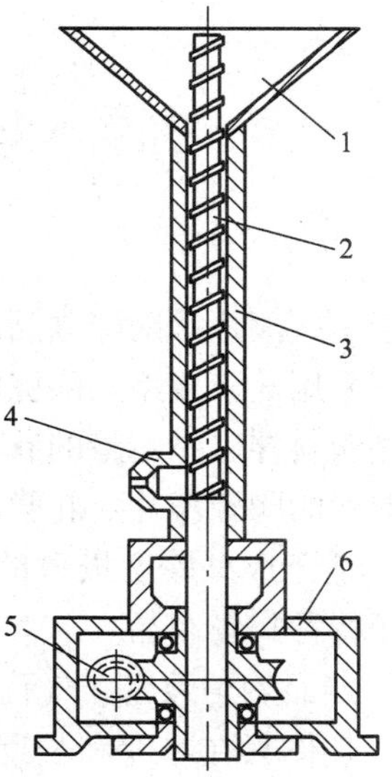

图4－8　螺旋立式挤出机
1—料斗　2—螺杆　3—机筒　4—机头
5—传动装置　6—机座

蜂窝陶瓷挤压成型过程中需要注意以下问题：

（1）蜂窝陶瓷成型所用泥料必须经过真空炼制，泥料要均匀密实，内部无气泡。这是因为成型机料筒抽真空只能将泥段与料筒之间的空气抽去，不能将泥段内部的空气抽掉。

（2）泥段在装填方便的情况下，泥段直径与料筒直径越接近越好，这样可减少料筒在装填泥段时混入空气。泥段直径不小于料筒直径10mm时挤制质量较好，真空练泥质量好的泥段，其直径接近料筒直径，即使成型时不抽真空也可以成型出较满意的蜂窝陶瓷。

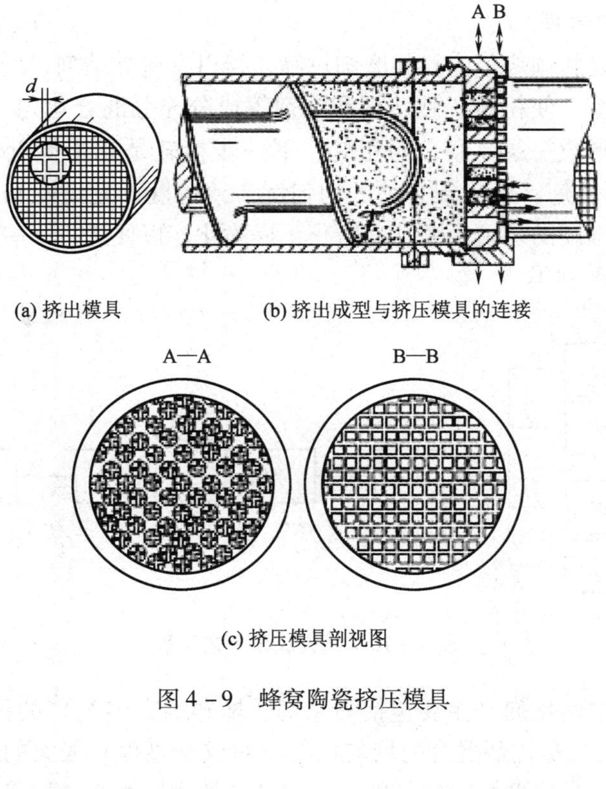

(a) 挤出模具　(b) 挤出成型与挤压模具的连接

(c) 挤压模具剖视图

图4－9　蜂窝陶瓷挤压模具

知识点三　轧膜成型

由于一些薄片状陶瓷制品的厚度一般在1mm以下，因此干压成型不能满足这个要求而广泛采用轧膜成型。陶瓷的轧膜成型是从橡胶和塑料工业移植来的，主要是将准备好的陶瓷粉料拌以一定量的有机黏结剂和溶剂，通过粗轧和精轧成膜片后再冲，从而形成所需形状的陶瓷薄片。轧膜成型的主要特点：

（1）适于成型厚度极薄的片状电子陶瓷元器件，如晶体管底座、电容器、厚膜电路基板等特种陶瓷制品。

（2）产品均匀致密、气孔少、生产效率高，适于成批生产。

（3）坯体只在厚度和长度方向受到碾压，在宽度方向缺乏足够的压力，导致坯体在烧成时收缩不一致，使制品出现开裂、变形等缺陷。

（4）冲片多余的边角料较多，虽能回收，但难免浪费。

绝大多数化工原料和合成原料没有可塑性，因此要在粉料中需要添加一定数量的塑化剂，配成可塑性泥团。此外，由于轧膜成型时不必形成液体浆料，避免了繁杂的陶瓷悬浮体制备过程，特别是在多成分的材料体系中，极易得到高质量的陶瓷薄片生坯。

（一）轧膜成型工艺过程

轧膜成型通常是将预烧过的粉料磨细过筛，拌以有机黏结剂、增塑剂和溶剂，置于两辊轴之间进行混炼，使粉料、黏结剂和溶剂等成分充分混合均匀。伴随着热风干燥，使溶剂逐步挥发，形成一层厚膜，叫粗轧。下一步精轧是逐步调近轧辊间距，多次折叠，90°转向，反复轧炼，以达到必须的均匀度、致密度、光洁度和厚度为止。轧好的坯片宜在保持一定湿度的环境中贮存，防止干燥脆化，以便进行下一步冲切工艺。轧膜成型工艺流程见图4－10。

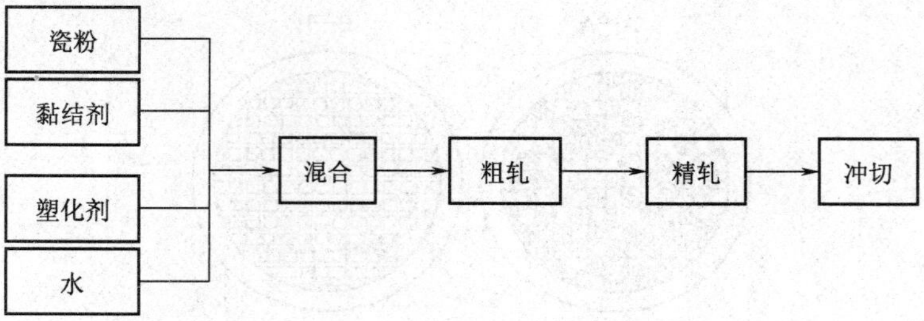

图4－10　轧膜成型工艺流程

轧膜成型过程中塑化剂（主要包括黏结剂、增塑剂、溶剂）的种类、浓度与用量、浆料的pH以及粉料与塑化剂混合的均匀程度都对成型过程有很大的影响。通过控制这些影响因素，可以提高成型坯片的强度、均匀度、致密度和光洁度等。

1. 黏结剂

黏结剂是指一些有机物质的溶液，常温下能将坯料颗粒黏结在一起，使坯料具有成型性能，烧成时它们会氧化、分解和挥发。轧膜成型要求黏结剂有足够好的黏结力，较好的成膜性能（良好的延展性和韧性），弹性和脆性都不能过大，否则不易成膜或坯体强度低。此外，要求黏结剂不与坯料颗粒发生化学反应，烧后灰分少、无毒性。

2. 增塑剂

所谓塑性良好的料团，通常必须包括具有足够的黏结性和良好的流动能力，这才能使料团具有良好的成型性能并且成型后具有足够的机械强度。通常加入黏结剂之后，特别是加入合适的有机黏结剂之后，黏结能力和机械强度方面是容易达到的，但是往往都会由于黏性过大，而使流动性和成型能力方面得不到满足。这时如果采用增加稀释溶液的方法来解决问题是不行的。因为这样做，黏结性、机械强度都会降低，气孔率、收缩性都会加大。解决这个问题的有效办法，就是加添增塑剂。

研究发现，在合适的黏结剂浓度下，加有甘油的料团，在轧膜成型过程中坯料的亲润性好，膜的延展性、韧性高，膜坯不易开裂，且轧制后坯片的强度、均匀度、致密度、光洁度都较好。由于甘油有很强的吸湿性，对瓷料有保湿作用。当天气干燥时，适量加入甘油，还可以延长轧膜成型的时间。但是甘油的用量也不宜过多，否则过量甘油会大大减弱分子相互之间的吸引力，使黏结剂受力变形后，容易出现弹性收缩和破裂、坯料可塑性变差的问题。一般甘油用量为坯料质量的4% ~5%为宜。由于甘油在常温下极易挥发，轧制过程中甘油几乎都已挥发掉，基本对烧成后瓷片的电性能没有影响。

3. 溶剂

溶剂能溶解黏结剂、增塑剂，并且和粉粒组成胶态物质。轧膜用的溶剂应根据黏结剂和增塑剂的性质来选择。坯料中含有机溶剂时，轧膜过程中溶剂挥发坯料会变硬，所以轧膜时间要求短，而且要加强通风，以免溶剂挥发影响人体健康。常用的溶剂为水、无水酒精、丙酮、甲苯、醋酸乙酯等。

轧膜用塑化剂的典型配方见表4－3。

表4－3　轧膜成型用塑化剂的配比

坯　料	聚乙烯醇水溶液		聚乙烯醇	乙醇	甘油	聚醋酸乙烯酯	甲苯	蒸馏水	塑化剂用量/%
	浓度/%	用量/%							
高介电电容器	15	35			3% ~5%				
压电陶瓷	15	18			2%				
滤波器	15	24			2%				
含钛坯料	18	30 ~35			4.8%				
独石电容器				2份	3%	5份	8份		30
锡酸钙瓷				2份	4.5%	5份	8份		38
氧化铝瓷			200g	60g	75g			660mL	28 ~30
压电瓷料			900g	480g	240g			4000mL	18 ~20

（二）轧膜成型主要缺陷

轧膜成型坯体的主要缺陷见表4－4。

表4－4　轧膜成型坯体主要缺陷

缺陷的种类	产生的原因
气泡	粗轧时夹杂有空气未排出；粉料水分较多；轧膜次数不够；加入的表面活性物质未排出
厚度不均	调整轧辊开度不精确；轧辊磨损或变形
无法成膜	粉料游离氧化物多；选择的黏结剂不恰当

（三）轧膜成型机械

轧膜成型使用的轧膜机主要由电机、皮带－蜗杆传动装置、联轴器组成的驱动部分、前后轧辊、轧辊齿轮、可移式轴承组成的轧膜工作部分以及台式机架、轧刀等构成，如图4－11所示。

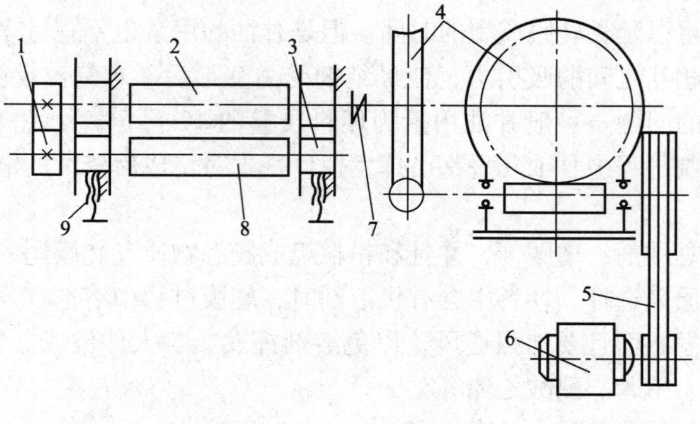

图4－11　轧膜机

1—齿轮传动　2—后轧辊　3—可移式轴承　4—蜗杆传动　5—V带传动　6—电机　7—联轴器　8—前轧辊　9—调节螺旋

两根轧辊是关键性的工作部件，为了轧得光滑而均匀的膜片须满足如下条件：

（1）工作面的线速相同。

（2）轧辊有足够的强度、刚度、表面光洁度、硬度和几何精度。

（3）轧辊不能污染材料。

（4）两辊的间距（又称开度）能精密调节。

当轧膜机两个相向滚动的轧辊转动时，如图4－12所示，置于轧辊之间的可塑性料团不断受到挤压，使瓷料中的每个粒子都均匀地覆盖上一薄层有机黏结剂，同时在轧辊连续不停的挤压下，泥料中的气泡不断地被排除，最后轧出所需厚度的薄片和薄膜，再由冲片机冲出一定形状的坯件。

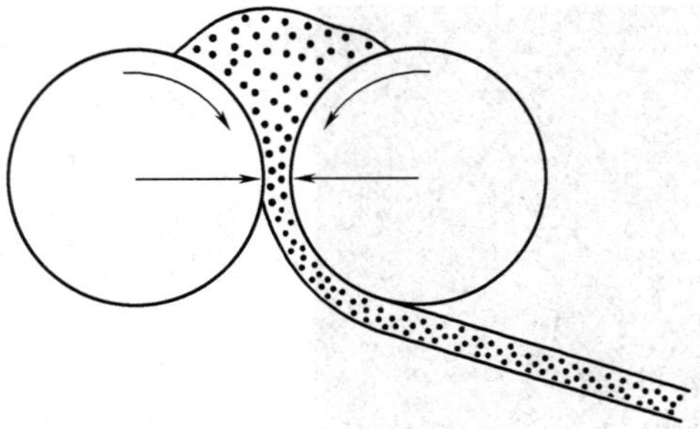

图 4－12　轧辊工作示意图

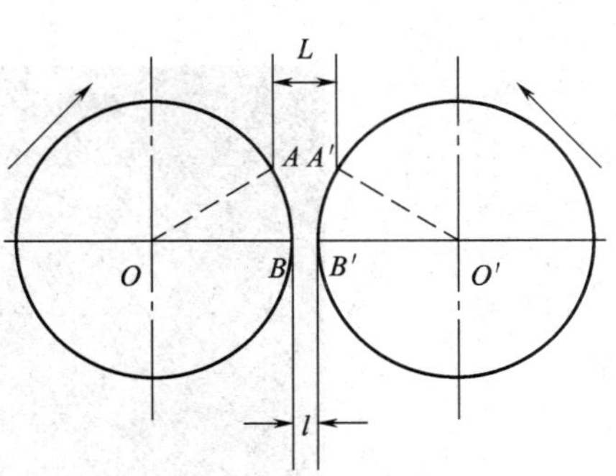

图 4－13　轧膜过程中坯料受力部位

轧膜过程中，坯料在轧辊上碾压时，在不同部位所受到的应力和产生的变形是不同的。如图 4－13 所示，入轧辊前膜片厚度为 L，轧辊的开度为 l。当膜片随轧辊转动到 A、A'点时，坯料开始受到径向的应力作用，经过 A 及 A'点以后，应力逐渐增大，到 B 及 B'点后，坯料所受的应力迅速降低到零。将坯料受到的应力及其变形对应于坯料的位置或轧膜的时间作图，得到图 4－14。在变形的曲线图中的 Aa 段相当于坯料处于 A 或 A'点；Bb 段相当于坯料处于 B 或 B'点。bc 说明膜片离开轧辊后的回弹现象，体积又略有增大。若轧辊的开度较大，则膜片各部受到的应力不同，变形也有差别。膜片的变形大，密度也大。

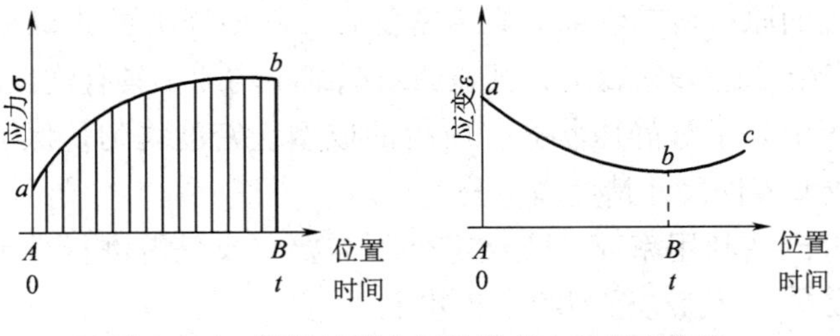

图 4－14　轧膜过程中坯料的应力与应变曲线

知识点四　注 射 成 型

1878 年，注射成型首先被用于塑料的成型和金属模的浇注。陶瓷注射成型技术便是在该技术的基础上移植过来的，首次报道见于 1937 年火花塞绝缘子的制造。德国在 1939 年、美国在 1948 年先后将其用于陶瓷制品的成型，日本也于 1960 年采用这种工艺成型氧化铝陶瓷，在 20 世纪 70 年代末，由于石油能源危机的出现，伴随着陶瓷发动机的制造，注射成型技术不断发展。注射成型氧化锆产品如图 4－15 所示。

陶瓷注射成型是一种适用于制备精密陶瓷的新技术，这种方法具有很多特殊的技术

图 4－15　注射成型氧化锆产品

优势和工艺优势。与传统陶瓷成型技术相比，可制备体积小、形状复杂、尺寸精度高的异形件，而且由于流动充模，使生坯密度均匀，产品烧结性能优越。此外，由于注射成型是一种近净成型工艺，不需后续加工或只需微量加工，尺寸精度高，特别是对于具有耐高温、高强度、高硬度、抗腐蚀、高温蠕变小、性能优异的氮化硅、碳化硅、氧化铝、氧化锆等高温结构陶瓷，陶瓷注射成型技术显得尤为重要。陶瓷注射成型工艺的主要优势体现在以下方面：

（1）具有优越的成型能力，能生产形状复杂的精密零件。

（2）由于采用的原料粉末较细，烧结密度高，固相烧结可获得 95% 以上的相对理论密度，而液相烧结可达 99% 以上，其显微组织细小均匀，具有优良的力学性能。

（3）注射过程中处于等静压状态，所得的成型坯密度均匀，保证了烧结的均匀收缩。因此，注射成型零件尺寸精度高，公差小。

（4）注射成型产品利用率高，烧结零件不需要，或只需进行少量后续的机加工处理，降低了生产成本，可获得较高的生产效率。

近几年，注射成型技术的发展为亚微米级陶瓷异型件的制备开辟了一条新的途径，陶瓷注射成型技术在高精度和高附加值的新产品制造上显示出无比强大的生命力，如光纤通信上光纤连接器用的陶瓷插针（外径 1.25mm，内孔仅 125um，长 10mm），目前只有采用注射成型技术才能制造。另外，越来越多的生物陶瓷产品，如陶瓷牙齿、种植牙陶瓷螺杆等，这些产品尺寸小、形状复杂、要求精度高，也只能采用注射成型技术才能满足要求。此外在半导体、汽车、电子、高档钟表和国防等领域的许多精密陶瓷零部件也都采用精密注射成型技术制造。

（一）注射成型工艺过程

注射成型是陶瓷粉料与热塑性有机载体相配比、混合，造粒后，加入注射机中注射进模具型腔，经填充、保压、冷却和脱模等过程得到所要求的坯体。再将其置于排塑炉内，缓慢加热加压，排除有机载体（即排塑），获得陶瓷坯体。

1. 坯料的制备

注射成型采用的坯料不含水，它是由陶瓷瘠性粉料和黏结剂、润滑剂、增塑剂等有机物组成。其中，黏结剂的选择是陶瓷注射成型技术的核心，它使粉末均匀装填成所需要形状并且使这种形状一直保持到烧结开始。黏结剂的类型、组成直接影响喂料的流动性、模腔充填性、粉末装载量的高低、注射坯的强度、注射坯的质量、黏结剂脱除等。目前，常见的黏结剂有蜡基、聚乙二醇基和聚甲醛基黏结剂体系。

陶瓷注射成型对黏结剂的要求主要有以下几点：

（1）使喂料具有良好的流动性，以满足无缺陷的充模过程。流动性的好坏与黏结剂分子量的大小和分布有关，一般低相对分子质量的黏结剂黏度较低，流动性好，而高相对分子质量黏结剂黏度较高，流动性较差。

（2）黏结剂与陶瓷粉体的润湿角要小，对粉体有较好的黏附性并且黏结剂与粉体之间不发生化学反应。

（3）黏结剂应有相互溶解的多组分有机物构成。多组分有机物比单一组分的黏结剂更容易满足注射成型料的流动性要求，更重要的是，多组分有机物构成的黏结剂对脱脂更为有利。

（4）黏结剂有较高的导热性和较低的热膨胀系数，这样可以减少热量集中与热冲击所引起的缺陷。

（5）黏结剂与分散剂和增塑剂之间的相容性良好。

（6）黏结剂还必须无毒害，不污染环境，不挥发，不吸潮，价格低，易获取，贮藏寿命长，循环加热不变质，可重复使用。

坯料的制备过程是：将上述组分按一定配比加热混合，干燥固化后进行粉碎造粒，得到可以塑化的粒状坯料。坯料中有机物的含量直接影响坯料的成型性能及烧结收缩性能。提高有机物含量，可使成型性能得到改善，但会使烧成收缩增大。为提高制品的精确度，应尽量减少有机物使用量。但为使坯料具有足有的流动性，必须使粉末粒子完全被树脂包裹住。通常有机物含量在20%～30%，特殊的可高达50%左右。

2. 成型过程

陶瓷注射成型是借助高分子聚合物在高温下熔融、低温下凝固的特性来进行成型的。陶瓷注射成型常使用多模腔模具，再加上模腔使用时的磨损不一，所以控制和优化注射温度、模具温度、注射压力、保压时间、注射量等参数对减少生坯重量波动，提高产品成功率至关重要。除了上述的因素之外，模具的设计与注射充模的动态过程直接相关，不合理的模具设计将会使熔体湍流流动，导致坯体的不均一性，且模具内壁的光滑程度对坯体也有一定的影响。

我们把一个注射成型过程称之为一个工作循环，而该循环由合模算起，依次为注射、保压、冷却、开模、顶出制品。具体为：

（1）合模　合模油缸中的压力油推动合模机构动作，移动模板使模具闭合。坯料投入成型机，加热圆筒使坯料塑化。

（2）注射　注射座前移，注射油缸充入压力油，喷嘴与模具相连，使油缸活塞带动螺杆按要求的压力和速度将熔料注入到模腔内。

(3) 保压　当熔料充满模腔后，螺杆仍对熔料保持一定的压力，即所谓进行保压，以防止模腔中熔料的反流，并向模腔内补充因制品冷却收缩所需要的物料。

(4) 冷却定型　模腔中的熔料经过冷却，由黏流态回复到玻璃态，从而定型，获得一定的尺寸精度和表面光洁度。

(5) 顶出制品　当完全冷却定型后模具打开。在顶出机构的作用下，将制件脱出，从而完成一个注射成型过程。

3. 脱脂

脱脂是通过加热或其他物理方法将成型体内的有机物排除并产生少量烧结的过程。与配料、成型、烧结及陶瓷部件的后加工过程相比，脱脂是注射成型中最困难和最重要的因素。目前脱脂方式大致分为热降解脱脂、氧化降解脱脂、催化脱脂、蒸发或升华脱脂、溶剂萃取脱脂、超临界流体脱脂等。

陶瓷注射成型常用的脱脂方法是热脱脂。由于注射成型要求添加黏结剂较多（一般体积分数为30% ~50%），急剧的升温会引起开裂或气孔，必须加以避免。所以开始升温速率很慢，等一些小分子被移除后，留在坯体中很多的空隙，再把升温速率加快，这样才不会造成很多缺陷，一般时间几十个小时。脱脂后的坯体强度特别低，且一般都残留百分之几的碳化物，需采用氧化气氛烧成。

注射成型和热压注成型有很多类似之处，如两者都经瘠性料与有机添加剂混合、成型、脱脂（排蜡）三个主要工序，两者都是在一定的温度和压力下进行成型的。不同的是，热压注用的浆料须在浇注前加温制成可以流动的蜡浆，而注射成型用的是粒状的干粉料，成型时将粉料填入缸筒内加热至塑性状态，在注入模具的瞬间，由于高温和高压的作用，坯料呈流动状态，充满模具的空间；此外，热压注成型压力为0.3 ~0.5MPa，注塑成型则高得多，一般为130MPa。

(二) 注射成型主要缺陷

由于注射工艺参数的选择不当，在注射成型过程中容易产生缺陷，如欠注、断裂、孔洞、熔合线、飞边等，具体见表4-5所示。

表4-5　轧膜成型坯体主要缺陷

缺陷种类	产生的原因
欠注	欠注指喂料在充模过程中不能充满整个模腔。一般在刚开始注射时产生，可能是由于喂料温度没有均匀化或模具温度过低、加料量不足、喂料黏度过高等因素引起的
脆断	与黏结剂与粉体发生相分离、黏结剂冷却强度太低或者粉末、黏结剂配比不合理的因素有关，致使坯体的强度降低
孔洞	由于注射时靠近模壁的注射坯体表面固化，而中间部分仍为熔体，与冷却温度及坯料性能有关
飞边	通过调整模板位置增加锁模力以及每次注射完成后认真仔细清除模板上的杂物，可以避免飞边的产生，喂料的温度高流动性好也会产生飞边，所以适当降低注射温度也可以避免飞边
熔接痕	如模具温度过低、射嘴温度过低、注射速度太慢、注射压力太低等。为避免熔接痕的产生，采取的措施有提高模具温度、提高射嘴温度、增快注射速度、提高注射压力等

（三）注射成型机械

注射成型机一般由注射机构、合模机构、油压机构及电子、电气控制机构所组成。注射成型机的形式因塑化机构内部结构不同有两种，一种是柱塞式，另一种是液压螺杆式，后者性能较为优越。按压力大小分则有高压注射成型机（压力为18～21MPa）和低压注射成型机（压力为3MPa）两种。柱塞式注射成型机的结构示意图4－16（a）、（c），液压螺杆式注射成型机的结构由图4－16（b）、（d）所示。

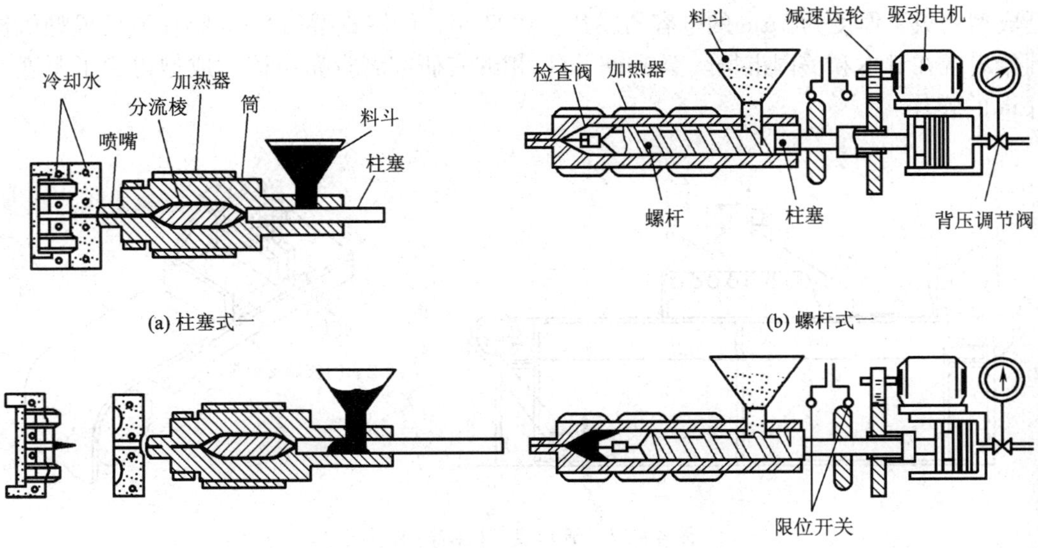

(a) 柱塞式一　(b) 螺杆式一　(c) 柱塞式二　(d) 螺杆式二

图4－16　注射成型机

（a）、（b）封闭式射模，使柱塞或螺杆向前推进，把柔软的陶瓷坯料从喷嘴中射入模具

（c）、（d）使柱塞或螺杆后退，把需成型的陶瓷坯料供给料斗内，同时打开模具，取出已冷却固化的坯体

注射成型采用金属模具。在模具的结构方面有几个问题应注意：

（1）在金属模型内，生坯的收缩很小，为0.1%～0.2%，所以坯体与金属模型尺寸基本相同。因而模型内的空气不能外逸，易裹在生坯中，在脱脂时产生气泡。故金属模具应有10～20μm深的排气孔。

（2）金属模具必须具有冷却沟槽，以便进行冷却和加热，使金属模型保持一定温度。冷却沟槽与温度调节机构相连。

（3）模型内最细的注入口部分由于通入高速高压成型坯料，很容易磨损。有的则采用在缸筒内壁镀一层镍铬合金来提高耐磨性。

知识点五　流延成型

流延成型又称带式浇注法、刮刀法，是一种目前比较成熟的能够获得高质量、超薄型瓷片的成型方法，其基本装置如图 4－17 所示。1943—1945 年，美国麻省理工学院的 G. N. Howatt 等人首次对流延成型进行了研究，于 1945 年对该工艺用于陶瓷成型进行了公开报道。1947 年，流延成型工艺正式应用于陶瓷电容器的工业生产。G. N. Howatt 于 1952 年获得了第一个将流延成型用于陶瓷生产的专利。1967 年，H. W. Stetson 和 W. J. Gyurk 成功地进行 Al_2O_3 膜片的流延成型，同年 IBM 公司宣布采用流延成型工艺制成了计算机使用的陶瓷复合材料。随着工艺技术的不断进步，流延成型的应用领域也日益扩大。自 20 世纪 70 年代开始出现超细粉末流延成型的研究。1996 年，日本采用流延成型制成了厚度为 5μm 的电容器膜片。1997 年，能够成型的 5μm 膜片流延成型机械开始出现在日本和美国市场。至 1998 年，相继有研究者宣布由流延成型得到了厚度为 3μm 的膜片。

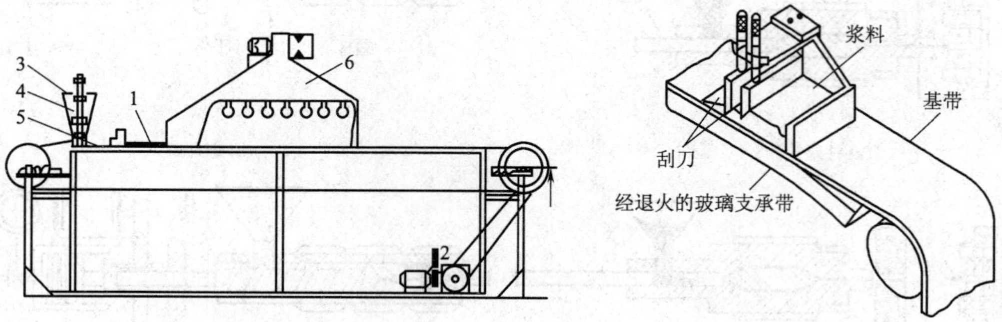

图 4－17　流延成型机结构示意图

1—不锈钢带　2—传动设备　3—加料漏斗　4—调节支杆　5—弹簧　6—干燥箱

流延成型是薄片陶瓷材料的一种重要成型方法，流延成型自出现以来就用于生产单层或多层薄板陶瓷材料。现在，流延成型已成为生产多层电容器和多层陶瓷基片的支柱技术，同时也是生产电子元件的必要技术。流延成型的主要优点是适于成型大型薄板陶瓷部件。这类部件几乎不可能或很难通过压制或挤制成型，而通过流延成型制造各种尺寸和形状的坯体则是十分容易的，而且可以保证坯体质量。

（一）流延成型工艺过程

流延成型工艺包括浆料制备、球磨、成型、干燥、剥离基带等过程，如图 4－18 所示。该工艺的特点是设备简单，工艺稳定，可连续操作，生产效率高，可实现高度自动化。

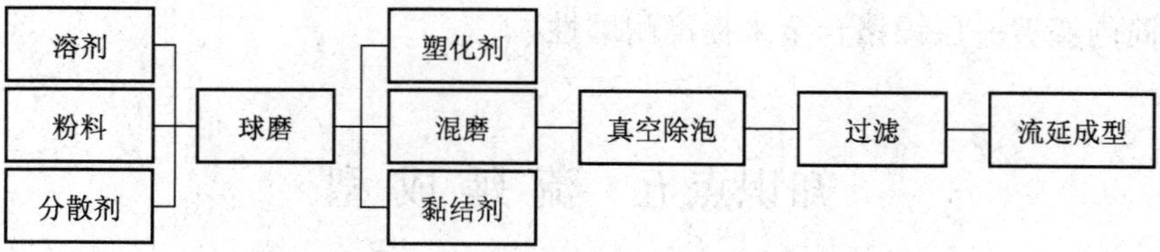

图 4－18　流延成型工艺流程图

通常，流延成型的具体工艺过程是将陶瓷粉末与有机黏结剂、增塑剂、悬浮剂、润湿剂等添加剂在有机溶剂中混合，形成均匀稳定悬浮的浆料。成型时浆料从料斗下部流至基带之上，通过基带与刮刀的相对运动形成坯膜，坯膜的厚度由刮刀控制。将坯膜连同基带一起送入烘干室，溶剂蒸发，有机黏结剂在陶瓷颗粒间形成网络结构，形成具有一定强度和柔韧性的坯片，干燥的坯片连同基带一起卷轴待用。在贮存过程中使残留溶剂分布均匀，消除湿度梯度。然后可按所需形状切割、冲片或打孔，最后经过烧结得到成品。

1. 对粉体的要求

流延成型要求陶瓷粉料的颗粒度要小（一般要求粒径小于3μm）。颗粒形状最好为球形，而且还要求有适当的颗粒级配，以保证浆料的良好流动性和厚度方向一定的颗粒数，以使薄坯的质量得到保证。此外，流延成型对粉体的比表面积数值也有一定要求，对于比表面积大于$20m^2/g$的粉体，流延浆料的制备比较困难。另外，对于粉体的团聚现象需要特别注意，团聚粉体的存在导致浆料的不均匀性，且会对最后烧结体的性能带来致命的影响。

2. 流延成型中的添加剂

（1）溶剂　溶剂在流延浆料中的作用包括：溶解黏结剂、增塑剂及其他添加剂，分散陶瓷粉体颗粒，使浆料具有合适的黏度。一般来说，溶剂分为水和有机溶剂两大类型，在实际操作中，溶剂的选择受到粉体和黏结剂的限制。根据流延成型的粉体，需要确定合适的黏结剂，它必须在粉体所能接受的烧结气氛与温度下完全脱除，残留物不影响烧结体的性能。所选择的溶剂不能与粉体发生化学反应，要与粉体有良好的浸润性，而且对黏结剂要有足够的溶解度。溶剂的选择还应该考虑成本与安全性。因为溶剂是大量使用的成分，其价格应该便宜，且对人体和环境的危害应该控制在尽量低的程度内。

另外，溶剂的挥发速率是十分重要的一个参数，它从根本上决定了生产过程中生坯的生产速率。当溶剂挥发速率过快的时候，浆料表面会迅速生成一层干燥的膜层，阻挡了内部溶剂的进一步挥发，反而降低了干燥速率并破坏了生坯。这一现象俗称“起皮”。同时，高速挥发的溶剂还会使浆料在刀口处形成结块，影响流延过程。最环保的溶剂——水，由于挥发速率慢，在工业上的应用受到了限制。目前大多采用的是高挥发速率的有机溶剂，而且为保证溶剂对黏结剂的溶解度，并控制适当的挥发速率，有机溶剂经常以二元或三元混合溶剂的形式使用。在有机溶剂中，环己酮是一种重要的添加剂，用于减缓整个溶剂体系的挥发速率，防止起皮现象。由于环己酮可以减缓溶剂挥发速度，使得整个浆料的溶剂分布更为均匀，也经常被称为均质剂。

（2）分散剂　陶瓷粉体在范德华力等因素的作用下，会有团聚的趋势。如果分散在溶剂中的粉体与溶剂浸润性不好，也容易形成团聚以减低体系能量。分散剂对流延浆料的作用主要有：包裹粒子表面使之分散，并使浆料具有适合的黏度，减小溶剂用量而加快干燥并减小样品尺寸收缩等。分散剂对粉体的分散机理主要分为：

①电荷排斥分散　通过使粉体表面带表吸附电荷从而互相排斥，其中的经典理论是DLVO理论。

②空间位阻分散　通过使粉体表面吸附各种有机长链分子而分隔粉体粒子。

③黏结剂　黏结剂是流延生坯中起到支撑骨架的作用，是最重要的添加剂。干燥的生坯中，黏结剂形成连续体系，对生坯的强度、韧性等方面起到决定性的作用。在制备

浆料时，黏结剂的选择主要考虑溶解度、黏度、强度、玻璃化温度、烧除气氛、烧净温度、灰分以及烧除时的副产物等因素。常用的有机黏结剂有聚乙烯类与聚丙烯酸类。它们都是长链的有机分子，在干燥之后有良好的成膜性。

（4）增塑剂　大多数在流延中使用的聚合物黏结剂的玻璃化温度远高于室温，使得溶剂挥发之后得到的生坯硬而脆，不能满足后续加工的需要。因此，流延成型中需要添加增塑剂来使生坯具有一定程度的柔软性。在流延工艺中，增塑剂泛指一切可以增加料带柔韧性和可塑性的物质。根据增塑剂的机理，可以将其分为两类：第一类增塑剂相当于一种挥发很慢的溶剂，长期停留在生坯内，使得黏结剂仍有一定程度的“溶解”而保持生坯的柔软性；第二类增塑剂相当于一种润滑剂，它可以防止交叉链接，减弱黏结剂分子间的相互作用从而使生坯软化。第二类增塑剂由于主要起润滑作用，因此生坯干燥后，随时间的延长，增塑剂会慢慢从生坯中渗透到表面，导致生坯性能发生变化。

3. 质量控制

流延是一项相当精密的工艺，对于流延后的产品质量要求十分严格，以下几点可供参考：

（1）刮刀的表面光洁度　流延刮刀一般用工具钢制成，它的耐磨性好，使用寿命长，但需注意保养，每次使用后必须清洗干净，并防止硬物刮伤表面，使刮刀保持光滑平整。光滑平整的刮刀是获得厚度均匀，表面光滑膜带的关键。

（2）浆料槽液面高度　浆料槽液面高度提高，浆料槽内的压力增大，使浆料通过刮刀间隙的流入速度增加，流延膜厚度增加，因此维持液面高度均衡一致对控制流延膜厚度均匀性十分重要。大型的流延设备中通常需要带有液面传感器，控制供浆阀门，控制液面高度变化在最小的幅度。

（3）浆料的均匀性　流延用浆料必须充分分散均匀，当有未分散好的硬块、团聚体又未能过滤掉时膜带上就会产生疤痘状缺陷，或因干燥烧成收缩不同产生凹陷。因此必须重视浆料的制备，在使用前必须过筛去除这些硬块和团聚体。如果浆料中有气泡，流延前必须进行除泡处理。

（4）流延厚度　刮刀间隙的厚度与实际烘干成型厚度，不会一致，应为在烘干过程中有溶剂等的挥发，在浆料稳定，流延其他条件如流速、干燥温度一定的情况下，通常会有一个稳定的比例。

（5）制定并执行最佳的干燥工艺　流延出的浆料膜经过干燥才能从基板上剥落下来。因此，制定合适的干燥工艺是获得高质量膜带的重要因素。如果干燥工艺制定不当，流延膜常会出现气泡、针孔、皱纹、干裂，甚至不易从基板上脱落等缺陷。制定干燥工艺的原则是：确保溶剂缓慢发挥，使膜层内溶剂的扩散速度与表面挥发速度趋于一致，防止表面过早硬化而引起的后期开裂、起泡、皱纹等缺陷。

（二）流延成型机械

流延成型之所以被认为是一种独特的成型方式，是因为其涉及一系列特有的关键设备，包括刮刀、过滤装置、真空除泡装置以及加料装置等。

1. 刮刀

传统的流延成型时将浆料置于料斗之中，流展在平板衬底上。采用千分尺控制平日刮刀与平板移动衬底的间隙来控制浆料流出后的厚度。浆料厚度同时受到料斗中浆料高度、浆料黏度、衬底移动速度等方面的影响，见图 4 - 19。

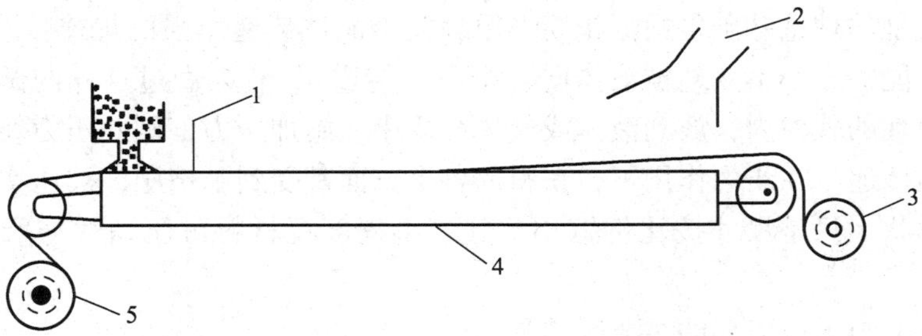

图 4 - 19　传统流延成型示意图

1—刮刀　2—热空气源　3—卷取筒　4—支持结构　5—载体薄膜卷筒

更精密的流延可以用图 4 - 20 所示的 lip coating 流延方式，衬底绕过一个精密加工的滚轴，浆料由下方的刮刀口处刮出，其厚度可控制到小于 50μm。浆料厚度受到供料压力、浆料黏度、刀口与滚筒间隙、衬底移动速度等方面的影响。这一方法与传统的方法并无本质区别，其精度的提高应该来自于滚筒的加工精度容易提高，及衬底在滚筒上的稳定性较好。

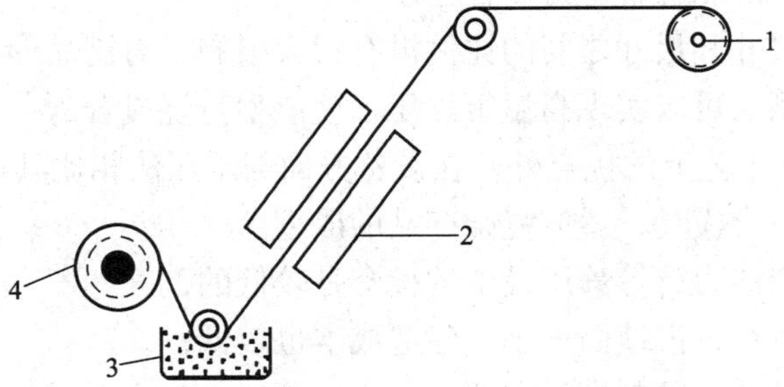

图 4 - 20　精密流延成型示意图

1—卷取筒　2—干燥器　3—浆料　4—低灰分纸

2. 过滤装置

流延浆料在制备之后，一般在压力推动下，经过一个丝网，过滤除去浆料中的尚未打碎的大的团聚，以及一些未溶解完的黏结剂颗粒，以保证浆料的均匀性。

3. 除泡与加料装置

浆料在制备及过滤过程中，一般会混入空气，形成大的气泡。如果气泡被带至生坯中，很可能对陶瓷性能带来破坏。因此，一般先通过在真空环境中搅拌的方式除去浆料中夹杂的气泡，然后再通过加压送料的方式直接将浆料送入料斗中流延成型。

知识点六　等静压成型

等静压成型的理论基础是根据帕斯卡原理关于液体传递压强的规律："加在密闭液体上的压强，能够大小不变地被液体向各个方向传递。"有人做过这样的试验，把粉料装进一只有弹性的软模内，放到液体或气体介质中，施加压力，则此压力便会以相等的力向各个方向传递，在压力作用下，粉料的各个方面都受到了挤压，被压实的物体有与模型相似的形状，只是尺寸按比例缩小，其缩小程度视材料可压缩性与所加压强大小而定。

等静压成型与干压成型的主要区别是：

（1）干压只有一到两个受压面，而等静压则是多面受压，从而这样有利于把粉料压实到相当的密度，消耗在粉料颗粒运动时的摩擦功相应减小，提高了压制效率。

（2）等静压成型可以得到较高的生坯密度，且在各个方向上都密实均匀，不会因形状厚薄不同而有较大变化。

（3）由于等静压的压强方向性差异不大，粉料颗粒间和颗粒与模型间的摩擦作用显著地减少，故生坯中产生应力的现象是很少出现的。

（4）等静压成型的生坯强度较高，生坯内部结构均匀，不存在颗粒取向排列。

（5）等静压成型采用粉料含水率很低（1%～3%），也不必或很少使用黏结剂或润滑剂。这对于减少干燥收缩和烧成收缩是有利的。

（6）对制品的尺寸和尺寸之间的比例没有很大限制。对制品形状的适应性较宽。

（7）等静压成型法可以实现高温等静压，使成型与烧成合为一个工序。

等静压成型除在工艺上的优点外，在设备方面与干压法相比其优点还表现在：

（1）便于采用组合模具，适应复杂产品的成型。

（2）同样的生产能力，等静压设备的投资是较低的；

（3）设备体积较小，占地面积小，建造成本也较低；

（4）模具成本较低，复制模具方便；

（5）便于实现自动化。

（一）等静压成型工艺流程

等静压成型是利用液体介质的不可压缩性和均匀传递压力的一种成型方法。等静压成型有冷等静压和热等静压两种类型。冷等静压又分为湿式和干式等静压。

等静压成型在陶瓷科技界早已引起普遍关注，因为它完全摒弃了传统的可塑性泥料机压成型的方式，不用消耗石膏模，半成品不必经过干燥工序而可直接入窑烧成，从而简化了生产工序，提高了产品质量。国外把这种成型方法称之为"餐具生产的革命"、"成型技术的创举"。

湿式等静压（图4－21）将预压好的坯料包封在弹性的橡胶模或塑料模具内，然后置于高压容器中施以通常在100MPa以上高压液体（如水、甘油或刹车油等）来成型坯体。因为处在高压液体中，各个方向上受压而成型坯体，所以叫湿式等静压。主要适用于成型多品种、形状较复杂、产量小和大型的制品。典型的湿袋等静压成型具体操作过程为：

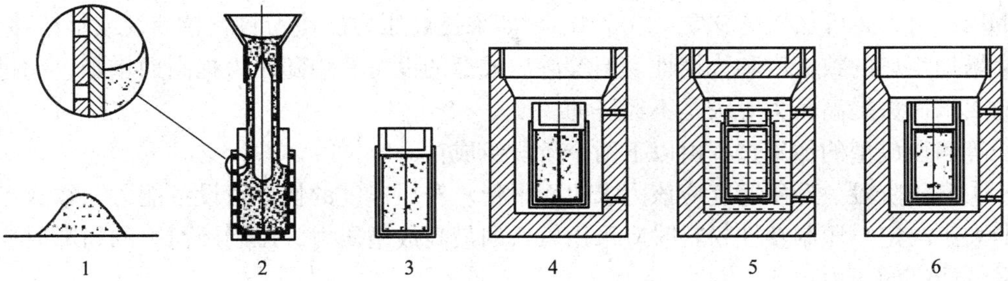

图4-21　湿式等静压成型过程

1—粉料　2—粉料装入弹性软模中　3—把软模关上并封严
4—把模子放到施压容器的施压介质中　5—施压　6—减压后得到毛坯

粉料称量—固定好模具形状—装料—排气—把模具封严—将模具放入高压容器内—把高压容器盖紧—关紧高压容器各支管—施压—保压—降压—打开高压容器的支管—打开高压容器的盖—取出模具—把压实坯体取出。

干式等静压成型（图4-22）将坯料包封在弹性的成型橡胶模内，然后置于高压容器中施以压力来成型坯体，坯料的添加和取出都是在干燥状态下进行，模具是半固定式的，它适用于成型形状简单的长轴薄壁管类的制品。对于干袋等静压法，操作过程可以省略一些，有的操作可合为一个过程。主要分为：

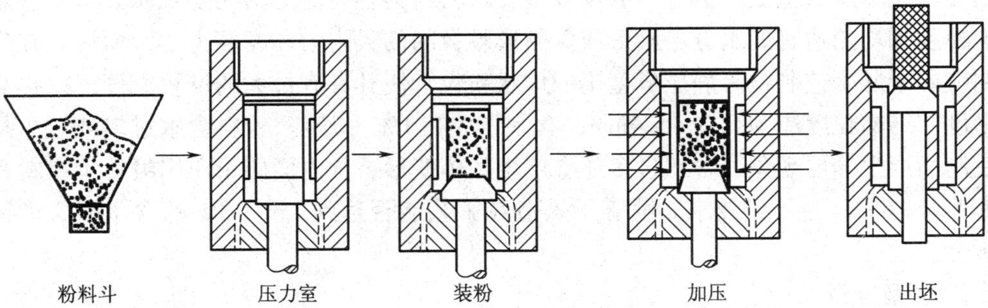

图4-22　干式等静压成型示意图

1. 备料

制备等静压粉料的过程与干压法相似。对于无塑性的粉料颗粒则要求细一些（20μm以下粉料的含水量1%～3%）。水分太多，不易排除空气，并易产生分层。采用喷雾干燥的料粉颗粒是较好的，它易于均匀倒满模具内。

2. 装料

把料粉装入模具中时，一般不易填满，尤其是形状复杂、有较多凹凸的模型。这可采用振动装料，有时还一边振动一边抽真空，效果更好。粉料振紧后，把模具封严，封处涂上清漆，放入高压容器中。

3. 加压

一般陶瓷料压力为1.96MPa，无塑性的坯料压力要高些，例如无线电瓷用压力为5.88～9.8MPa，耐火砖可加压至9.8～13.7MPa。如果提高压力能使粉料颗粒断裂或颗粒移动，则会增加生坯的致密度和烧结性。但等静压成型的设备费用随压力提高而增加，超过产品的要求而去提高压力等级是不经济的。

等静压成型的加压过程由以下两个阶段组成：

①升压阶段　升压速度应该力求快而平稳。升压速度的快慢由设备能力与欲成型坯体的大小决定。压制塑性粉料时应采用较低的最高成型压力，压制硬而脆的粉料时应采用尽可能高的压力；

②保压阶段　保压的目的是增加颗粒的塑性变形和提高坯体的密度。实际生产中保压时间一般为数分钟至10min，坯体截面较大时保压时间可长一些。但有研究表明，当采用厚壁模进行均衡压制时，保压有降低坯体密度的趋势，最佳保压时间只需40～60s。

4. 降压

装在模具内的粉料，在高压容器受压时，残余空气的体积被压缩（在100MPa下，空气体积会减小到原来体积的0.2%），它只占据颗粒之间的空间。成型后要避免突然降压，以免生坯内外气压不平衡会使坯体碎裂，所以要均匀缓慢地降压。

（二）工艺控制

1. 颗粒形状

等静压成型是干压成型的发展，对粉料的要求基本上是相同的，但等静压成型对粉料的要求比干压成型更严格。等静压成型要求粉料为容易流动的无尘颗粒并具有一定的结构粒度和均匀适宜的水分。圆形或椭圆形颗粒间的吸附力和摩擦力小，所以，在生产中用喷雾干燥工艺制备等静压成型用的球状粉粒，使其具有最大的堆积密度，以提高生坯密度。结构粒度应为0.2～0.4mm，含水量应在1%～3%。粉料含水过多或过少均可能使制品产生分层现象，含水过多还会产生坯体变形。国内面砖干压用喷雾干燥粉料含水率5%～6%，达不到要求。喷雾干燥造粒工艺能否达到1%～3%的含水率，尚待试验研究。

2. 成型压力

等静压成型的坯体强度随着压力的增大而提高，但当达到一定值时，压力继续增加，强度的提高趋势逐渐减弱。因此，无限增压对提高强度并没有帮助，反而提高了成本。日用陶瓷制品等静压成型压力一般20MPa以上。

3. 添加剂

等静压成型对泥料可塑性要求不高，但一般都在原料中加入黏结剂以增加颗粒间的黏合力，从而提高生坯强度。常用的有水溶性树脂或甲基纤维素之类的有机物。

4. 模具及弹性软模

常温等静压成型用的模具（弹性模具、包套模具）总的要求是有一定的弹性，长期与液体介质接触后性能不易变坏。常用做弹性模具的材料有天然橡胶、氯丁橡胶、聚氯乙烯（PVC）和聚氨酯等，它们的主要性能见表4－6。其中天然橡胶和氯丁橡胶一般用于湿袋法成型，PVC和聚氨酯主要用于干袋法。

5. 液体性质

选用传递压力的液体介质时，希望它润滑性好、腐蚀性小、压缩系数低。常用的液体为甘油、刹车油、锭子油等。一般压力下，甘油压缩系数小，但它易吸水而使容器生锈，必须经过处理才可使用，同时成本也较高；锭子油黏度小，可防生锈，但它呈碱性，易使橡胶模发脆而失去弹性；刹车油呈中性，略有腐蚀性，防锈性能好，价格较便宜。

表4－6　　各种包套材料的特性

性能		天然橡胶（乳胶）	异丁橡胶	PVC	聚氨酯	氯丁橡胶	橡胶	硅橡胶
抗拉强度/MPa		20.5	13.5	13.5～20.5	27.5	13.5	10.5	7.0
硬度（HsA）		40	40～75	65～72	20～98	40～95	40～95	40～85
室温伸长率/%		—	100～700	270	100～700	100～700	—	50～800
抗撕裂能力		良	良	中或良	优	良	中	差
耐磨性能		良	良	中	优	良	良	差
回弹能力		优	差	差	良	良	中	优
耐压能力		中	中	差	差	良	良	中
压缩永久变形/%		15～35	—	—	5～35	20～50	—	5～30
耐溶剂性能	脂肪族碳氢化合物	差	差	中	优	良	优	差
	芳香族碳氢化合物	差	差	中	差或良	中	良	差
	充氧的碳氢化合物	良	良	中	差	差	差	中
耐油性	润滑油	差	差	差或良	优	良	良	中
	汽油	差	差	差	优	中	优	中
	动植物油	良	优	差	优	良	优	中
	耐热性能	—	优	良	差	优	优	优

（三）坯体缺陷

等静压成型坯体的质量主要表现为坯体的表面质量、坯体的致密度、坯体的断裂强度以及坯体的缺陷情况，见表4－7。

表 4－7　　等静压成型坯体中的缺陷

缺陷名称	颈部	表面不规则	“象脚”	香蕉型	压缩裂痕	裂纹分层	轴向裂纹
缺陷图示	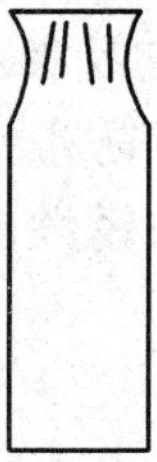	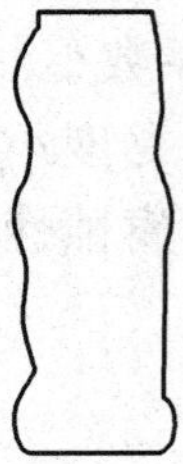	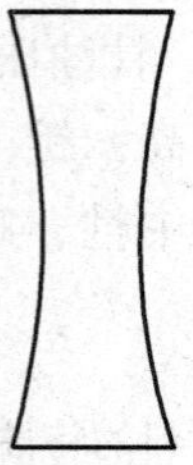	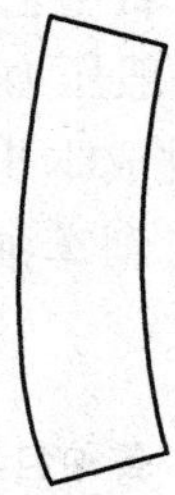	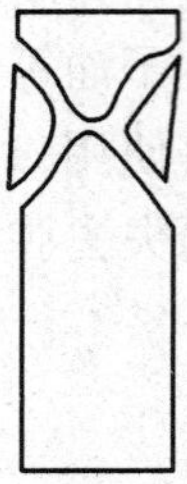	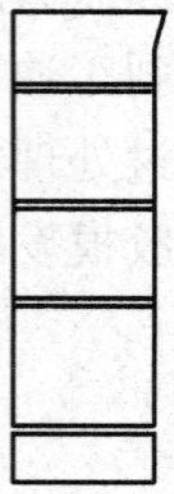	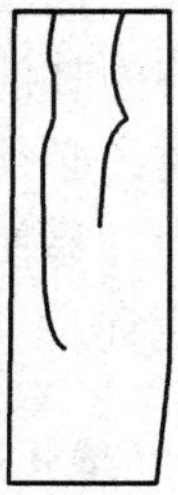
产生原因	填充不均匀而形成的，与粉料流动性有关	填充不均匀或橡胶包套无支撑	湿袋法的模具套太硬或粉料的压缩性太大	橡胶包套不支撑	由轴向弹性回弹形成，与粉料性质有较大关系	不适宜的或过厚的模具材料，或坯体的强度太低	包套模具弹性不足

任务一　热压注成型操作

（一）任务要求

了解95氧化铝瓷热压注成型的步骤，能操作热压注成型设备成型坯件。

（二）操作准备

（1）备料　氧化铝粉是生产95瓷的主要原材料，广泛用于生产高频和超高频绝缘材料。

① 必须用熟料，即煅烧过的料。在高温下煅烧，可使氧化铝粉进行晶型转变，可降低瓷件的收缩率，减免瓷件的变形及开裂，煅烧温度在1300～1420℃。

② 粉料的含水量小于0.5%，粉料需要高温烘干，温度应在300℃左右。烘干后的粉料要长期保存在干燥箱中。

③ 煅烧后的料要进行干粉碎，可采用干法球磨。细度为250目筛，筛余小于0.5%。球磨时外加0.4%～0.8%油酸作助磨剂，以提高粉磨效率，同时，油酸是表面活性物质，可提高铸浆的流动性。

④ 蜡饼（石蜡95%和油酸5%混合物）。

（2）检查热压注机电源、开关等，机械能否正常工作。

（3）清洗和检查热压铸机和搅浆机，准备好成型所用的模具、容器等。

（三）操作步骤

1. 配料

将选择和处理好的各种原料按95瓷配方进行称量，并在干磨球磨机内，加入表面活性剂（油酸）进行混料。然后出磨，过100目振动筛，在烘箱烘3～6h，烘料温度100～120℃，待制料浆用。

2. 化蜡

把石蜡在火炉或电炉上进行熔化，温度控制在70～90℃，并进行搅拌，尽量除去石蜡中的水分。

3. 搅浆

按配方称取石蜡、油酸加在搅拌桶内（粉料87.5%～86.5%；蜡饼12.5%～13.5%），在搅浆机上进行，搅浆1h后把蜡浆倒入不锈钢盘内制蜡板待热压使用。

4. 准备蜡浆

领取已制好的95瓷蜡板料，用不锈钢榔头将蜡板料打成小块，倒一部分在真空搅浆机的浆桶内，放在天然气炉上加热至全部溶化后，人工边搅拌边加入蜡板块，直到全部熔化为止。将浆桶放入真空搅浆机内边搅边抽真空除气，在真空搅浆机上慢搅2～3h，倒入热压铸机的浆桶内。

5. 热压注操作

将搅好的料浆缓慢地倒入热压铸机浆桶内，装料量不超过浆桶容量的3/4，使浆温保持在65～75℃，高压空气压力0.4～0.6MPa，然后进行热压成型。

6. 排蜡

将成型好的生坯件在氧化铝粉保护下埋在匣钵中，在排蜡炉上进行排蜡。

（四）注意事项

（1）在整个操作过程中注意安全。

（2）如出现成型缺陷，应及时分析解蜡浆组成，保证合格率。

任务二　轧膜成型操作

（一）任务要求

了解轧膜成型的步骤，能操作轧膜成型设备成型坯件。

（二）操作准备

1. 了解设备结构

轧膜机主要由电机、减速器、轧膜机构及机架等组成。工作原理是电气控制电机正、反转，由电机通过V带传到减速器，由减速器减速输出给予轧辊机构，通过齿轮带动双辊转动，达到轧膜目的，轧膜薄厚可由调节机构进行调节，范围在0～5mm，轧辊转速是9r/min。

2. 检查设备

使用前应检查各部件是否有松动现象，按油尺要求给予减速器加注齿轮用机油，并给各注油孔加油，将双辊间隙调到最大处，启动电机检查各部润滑情况，并用酒精棉球清洗双辊工作面，保持清洁。随后，同时调整两个调节手柄，逐步调整轧辊之间的间隙，加料运行，检查出料厚度，并缓慢调整间隙至要求。

（三）操作步骤

1. 粗轧

将磨细过筛好的粉料，拌以有机黏结剂（如聚乙烯醇等）和溶剂（如水等），置于两辊轴之间进行混炼，使粉料、黏结剂和溶剂等成分充分混合均匀。

2. 精轧

逐步调近轧辊间距，多次折叠，90°转向，反复轧练，以达到必需的均匀度、致密度、光洁度和厚度为止。

3. 干燥

轧好的坯片，宜在保持一定湿度的环境中贮存，防止干燥脆化，然后进行下一步冲切工艺。

4. 清洗

停机后应将轧辊调至到最大间隙处，并清洗轧辊及机械各部位，不留残渣。

（四）注意事项

（1）由于轧辊的工作方式，使坯料只在厚度方向和前进方向受到碾压，在宽度方向缺乏足够的压力，因而对胶体分子和粉粒都具有一定的定向作用，使坯体的机械强度与致密度，都具有各向异性，坯片容易从纵向撕裂，烧结时横向收缩较大。故在辊轧过程中必须不断将坯片做90°倒向，否则不能将各向异性减至最小。尽管如此多次倒转，其最后一次精轧留下的定向作用仍是无法消除的。

（2）空机运转时，绝不可将双辊无间隙和压紧运转，不可将其他硬杂质料混入辊中，以免损伤辊面。

思考题

1. 什么是热压注成型？为什么在热压注成型过程中需进行脱蜡操作？排蜡的温度应如何控制？否则会出现哪些问题？

2. 热压注成型过程中，浆料的性能指标主要有哪些？

3. 挤压成型适用于哪些陶瓷器件的成型？其特点有哪些？

4. 挤压成型易出现的缺陷有哪些？

5. 简述轧膜成型的主要工艺过程及主要缺陷。

6. 轧膜成型对轧辊有哪些具体要求？

7. 简述流延成型质量控制时需考虑的因素。
8. 简述刮刀、过滤装置及除泡装置在流延成型中的作用。
9. 试比较轧膜成型、流延成型、注射成型各自的特点。
10. 简述注射成型工艺的基本操作步骤。
11. 什么是等静压成型？与其他成型工艺相比，有哪些突出的特点？

项目5　干　　燥

学习目标

掌握干燥过程具体阶段及方式，了解陶瓷制品干燥设备

知识要求

1. 掌握干燥的整个物理过程
2. 了解陶瓷坯体干燥的主要方式及制度
3. 了解典型陶瓷坯体干燥设备的特点
4. 了解干燥设备的工作原理及相关部件

技能要求

了解陶瓷制品干燥的特点，会对产生的问题进行分析处理

知识点一　干 燥 过 程

干燥是陶瓷生产中一个重要的工序，其对象主要是坯体。一般陶瓷制品成型时含有较多的水分，湿坯干燥后才具有足够的强度和抵抗变形的能力，以防止在搬运、修坯、施釉及装窑时破损；同时，干燥后的坯体在窑内可以快速升温而不易引起变形或开裂。干燥效果的好坏，是决定制品质量和产量的重要因素之一。

（一）坯体中水分的类型

坯体中的水分，按照结合形式可以分为三类：自由水、吸附水和化学结合水。坯体中不同结合形式的水分，在排出时所需的能量不同，受外界条件的影响也有差异。

1. 自由水

自由水又称机械结合水，是由物料直接与水接触而结合的水分，它分布在固体颗粒之间，自由水与物料的结合松弛，因此很容易排除。随着自由水分的排出，坯体中的固体颗粒相互靠拢，体积发生收缩。若坯体的收缩不匀就会产生干燥缺陷，故自由水也称

为收缩水。

2. 吸附水

把绝对干燥的坯体置于大气中，随着环境温度和湿度的变化，坯体中的黏土颗粒易从大气中吸附一定的水分，这种吸附在粒子表面的水分称为吸附水。吸附水在黏土胶体粒子周围受到分子引力的作用，密度大，冰点下降，并随着离黏土粒子表面距离的增大，结合力逐渐减弱直至接近自由水。实验证明，当物料的比表面积为 20 ㎡/g 时，在表面上形成一个单分子水层，按质量计算的物料含水量约为 0.3%。吸附水的数量随外界环境的变化而变化，环境中的相对湿度越大，则坯体吸附的水量也越大。在相同的环境下，坯体吸附的水量随着黏土含量和种类的不同而变化。当坯料所吸附的水分与环境湿度达到动态平衡时，吸附的水分称为吸附平衡水分。坯体排出吸附水时，坯体体积几乎不产生收缩。

3. 化学结合水

化学结合水是指以原子、离子、分子形式包裹在矿物原料的分子结构中的水分，如结晶水、结构水等。这种形式的水分结合最为牢固，排除时需要较大的能量，如高岭土的结构水排除需要在 400～600℃进行。

（二）干燥过程

坯体干燥是一个脱水的过程。将坯体放在空气中，由于水蒸气分压在空气中较在坯体中小，坯体中的水分就被排到空气中去，开始了干燥过程。人工控制的干燥必须有热源提供热能，通过干燥介质把热量传递给坯体，当坯体表面的水分获得热量后蒸发并扩散到干燥介质中，借助干燥介质的流动，不断地把水蒸气排出，从而使整个坯体得到干燥。由此可以看出，坯体干燥过程中水分的扩散形式分为两种：一种是水分从生坯内部迁移到表面，称为内扩散；另一种是水分由生坯表面蒸发到周围介质中去，称为外扩散。内扩散和外扩散都是传质过程，需要从热源吸收能量。在干燥过程中，自由水极易排出。

从坯体排除水分的机理分析，干燥过程可以分为：升速阶段、等速干燥阶段、降速干燥阶段与平衡状态。坯体干燥过程的阶段如图 5－1 所示。

1. 升速阶段

升速阶段也称为加热阶段。在干燥前，坯体的温度约等于室温。在干燥初期，坯体获得的热量大于这时水分汽化所需的热量，坯体的温度就升高。随着坯体温度的升高，直至温度达到与介质的湿球温度相同，见图 5－1 曲线 3 中 A 点，此时坯体获取的热量与水分汽化所需要的热量相等。本阶段对于薄壁制品的加热来说所需的时间很短，而厚壁制品加热的时间稍长。从图 5－2 区域Ⅰ同样可以看出，这阶段虽然干燥速度逐渐增大，但排除的水量不多，坯体的体积基本不变。

2. 等速干燥阶段

等速干燥阶段坯体的温度和干燥速度保持恒定。坯体表面始终保持润湿状态，表面温度约等于湿球温度。它和坯体的毛细管系统及固体物料含量有关。本阶段排除的是自由水，水分的迁移主要是毛细管力的作用。随着水分的排除，坯体中的颗粒靠近，体积

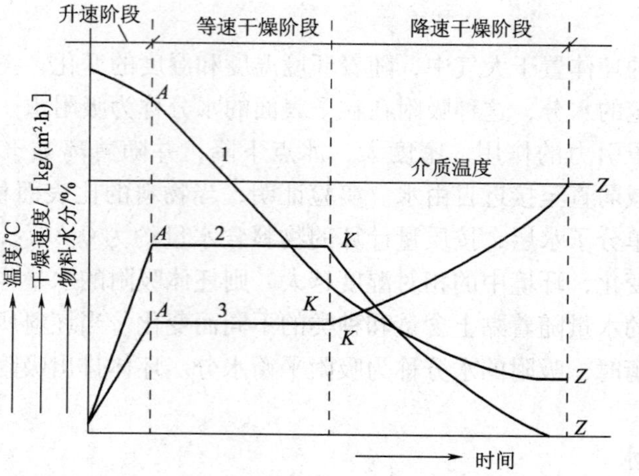

图 5-1　坯体干燥过程的阶段示意图

1—物料水分与时间的关系　2—干燥速率与时间的关系　3—物料温度与时间的关系

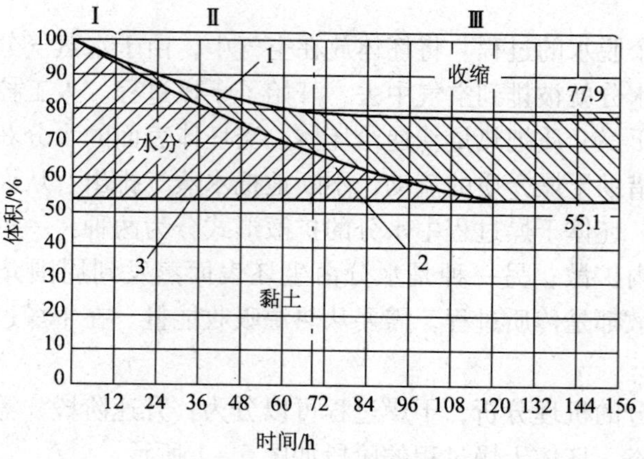

图 5-2　黏土坯料干燥脱水与收缩率之间的关系

1—泥坯体积变化曲线　2—干燥脱水曲线　3—泥坯的理论干燥体积曲线

逐渐收缩，收缩的体积相当于所排除水分的体积。当坯体中的水分降低到一定程度，表面毛细管不再被水充满时，干燥速度开始逐渐下降。图 5-1 曲线 2 中 K 点即是由等速阶段转为降速阶段的转折点，它标致着等速干燥阶段的终结。相应地曲线 1 中 K 点的含水率称为坯体的临界水分。黏土类坯体的临界水分一般在 8% ~13%。从图 5-2 区域Ⅱ同样可以看出，随着水分的排除，坯体的收缩增大，气孔率增多。本阶段是坯体干燥控制的关键，对于大型、厚壁、形状复杂的坯件的安全干燥尤为重要。

3. 降速干燥阶段

当坯体中水分降低至临界水分 K 点，坯体就进入降速干燥阶段。此时坯体失去外表面的水膜，蒸发移向内部，热能向内部传递，排出的是毛细管中的孔隙水。本阶段坯体的颗粒质点已相互接触靠拢，毛细管孔道缩至最小，增大了内扩散的阻力，使内扩散速率明显下降。此时内扩散速率小于外扩散速率，故干燥速度继续下降，见图5－1曲线2中 Z 点。随着坯体中的水分越来越少，坯体的平均温度逐渐升高。从图5－2区域Ⅲ同样可以看出，本阶段随着水分的排出，坯体颜色由深变浅，气孔率增加，坯体强度得到提高，坯体略有收缩。

4. 平衡状态

当坯体水分降低至与周围环境的湿度相一致时，湿度处于平衡状态，干燥速度趋近于零，干燥过程终结。此时，延长干燥时间已没有实际意义，只能是浪费能源。图5－1曲线1中 Z 点即是湿度平衡状态点，该点的含水率称为最终含水率。它除与周围介质的温度、相对湿度有关外，还与坯料组成有关。一般说来，坯体干燥的最终含水率不应低于贮存时的平衡水分。实际生产中通常从节约能源、缩短干燥周期的角度考虑，坯体的最终水分控制在3%以下。

（三）干燥过程的实质

干燥过程实质上是坯体水分移动的过程。坯体通过内扩散和外扩散排除水分。外扩散是坯体表面水分汽化，并通过汽层膜向外界扩散的过程。外扩散的动力是坯体表面的水蒸气分压与周围介质的水蒸气分压之差。内扩散是坯体内部水分移至表面的过程，主要借助于扩散渗透力和毛细管的作用力，服从扩散定律。

坯体内由于存在温度差及水分浓度差所引起的水分移动的热湿传导及湿传导支配着干燥过程。温度差（梯度）引起水分子动能、水在毛细管内的表面张力以及空隙中空气压强的不等，导致水分子由高温处向低温处移动（热湿传导）。湿度差（梯度）使水分子从高湿处向低湿处移动（湿传导）。也就是说，热湿传导方向与温度梯度（热流方向）一致，而湿传导方向与温度梯度相同。由此可见：内扩散有两种形式：由于坯体内部湿度梯度所引起的水分湿扩散和因温度梯度所引起的水分热扩散。要求尽可能使两个梯度的方向接近一致（由内及外）。

等速阶段中，内扩散速度等于外扩散速度。因此，干燥速率取决于表面汽化速度——外扩散速度。但由于坯体发生收缩，颗粒相互靠拢，内扩散阻力增大，导致内扩散速度下降。结果内扩散速度控制了干燥速率，干燥过程进入降速阶段，干燥速率逐渐减慢。在平衡阶段，坯内自由水已完全排除，内扩散速度降至为零，表面水分与外界介质达成动态平衡。

影响内扩散的主要因素：

（1）组成坯体物料的性质　粗颗粒、瘠性物料含量多的坯体其所存在的毛细管径粗、内扩散阻力小而利于内扩散速度的提高。

（2）坯体温度　随温度升高，水的表面张力虽有所减小，但黏度显著下降，易于移动。

（3）坯体表面与内部的湿度差　湿扩散的速度与湿度梯度成正比关系。

综上所述，干燥过程中水分的外扩散与内扩散过程表现了物质的传移，即传质过程。因该传质过程是在热能作用下进行的，所以干燥过程的本质是一个能量交换与物质转移的过程。

（四）坯体收缩与变形开裂

未经干燥的湿坯内固体颗粒被水膜所分离隔开。在干燥过程中，随着自由水分的排除，水膜不断变薄，颗粒逐渐靠拢，坯体发生收缩，收缩量大约等于排除的自由水的体积。当水膜厚度减薄到临界点状态——坯体中各颗粒达到相互接触的程度，内扩散阻力增大，干燥速度及收缩速度发生急剧变化，收缩基本结束，转入降速干燥，继续干燥。开始排除相互接触的各颗粒间的孔隙水，发生微小收缩，直至与周围干燥介质所含水分达成平衡为止。

坯体收缩率的大小与所采用的黏土性能、坯料组成、含水率以及加工工艺等因素有关。黏土的粒度越细，所吸附的水膜越厚，收缩率也就越大。高岭土、塑性黏土、胶体颗粒蒙脱石在干燥时发生的线收缩分别为3%～8%、6%～10%、10%～25%。在满足成型性能的前提下，增加瘠性原料或部分采用预烧脱水黏土，均能减少干燥收缩率。

因泥料的颗粒具有一定的取向性，空隙（或水分）也相应具有一定的取向，导致干燥收缩各向异性。如图5－3所示。坯体内外层或各部位收缩率的差异产生内应力，当内应力大于塑性状态坯体的屈服值时，坯体发生变形。内应力过大，超过塑性状态坯体的破坏点或超过其弹性状态强度时，导致坯体开裂破坏。

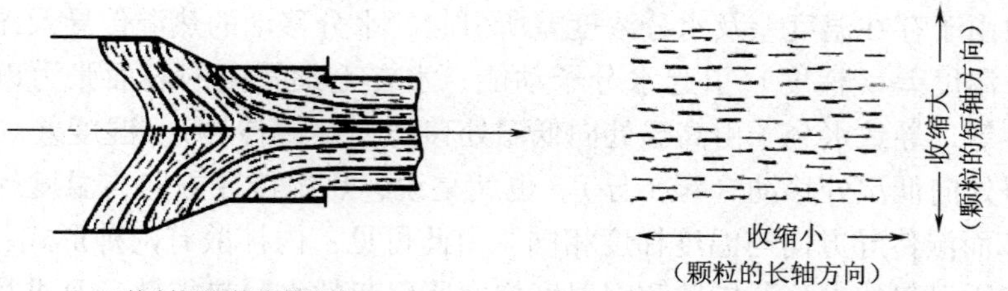

(a) 挤制坯泥的颗粒取向

(b) 黏土颗粒定向排列引起不均匀收缩

图5－3　颗粒取向性与干燥收缩各向异性的关系

知识点二　干 燥 方 式

坯体干燥的方法有热空气干燥、工频电干燥、高频干燥、红外线干燥、微波干燥、组合干燥等。干燥设备的种类较多，一般可按下面的方法分类：

（1）按生产的连续性可分为　间歇式干燥机和连续式干燥机。

（2）按运载机构的类型可分为　隧道式干燥机（车式）、链式干燥机、转盘式干燥机、推板式干燥机、喷雾干燥机（气流式）。

（3）按干燥器应用的热源可分为　热风干燥、红外线辐射干燥、电热干燥、复合热源干燥。

(4) 按完成的工序可分为 一次干燥机——只完成脱模干燥、二次干燥机——同时完成脱模和白坯干燥、三次干燥机——同时完成脱模、白坯和修坯干燥。

(一) 热空气干燥

1. 热空气干燥制度

(1) 低湿高温干燥法 在整个干燥过程中，干燥室内采用低湿度的热空气作介质，使坯体始终处于湿度低、温度高的状态。这种方法使坯体表面的水分蒸发很快，而传导到坯体内部的热量较少。因而，低湿高温干燥一方面造成内外温差增大，另一方面由于毛细管缩小导致表面产生收缩，阻碍了水分的内扩散，极易造成坯体变形、开裂等缺陷。此法仅适用于壁薄、小件制品，而不宜用来干燥大件、胎厚的制品。

(2) 低湿升温干燥法 在整个干燥过程中，使热空气始终保持低的湿度，并使介质温度逐渐升高。目的是使坯体的干燥速度由小到大逐渐增加，从而减小坯体的内外温差和内扩散阻力，以保证坯体内外扩散速度的相互适应，避免坯体因内外扩散不平衡所产生的各种缺陷。此法多用于干燥大而厚的制品，但其干燥时间长，干燥效率也低。

(3) 调节湿度－温度干燥法 在整个干燥过程中，按照干燥的规律和特点，合理调节干燥介质的温度和湿度，从而控制坯体的干燥速度。这种方法的特点是在干燥的初期，使用水蒸气饱和的热空气来加热坯体，以抑制坯体表面水分的蒸发速度。由于水的导热性，可使坯的内部温度升高，因而坯体的内外温差及水蒸气压差小，内部的水分也容易由内向外扩散。待坯体内外被均匀加热后，再降低干燥介质的湿度，使水分较均匀地扩散。这样可避免因热应力所引起的变形和开裂，同时也可缩短干燥时间。这种方法适用于大型、厚壁、形状较复杂制品的干燥。采用此法干燥时，大型制品的干燥制度如图5－4所示。

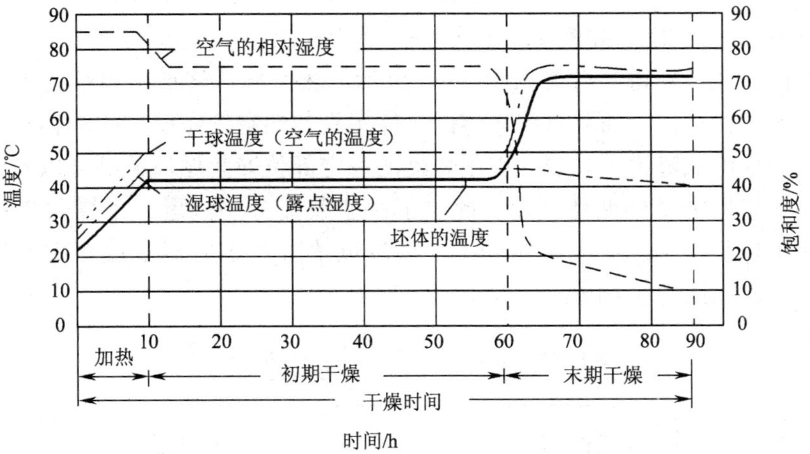

图5－4 大型制品的干燥制度

2. 典型的热空气干燥设备

常用的热空气干燥设备有地炕式干燥室、室式干燥器、隧道式干燥器和链式干燥器等。

（1）地炕式干燥室　地炕式干燥室又称地炕式烘房，主要用于干燥普通陶器制品，特别是缸类制品的釉前干燥和釉后的低温干燥。烟气经地坪下面的主通道，再分散到交错相通的格子通道以加热地坪，间接干燥坯体。烟气在炕道内经过迂回曲折的通路，再经烟囱排出。地炕式干燥室地坪的表面温度一般在 30～70℃，室内气体温度为 25～40℃。地炕式干燥室结构简单，投资少，可以利用隧道窑的废烟气或直接燃烧煤炭加热。但热利用率低，占用厂房面积大，干燥周期长，劳动强度大。

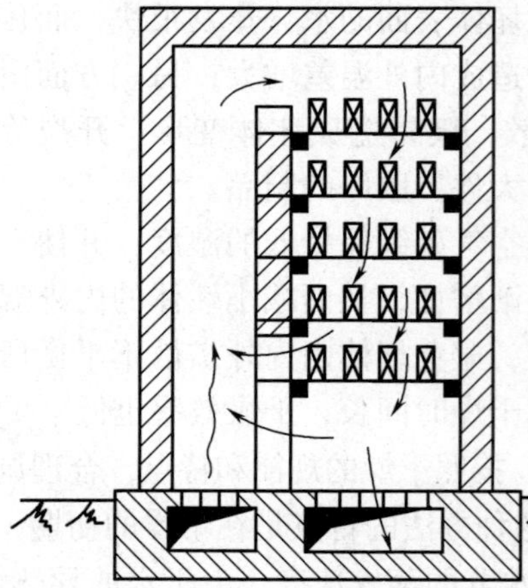

图 5－5　室式干燥器

（2）室式干燥器　室式干燥器又称厢式干燥器，主要用于小件坯体的干燥。室内设置多层坯架，坯体干燥一定的时间后取出。干燥介质主要是隧道窑冷却带抽出的热风，从干燥室的侧墙或下部鼓入室内干燥坯体，废气则由干燥室顶部排出。也有利用隧道窑的烟气，经烘房的底部和夹墙通道间接干燥坯体。室式干燥器内的温度一般在 40～80℃，干燥周期由干燥品种和干燥介质温度而定，总干燥时间为 8～12h。室式干燥器结构简单，容易建造，但热利用率较低，坯体干燥不够均匀，劳动强度也较大。

（3）隧道式干燥器　隧道式干燥器是一种连续的干燥设备，主要用于缸、坛、盆类等制品的干燥，借推车装置将小车定时地由一端送入，另一端推出。干燥介质主要是从隧道窑冷却带和窑顶二重拱抽出的热风，油烧窑、燃气窑的废烟气和锅炉蒸汽等。隧道式干燥器一般长 20～35m，高度和宽度 1～1.7m。为了保证一定的干燥能力，常以 3～8 条为一组。

典型的循环风式隧道干燥器如图 5－6 所示。热空气从隧道出口端进入，最后在隧道入口端被排风机抽出，而装有湿坯体的干燥车则与热空气做反方向的移动，所以这种干燥器又称为逆流式隧道干燥器。在干燥器的一定部位安装循环风机可以搅动气流，使干燥介质在干燥器中得到循环利用，此法解决了气流分层问题，干燥效果有显著的改善，并提高了热利用率。在生产实践中，循环风式隧道干燥器干燥介质的温度一般在 40～80℃，干燥周期为 8～12h。

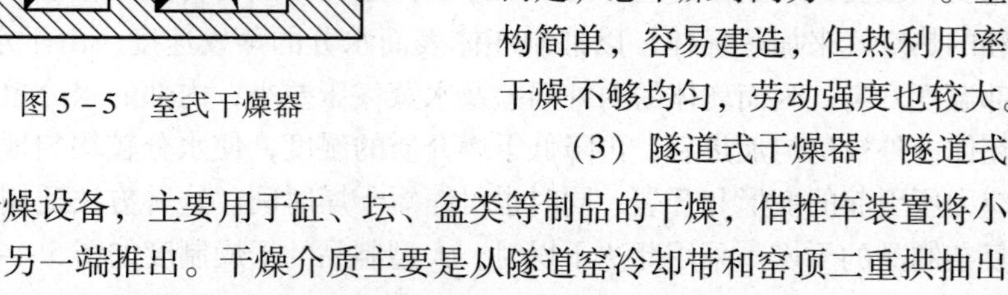

图 5－6　循环风式隧道干燥器原理

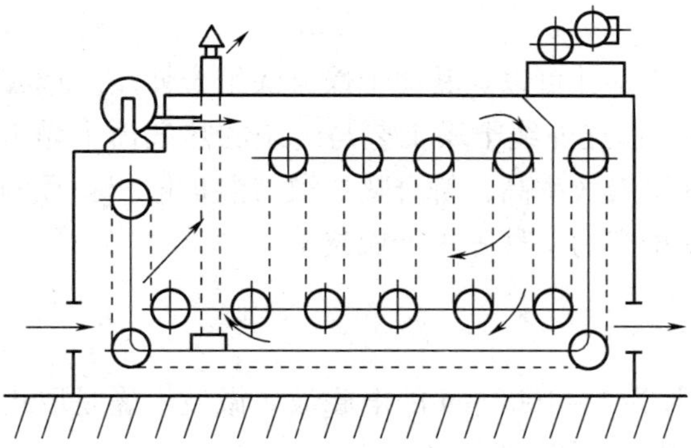

图5-7 链式干燥器工作原理图

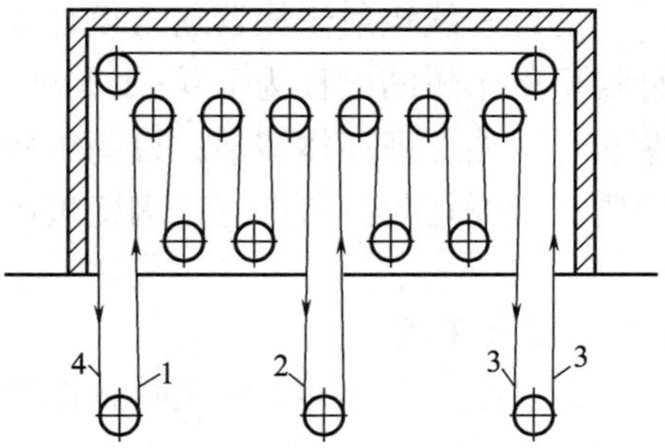

图5-8 立式链式干燥器示意图

1—湿坯入口 2—脱模干燥 3—修坯 4—干坯出口

(4) 链式干燥器 链式干燥器广泛用于陶瓷小件薄壁制品生产的流水作业线上，它使成型、干燥和施釉三道工序可以连续地、机械化地进行。典型的链式干燥器分为立式、卧式和立卧结合式数种，其工作原理如图5-7所示。干燥介质主要是隧道窑冷却带的热风、换热式热空气和锅炉蒸汽。通常热空气从顶部分散送入，废气由底部分散排出，可使坯体均匀地干燥。有时采用废气循环，以灵活调节干燥器中气体的温度及湿度，保证干燥质量。干燥介质的温度一般在50~80℃，干燥周期2~3h。

为了改善工作环境，有的工厂采用立式链式干燥器，也称“空中楼阁式”干燥器，如图5-8所示。立式链式干燥器采用双层结构，坯体在上层干燥，生产工人在下层操作，降低了环境温度，大大改善了工人的操作条件。

立式干燥器可以采用定位喷射或无定位风盒型喷射热风进行快速干燥。强化干燥周期可缩短至30~90min。

(二) 红外线干燥

红外线是一种介于可见光与微波光谱之间的电磁波，波长在0.76~1000μm。通常把红外光分为两个区段，波长0.76~5.6μm的称为近红外线，波长为5.6~1000μm的称为远红外线。

红外线干燥原理：水是红外线敏感物质，在红外线作用下，水分子吸收能量后使分子的化学键剧烈振动，偶极距频繁改变而自发生成热量。根据这一原理，利用远红外辐射装置发出远红外线，当辐射到坯体上被水分子吸收，就直接转变为热能，使水的温度快速升高并以水蒸气状态排出。

红外线加热器的形式很多，按外形可分为管状加热器、灯状加热器和板状加热器。它们大多是由基体、辐射涂层、热源和保温装置所组成。远红外线加热器的基体可以用高辐射率的烧结材料，如碳化硅（SiC）、锆英石（$ZrSiO_4$）等制作，也可以用金属材料制作。基体表面的辐射材料一般是选用某些金属的氧化物、碳化物，如Cr_2O_3、SiO_2、TiO_2、ZrO_2、Fe_2O_3等，可以用涂刷黏结、复合烧结和等离子喷涂等方式涂敷。热源大多是以电热丝为发热元件。采用远红外线干燥时，红外线的辐射强度随着辐射体温度的升高而迅速提高。

远红外线辐射干燥器通常设计成输送带式，并可以与其他干燥方法结合使用。远红外线辐射干燥的电耗为1.0～1.5kW·h/kg。远红外线干燥工艺与传统的热气体干燥工艺相比，能保证坯体清洁；设备结构简单；干燥效率高，符合热扩散与湿扩散相一致的原则；干燥均匀。所以它是陶瓷生产中值得推广的一种先进干燥技术。

（三）微波干燥

微波是指频率在300～300000MHz，波长为1～1000mm的电磁波。微波干燥是取用频率300～3000MHz频段，波长在100～1000mm的超高频电磁波。

微波干燥原理：把被干燥的物料置于微波场中，物料中的极性水分子吸收微波能量后剧烈振动，自发地生成热量而达到加热目的。目前在微波加热领域，普遍采用（955±25）MHz和（2450±50）MHz两组频率。云母、陶瓷、玻璃、塑料等物质能透过微波，大多数含水的物质都能吸收微波能量而被加热。微波碰到金属时会被反射，因此不能加热金属。

微波加热的特点：加热快速均匀，表里一致；脱水快，电耗小；设备体积小，易于实现自动控制。微波干燥的缺点是设备成本较高，强微波辐射对人体有害，应注意防护。

典型的微波加热干燥装置如图5－9所示。它是由整流电源提供高压直流功率，加在微波管上产生微波功率，然后通过波导管输送到加热器中。在自动化的生产线上，坯体经运输带不断地通过加热器，而附加的传感器和控制器则根据坯体的情况自动控制着输入到加热器中的微波功率，以达到调节温度，保证质量的目的。采用微波干燥技术可以把传统的干燥周期缩短至10min以内。

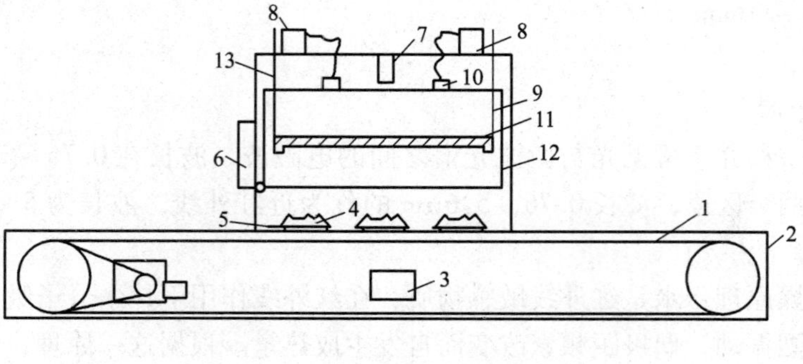

图5－9　微波加热干燥装置

1—运输带　2—金属框架　3—液压动力源　4—坯体　5—石膏模　6—控制箱　7—液压起重器　8—磁控管电源　9—干燥器主壳体　10—微波源　11—隔板　12—托架　13—韧性绳索

微波干燥技术日益受到关注，原因是传统干燥由于热流是从物体的外部向内部流入，其温度是从外部高到内部低有一个明显的梯度，产品的温差是整体性的。由于陶瓷坯体一般是热的不良导体，这种温差一般在整个干燥过程中都很难消失。而在微波干燥中微波可以穿透至物料内部，使内外同时受热，蒸发时间比常规加热大大缩短，可以最大限度地加快干燥速度，极大地提高生产效率。由此而节约了大量的能源消耗，且微波能源利用率高，对设备及环境不加热，仅对物料本身加热，运行成本比传统干燥低。通过表5－1传统干燥与微波干燥在干燥时间与能耗方面的比较，可以从中看出微波干燥的优越性。

表5－1　传统干燥与微波干燥在干燥时间与能耗方面的比较

项　目	传统干燥	微波干燥
干燥时间/min	480～600	15～20
功率/kW	44	43
产量/（kg/h）	41	99
能耗/（kW·h/kg）	1.07	0.43

（四）组合干燥

除了上面介绍的热空气干燥、红外线干燥、微波干燥方法外，在电瓷和其他陶瓷工业中还常采用工频电干燥和高频电干燥方法。工频电干燥法是在毛坯端面的电极上施加工频交变的电压，使含水的物料导电而产生电流热效应加热坯体。高频电干燥则是属于感应式加热，要求被加热的物料必须具有一定的导电能力。

生产中可以按坯体特点和种类，因时因地制宜，将热空气干燥、工频电干燥、高频电干燥、红外线干燥、微波干燥等几种干燥方法有机地组合到相关的生产流水线中，充分发挥各种干燥方法的优点，使之取长补短，收到最佳的干燥效果。

知识点三　干燥制度与干燥缺陷

（一）影响干燥制度的因素

干燥制度合理与否，直接关系到干燥周期的长短和坯体的干燥质量。对于热空气干燥来说，影响干燥制度的主要因素是干燥介质的温度、湿度和流速。

1. 干燥介质的温度

干燥介质的温度是制定干燥制度的重要参数。一般说来，干燥介质的温度高，带入的热量就多，坯体脱水速度快，干燥时间就短。但若温度过高，不仅加剧散热损失，而且使坯体受热不均匀，导致内扩散速度失调。因此，确定干燥制度时一定要针对坯体类型、干燥介质来源、干燥周期等进行综合考虑。对于大而厚及形状复杂的坯件，介质温度应适当调低；对小而薄的坯件，温度可适当调高些，以便缩短干燥周期。坯体脱模前后的干燥温度应有所区别，由于目前使用的石膏模型还不能承受较高的温度，因此带模干燥温度一般控制在70℃以下。在广泛采用的链式干燥器中，带模干燥温度一般控制在50～60℃，脱模后的干燥温度则控制在70～110℃。采用强化干燥时，如果控制得当，介质的温度可以提高到150～200℃。

2. 干燥介质的湿度

干燥介质的湿度调节关系到坯体的干燥质量和干燥效率。介质的湿度较大时可以降低坯体的干燥速度，有利于坯体的均匀受热与热量传递。这样不仅有利于坯体内扩散与外扩散的协调一致，而且能降低坯体的变形、开裂倾向，确保坯体的干燥质量，这在干燥初期尤其重要。但是，湿度越大则干燥速度越慢，不仅延长了干燥周期，而且增大能耗。在实际生产中，由于干燥过程对湿度调节有一定的困难，所以很少对湿度参数严格调控。一般说来，对于大件和厚胎制品，干燥介质的湿度可以适当大些；而对小件、薄壁制品，为了提高干燥效率，湿度可以适当低些。

3. 干燥介质的流速

干燥介质的流速直接影响坯体表面的蒸发速度。流速越大，热气体与坯体表面的热传递及水气扩散越充分，干燥效率也就越显著。在日用陶瓷的干燥中，利用风盒直接喷吹坯体和定位喷吹坯体都收到较理想的效果。传统干燥设备的热空气流速一般在2~4m/s，采用强化干燥时，流速可以达到10m/s以上。值得注意的是，增大流速，必须确保坯体的均匀受热，否则极易产生变形、开裂。

（二）干燥缺陷

1. 干燥缺陷产生的原因

干燥过程中坯体常见的缺陷是变形和开裂。这些缺陷与干燥制度和加工工艺密切相关。总的来讲是由于干燥不均匀，坯体内部产生了应力作用。原因可归纳为下列几个方面：

（1）坯料配方中，塑性黏土太多或不足，原料颗粒过粗或过细，或坯料混合不均匀。

（2）坯料含水率太多，或水分分布不均匀。

（3）练泥或成型时泥料组织中所形成的颗粒定向排列，及由此引起的收缩应力未能完全排除。

（4）成型时受压不匀，坯体各部位致密程度不同，以致收缩也不同。

（5）干燥制度控制不当，坯体内部产生应力，在干燥初期尚处于可塑状态时，若这种应力已相当大，就会使坯体扭曲变形。若坯体表面已经硬化，在这种应力超过坯体的强度时，就会造成开裂。

（6）干燥不匀。在干燥器中气流仅向一个方向流动，或干燥器内温度不匀，或石膏模各部位的吸水率不同，在干燥时都会引起收缩不匀，发生变形与开裂。所以大型制品的边缘及棱角处在干燥初期要用湿布或塑料膜覆盖好，以免该处干燥过快，造成各部位干湿不匀。

（7）坯体放置不平或放置方法不当，在干燥过程中由于自身重力作用而引起变形。如坯体与托板间摩擦阻力过大，则会阻碍坯体的自由收缩，当摩擦阻力大于坯体本身的抗张强度时，就会产生开裂，这对大型器件尤需注意。

（8）干燥初期气流中的水汽冷凝在坯体上，再行干燥时也会使坯体开裂。

（9）器型的设计不合理，结构过于复杂，厚薄不一，干燥不易均匀。

由此可见，在干燥过程中产生变形和开裂的原因很多，需要从实际情况出发作具体的分析。必须根据制品的特点，制定合理的干燥制度，避免收缩不均而引起的破坏应力。

2. 干燥开裂的类型及产生条件

坯体在干燥过程中形成的水分梯度会使坯体出现不均匀的收缩，从而产生应力。当应力超过了呈塑性状态坯体的强度时就会引起开裂。此外，干燥制度或坯体造型的设计不当等情况也会促使坯体干燥时开裂。

（1）边缘开裂　薄壁、扁平的陶瓷坯体干燥时，边缘的干燥速度比中心部位大得多，不均匀收缩引起应力。坯体表面和接近边缘部分处于张应力状态，中心部分处于压应力状态。

（2）中心开裂　其原因也是由于坯体边缘部分比中心部分干燥得更快些，周边的收缩在整个坯体收缩尚未结束之前就停止了，形成了一个硬壳似的骨架。随着干燥过程的进行，在等速干燥阶段终了、收缩结束之前，中心部分仍在收缩，却又受边缘硬壳的阻碍，形成中心裂纹。开裂瞬间边缘部分承受压应力，中心部分承受张应力。深杯类日用餐具的中心开裂往往呈现为底部的裂纹。为了防止这种裂纹出现，应使整个坯体均匀排出水分。边缘部分可采用隔湿处理，如盖上湿布或涂上石蜡、油脂类物质，以降低四周的干燥速度。

（3）表面裂纹　坯体干燥过程中，若内部与外表的温度梯度与水分梯度相差过大，会产生表面龟裂。易干燥的陶瓷生坯若再移至潮湿空气中，会从周围介质中吸湿，在坯体表面形成结合水膜导致微细裂纹出现。当坯体吸附0.7%～0.9%的水时，这种微裂纹隐约可见。随着吸附水的增多，裂纹会扩大。

（三）成型方法对干燥收缩的影响

坯体在干燥过程中产生变形的本质，主要是由于坯体内干燥收缩不均匀产生了应力，当应力超过成塑性状坯体的屈服值时就会产生变形。产生坯体干燥收缩不均匀的原因是多方面的，当坯体性能和干燥条件固定时，成型过程则是引起坯体干燥变形的重要原因。

坯体在成型过程中，往往由于受力不均或泥料的密度、水分不均以及黏土矿物的定向排列等原因，使坯体在干燥时产生不均匀收缩而变形，甚至开裂。因此，对于生坯的干燥，必须根据不同的成型方法所制得坯体的干燥收缩特点，确定干燥方法和制定相应的干燥制度。

1. 可塑法成型对干燥收缩的影响

可塑法成型由于要求泥料具有较好的可塑性，坯料中可塑黏土的含量较高，坯体在干燥时的收缩率和变形率也较高。其中，旋压成型的坯体干燥变形的可能性又比滚压成型的坯体高。这是因为旋压成型时泥料主要受剪切力的作用，受到的挤压力较小，坯体致密度小且不均匀。此外，旋压成型要求泥料水分多些才便于排泥和使坯体表面光滑。因此，坯体在干燥时收缩大而不均匀，特别是薄壁产品更易变形。

滚压成型滚头与泥料的接触面积较大，泥料主要受压延力的作用，坯体的致密度较高，而且结构较均匀，坯体干燥时的变形率较低。阳模滚压的坯体带模干燥时，模型支承着坯体，收缩均匀，且可以在坯体较干的情况下进行脱模，这比阴模滚压的坯体在半干状态下脱模变形要小。此外，阴模成型的坯体，带模干燥时其口部干燥比底部要快得多，较易产生口部变形。

挤压成型的坯体存在着颗粒定向排列，挤出泥段的径向与轴向的干燥收缩有明显的差异，即使在泥段同一径向，不同横切面上颗粒大小和致密程度也是不同的。这也就导致了坯体在干燥过程中的各向异性干燥收缩。挤制坯体的轴向收缩，在距中心轴线不同位置上，干燥收缩率不一致，距中心轴线越远的位置，致密度越高，干燥收缩越小。

2. 注浆法成型对干燥收缩的影响

注浆法成型同样存在着颗粒定向排列的情况。凡坯体中颗粒定向排列较为明显的，在干燥过程中都会引起不同方向上的不均匀收缩。此外，注浆坯体靠吸浆面的部位较致密，而远离该面的部位较为疏松，这就造成了注浆坯体存在不同程度的密度不均问题。由于注浆坯体中的水分并不是均一的，距石膏模表面越远的部位水分越高。因而在干燥时坯体各部位的干燥收缩程度有差别。特别是当石膏模各部位的吸水性不同时，坯体中水分的不均匀性就更明显。石膏模上多余的泥浆在全放浆后应立即将其刮去，使坯体能自由收缩和脱模。注浆成型后若黏结时用力过大，在坯体上留下应力，也会导致干燥过程中出现变形。

3. 压制法成型对干燥收缩的影响

压制成型用粉料的含水率不高，而且坯体形状简单，因此坯体的干燥变形率较之可塑法与注浆法都要小得多。但是压制成型的粉料若水分不均，模内的粉体堆积不均、受力不均也会造成坯体密度不一，导致干燥时不均匀收缩而变形。等静压成型时，坯体的水分含量很低，致密度大且均匀，因此，坯体在干燥过程中几乎无收缩与变形。

不含黏土的特种陶瓷坯体其干燥收缩一般较小，这主要取决于水和塑化剂的用量。少量的有机添加剂能增加坯体的干燥强度，减少干燥开裂的几率，但流延法、轧膜法、挤压法由于在坯料中都混有较多的塑化剂，因此坯体干燥收缩大，易于变形。

（四）坯体干燥后性质的影响因素

1. 坯体干燥后性质与后续工序的关系

生坯的干后强度、气孔率与干燥后水分对后续工序有直接影响。

为了减少坯体在干燥后各工序中的破损率及提高烧后产品的质量，要求坯体有足够的干燥强度。对于一次烧成的坯体（尤其是内、外一次施釉的坯体）要求有更高的干坯强度，否则，施釉后的坯体易造成软塌损坏。

坯体的最终含水率在一定程度上决定了坯体的气孔率与干坯强度。生产中，应根据工艺要求确定适当的最终含水率。水分过高则降低生坯强度和窑炉效率，施釉后难以达到要求的釉层厚度；水分过低（指平衡水分以下）则会在大气中吸潮，易产生表面微裂纹且浪费干燥能量。

为使釉料能牢固地吸附在坯体上，干燥后的坯体应具有一定的气孔率。对于需要连续施 2 ~ 3 层釉的生坯，要求坯体具有良好的渗透性能，否则，与釉接触的表层坯体由于吸水过多会产生膨胀、疏松甚至与内层分离。渗透性能的好坏主要取决于坯体的致密程度以及瘠性料与塑性料的比例。

2. 影响坯体干燥强度与气孔率的因素

（1）原料的种类与矿物组成　干坯强度随着泥料种类的不同差异很大。一般来说，可塑性较好的泥料，干燥后强度较高。黏土矿物的颗粒形状与堆积方式决定着坯体的干燥强度与气孔率。片状结构比棒状结构的颗粒堆积致密、塑性大、强度高。例如苏州土是含有大量棒状结构外形的高岭石，因而可塑性不大，干燥气孔率高，干燥强度低。

黏土矿物会影响颗粒的形状、大小、堆积方式及气孔尺寸分布。通常，以高岭石为主的黏土以边—面的形式堆积、形成高气孔的、渗透性好的坯体，而那些主要含伊利石的黏土则以面—面的形式堆积，形成较致密的、低渗透性的坯体。

（2）坯料细度　干燥后的坯体如果颗粒之间接触面积大，则干燥强度高。颗粒越细，比表面积越大，接触也就越多，干坯强度也越高。例如可塑黏土的颗粒细，能较好地将空隙充满，故其干燥强度要比高岭土的大。此外，晶片越薄，越能互相紧密叠合，强度也越高。

（3）吸附阳离子的种类和数量　坯体的干燥强度与气孔结构，还与坯体中所含阳离子的种类和数量有关。泥料中含不同的阳离子其干燥强度不同。其中以含 Na^+ 的泥料干燥强度最高。从数量上来说，含阳离子数量多时，由于这些阳离子能改善颗粒间的附着情况，因此，也能提高干坯强度。阳离子的种类对坯体干后气孔率的影响按以下排列顺序变化：$Na^+ < Ca^{2+} < Ba^{2+} < H^+ < Al^{3+}$（气孔率由低到高）。

（4）成型方法　在可塑状态下，黏土颗粒是任意排列的。当施以外力时，颗粒则依其长轴平行与施力的方向排列。这样，颗粒间将有更多的表面互相接触，使干燥强度提高。可塑法成型时，所用的力越大，则有序排列的颗粒越多，因而干燥强度越高。对注浆法成型的坯体，纵然是同一种浆料，也可依其注浆时泥浆胶溶程度的不同而使坯体的干后强度与气孔结构有所差别。完全胶溶的泥浆，黏土颗粒都成面—面排列，注浆时黏附在石膏模壁形成致密的坯体，影响水的渗透速度，降低注浆速率。但坯体干后强度较高，气孔率较低。在局部胶溶的泥浆中，面—面和边—面结合同时存在，部分颗粒由于轻微的絮凝而聚集成一簇一簇的团粒结构，因而形成多孔坯体，干后强度较低，气孔率较高。

（5）干燥强度　坯体的干燥强度与干燥温度有关。随着温度升高，含水量降低，坯体干燥强度在开始时增加很慢，当温度超过40℃后则提高较快。所以一般规定，坯体要干燥到40℃时才测定其干燥强度，并且要立即测定，否则坯体又会从空气中吸收水分，以致降低强度。干燥温度超过250℃时，其干燥强度也会降低。

（6）生坯的最终含水率　生坯的最终含水率直接影响着坯体的强度。应根据不同坯体的组成、成型方法、坯体的形状大小及后续工序的要求来确定坯体的最终含水率。一般来说，以达到能满足后续工序操作要求的强度为原则。坯体在干燥过程中，随着温度的升高，含水率降低，强度提高。

知识点四　干燥设备

传统的自然干燥和室式烘房干燥方法采用间歇式操作，虽然具有设备简易、变更干燥制度方便等优点，目前在小批量生产和大件坯体干燥时仍在沿用。但由于产量低、能耗大、干燥不均匀和劳动强度大等缺点，已不适应现代陶瓷生产发展的要求。目前在陶瓷生产中已广泛采用各种干燥机械的连续作业干燥方法。

连续式干燥机械的应用对于促进陶瓷工业的现代化生产具有重要的意义：它改变了靠天生产的自然干燥的原始落后状态，大大缩短了干燥时间和生产周期，提高了劳动生产率，减少了废品率；连续式干燥机械和许多现代的成型方法（如滚压成型、自动压力成型等）联动，使成型工艺实现完全的机械化、自动化，减低劳动强度，改善劳动条件，并且节省大批的坯板，减少大量的模具。

完成连续作业的干燥机械设备一般由以下部分组成：

（1）干燥室　它是完成干燥的场所。为了减少热损失，除坯体的进、出口以及进风、排湿口外，全部用隔热板及防护板将干燥室密封成一定大小的空间。

（2）热源装置　它是供给坯体水分汽化用的能量装置。现代陶瓷生产中，干燥坯体的热源形式很多，应用较广的有热风干燥、红外线辐射干燥、电热干燥、复合热源干燥等。

（3）运载机构　它用来承载坯体，使坯体在干燥室内连续运行，从而完成整个干燥过程。常用的运载机构有小车、吊篮、转盘及推板等。

（4）通风装置　通风装置的作用是使热空气在干燥室内按干燥工艺要求流动，同时带走湿气。它主要由风机、主风管、支风管（盒）和喷嘴等组成。

（5）动力传动机构　它驱动运载机构按干燥工艺的要求以一定的运动规律运行。运行方式可以是连续的，也可以是间歇的。常用的有机械传动和液压传动两类。

（6）其他附属装置　一般有机械手、控制元器件等，以实现干燥过程中脱模、取坯、转换工位等操作及控制干燥过程的运动规律。

以下主要介绍链式干燥器、转盘式干燥器和辊道式干燥器三类典型干燥机械。

（一）链式干燥机

链式干燥机是以闭合的链条作为牵引件，连着带动放着模型、坯体的吊篮或小车，在干燥室内以一定的运动规律运行，使模型和坯体得到干燥的机械设备。链式干燥机干燥均匀，自动化水平高，工人劳动强度小，在日用陶瓷厂中得到广泛应用。

1. 组成和工作原理

链式干燥机主要由链条、链轮、吊篮、钢架、传动装置、保温板和热空气系统等组成。日用陶瓷厂使用的链式干燥机一般分前箱和后箱两部分。前箱用于带模坯体的干燥，即青坯干燥；后箱用于脱模后的坯体干燥，即白坯干燥。

链式干燥比较适合日用陶瓷产品的干燥，特别是滚压成型后的坯体。成型后，连同模型一起从链式干燥机前箱"进口"处放入吊篮，吊篮在传动系统的带动下按干燥工艺要求在干燥室内循环运行，坯体在输送的同时进行干燥，通过调节输送速度和前箱的干燥温度，使坯体到达脱模处时能够脱离石膏模型，然后由人工或机械手取出放入后箱的吊篮中，模型则留在前箱随同吊篮返回链式干燥机的"进口"处；后箱吊篮上的坯体在干燥室内完成白坯干燥。

链式干燥设备的热空气由风机送入，湿度较高的干燥尾气从顶部的排气口排出，也有的链式干燥机将后箱的一部分干燥尾气送到前箱，这样可以增加前箱干燥气体的温度，同时可以提高干燥器的热效率。前箱和后箱的温度可根据工艺要求分别调节，前箱的温度一般不高于60~70℃，后箱的温度一般不高于90℃。坯体的干燥时间可用改变链轮转速的方法调节。

2. 链条的布局形式

链条是挠性件，可以依据干燥工艺和操作需要等方面非常灵活地设计布置成各种形式走向的闭合链，主要有卧式（水平）单层布局、卧式多层布局、垂直（立式）布局以及综合布局四种形式，或者说分卧（水平）式和立（垂直）式两种基本形式，如图5-10所示。

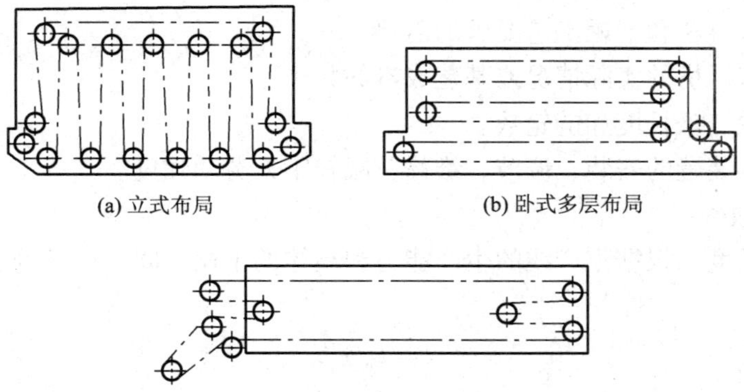

(a) 立式布局　(b) 卧式多层布局

(c) 卧式单层布局

图5-10　链式干燥机链条布局示意图

（1）立式布局形式　图5-10（a）为立式布局的链式干燥机示意图，其特点是：①可充分利用空间高度，占地面积小。一般将干燥室布置在厂房的楼上，与楼下的成型机、修坯机等组成生产线。②操作位置远离干燥室，改善工人的劳动条件。③动力消耗较小，张紧调节较方便。④干燥室上下温差较大，干燥温度不太均匀。⑤定向对位干燥时热源安装不方便。立式布局的链式干燥机也用吊篮作为运载机构，多用于非定向对位干燥或需要干燥速度较慢的场合。

（2）卧式多层布局形式　图5-10（b）为卧式多层布局链式干燥机示意图，其特点是：对厂房的要求较低，可在低厂房的地面布置，也可在较高厂房的高层布置；坯体干燥温度较均匀；从结构上看，链轮数不多但链条长，要用双链，为了防止悬空链条下垂造成的种种不良后果，一般要铺设水平支承导轨，对双链跨距大的要在两边链条中间加支承以保持两链的平行距离；动力消耗较大，张紧调节较复杂，要求机架有较高的刚性。

卧式多层链式干燥机适用于定向对位干燥、辐射干燥，尤其适用于需要转动坯体和两面使用热源干燥的情况。

(3) 卧式单层布局形式　图5－10(c)所示为卧式单层布局链式干燥机示意图。其特点是：结构简单、工作可靠、安装调试及维修方便，所需链轮和链条数少，但当干燥时间较长时，占地面积大。故多用于定向集中对位干燥的快速干燥机上。

(4) 综合布局形式　图5－11所示为综合布局的链式干燥机示意图。其链条既有水平走向也有垂直走向，它综合了卧式和立式布局形式的特点，一般用于非定向对位干燥的场合。

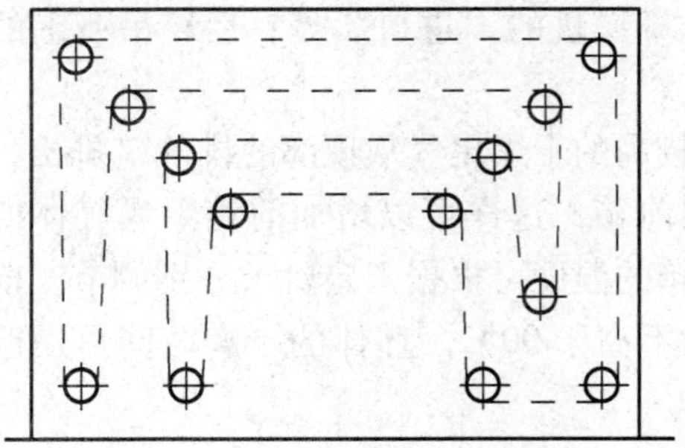

图5－11　链条综合布局示意图

选取链条走向布局时，应遵循下列原则：

①满足合理的生产工艺流程和干燥工艺要求。

②适应干燥方法和干燥工艺要求的需要。

③考虑现有厂房的实际情况或基建成本的大小。

④尽量减少链条长度和链轮数。

⑤方便各类装置的安装、调节、维修及减轻工人劳动强度。

3. 主要参数

(1) 链条长度　根据生产线的生产能力和坯体的干燥时间，链条的长度可按下面的公式计算：

$$L = L_e + L_r$$

$$L = \frac{Q}{n}st + L_r$$

式中：L——链条的长度，m；

L_e——链条的有效长度，即吊篮上有坯体的链条长度，m；

L_r——链条返回段的长度，即吊篮上没有坯体的链条长度，m；

Q——生产能力，件/h；

n——每个吊篮上放置的坯体数，一般 $n = 4 \sim 8$；

s——吊篮的间距，主要由坯体和模型的尺寸决定，m；

t——坯体的干燥时间，由工艺试验决定，h。

链条的总长度应为吊篮占用节距数的整数倍，且总节距数应为偶数。

(2) 平均输送速度

连续输送：　$v = \frac{Qs}{3600n}$

间歇输送：　$v = \frac{s}{t_d}$

式中：s——吊篮间距，m；

Q——生产能力，件/h；

v——平均输送速度，m/s；

t_d——单个循环内运动的时间，s。

对做间歇输送的链式干燥机，要求其间歇运动机构有良好的动特性，即要求机构的最大加速度要小，并且没有各种运动冲击，为避免模型和坯体因惯性力而造成位置的移动，应满足下面的条件：

$$a < fg$$

式中：a——链条的最大加速度，m/s^2；

f——模型或坯体与吊篮托板间的滑动摩擦因数，一般可取$f = 0.4$；

g——重力加速度，m/s^2。

（3）吊篮间距和链轮节圆半径　为保证吊篮运动时不发生干涉，如图5－12所示，吊篮间距应满足下列要求：

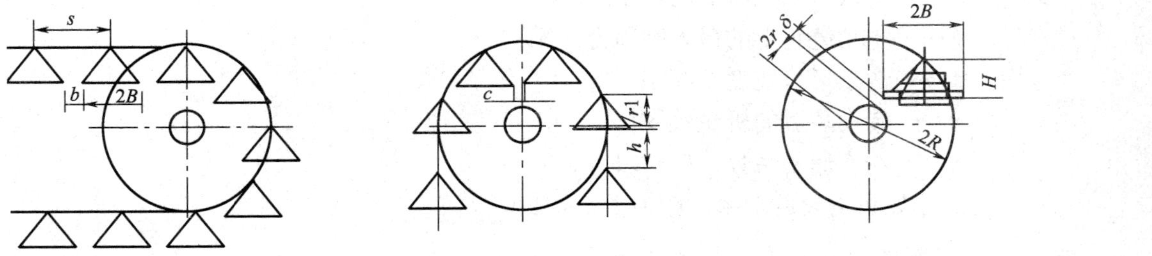

(a) 水平输送段　　(b) 垂直输送段和在改向轮处　　(c) 吊篮与链轮轴间的距离

图5－12　吊篮的运动

水平输送段：

$$s \geqslant 2B + b$$

垂直输送段：

$$s \geqslant H + h$$

在改向轮处：

$$s \geqslant \frac{R}{\pi} \arcsin \frac{2B + c}{2R}$$

为防止吊篮与链轮轴之间的干涉，可以证明，链轮的节圆半径应满足以下条件：

$$R \geqslant r + \delta + \sqrt{B^2 + H^2}$$

式中：s——吊篮的间距，m；

B——吊篮的半宽，m；

H——吊篮的高度，m；

b——水平输送段吊篮之间的间隙，m；

h——垂直输送段吊篮之间的间隙，m；

c——改向轮处吊篮之间的间隙，m；

R——改向轮的节圆半径，m；

δ——改向轮处吊篮与链轮轴之间的间隙，m；

r——链轮轴的半径，m。

各种间隙通常取25mm左右。

（4）吊篮数量　吊篮总数可按下式计算：

$$N = \frac{L}{s}$$

式中：N——吊篮总数，个；

L——链条的长度，m；

s——吊篮的间距，m。

（5）功率　链式干燥机需要的功率可按下式计算：

$$P = K\frac{Fv}{1000\eta}$$

式中：P——链式干燥机需要的功率，kW；

F——主动链轮上的最大圆周力，N；

v——链条运行速度，m/s；

η——传动装置的机械效率；

K——功率储备系数，$K=1.1 \sim 1.3$。

链式干燥机需要的功率一般为1.5～3kW。

4. 主要零部件

（1）干燥室　干燥室是具有一定工作空间的箱形部件，是完成干燥的场所，卧式干燥机的干燥室常做成整体箱形；立式干燥机的干燥室可做成分段式，前箱用于带模干燥，后箱用于脱模干燥。

干燥室的框架多用型钢（如槽钢、角钢等）搭接而成。有的采用现场焊接，也有的采用螺栓连接，最后用点焊焊牢。采用螺栓连接便于安装时调整。在框架两侧水平位置的槽钢上焊有若干个轴承座支架，用于安装链轮轴的轴承座；链条的张紧和调节装置也安装在框架的两侧；对于卧式干燥机，还要在框架两侧安装用于铺设水平导轨、热源、通风管道的支架等。因此，干燥室的框架必须有足够的强度和刚度。

干燥室的周围用保温板封闭。保温板一般用薄钢板和保温材料组装而成，并用螺钉紧固在框架上。保温板内侧与热空气接触处采用镀锌钢板，外侧与大气接触处可用普通A3钢板或纤维板以降低成本，中间装保温材料，保温材料常用的有玻璃纤维、岩棉等。保温板也有用硅酸钙板、发泡塑料等制作的。要在轴承座及安装链条张紧装置的地方开设若干小门，用以定期检查轴承润滑状况和更换油脂以及进行链条的张紧和调节。另外，还要开设人孔，用以观察干燥机运行状况或进入干燥室进行维修工作。

（2）链条　链式干燥机中链条的特点是低速重载。故对链条的主要要求是节距均匀、耐磨性好、强度大以及互换性好。

目前，工厂中多数链式干燥机使用节距为25.4～50.8mm的标准套筒滚子链。也有部分链式干燥机使用节距为60～125mm的曳引链（俗称夹板链）。节距大的链条承载能力大，链条的伸长累积误差小，但运动的平稳性差。

(3) 链轮　根据用途，链轮可分为驱动（主动）链轮、改向（从动）链轮和导向链轮三种。驱动链轮用于传递动力和运动。改向链轮是使链条改向，数量占大部分。导向链轮用做水平链条的支承和导向，直径一般较小。链轮的材料多用铸铁，也有用铸钢的，其耐磨性好，但价格较贵。

(4) 链轮轴　主动轴一般采用实心结构。主动链轮与主动轴之间通常用键联接。对双链传动，要特别注意链轮与轴加工定位时要保证两端链轮装配后轮齿对齐，以保证两边平行链条的运动同步。为保证这一点，也可设计成一端固定、另一端可在一定范围内调节链轮与轴之间相对角度的结构。

从动轴多设计成空心轴，采用实心轴头与无缝钢管焊接而成。工作时链轮转动，而轴则固定不动，使两链轮在运行中能自动进行调整，不使吊篮歪斜及卡死。若设计成转轴，则链轮与轴应采用间隙配合。

(5) 链条的张紧装置　一台链式干燥机的链条往往长达数十米至数百米，为便于安装和避免链条在使用过程中过度松弛造成啮合不良及产生振动等，必须设置链条张紧调节装置。

链式干燥机常用调整中心距的方法进行链条的张紧和调节，且多采用螺旋张紧装置。张紧装置一般应安装在改向轮处，可水平安装也可垂直安装。

(6) 吊篮　除卧式单层布局的链式干燥机外，其他的链式干燥机均采用吊篮作为运载机构，用于承放坯体和模型。

对吊篮的基本要求是：①在销轴上能摆动自如，保持水平；②吊篮的重心应低于销轴中心，以保持吊篮的稳定；③刚性好，重量轻；④不污染坯体。

吊篮由吊架、托板、耳座（挂耳）等组成，如图5－13所示。吊架可用角钢等焊接而成，也可与托板做成一体，用镀锌钢板等冲压弯折而成。托板多用镀锌钢板制成，也可用铸铝、玻璃钢板等制作。托板表面须平整，同时为了减少对坯体和模型受热的影响，应尽量减少与坯体和模型的接触面积，故常做成多孔板的样式。

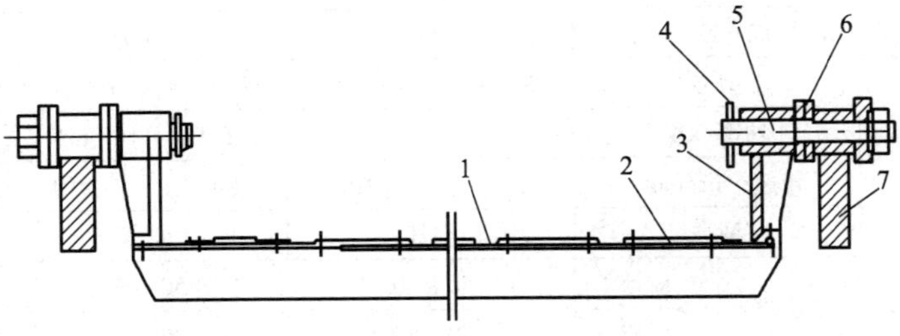

图5－13　吊篮结构

1—吊架　2—托板　3—耳座　4—开口销　5—销轴　6—链条　7—水平导轨

耳座常用铸铁铸造或用钢板冲压弯折而成。吊篮通过耳座悬挂在链条的销轴上，耳座与销轴的联接有圆孔铰链式和长孔悬挂式两种形式。销轴与耳座孔之间应有足够的间隙，以保证吊篮能绕销自如摆动。

吊篮高度应根据制品的大小来确定，应保证放上坯体与模型后，其重心不超过销轴中心。但也不宜太高，否则会导致干燥机体积庞大。目前常用的吊篮高度为 100mm 和 120mm 两种。

吊篮的宽度主要取决于坯体（模型）的尺寸。吊篮的长度则要根据坯体（模型）的尺寸、放置的个数及操作的方便性等因素综合确定。吊篮的长度短，每个吊篮的装载量少，吊篮数必须增多，链条长度必然加长，这是不经济的。但吊篮过长，会增加载荷，导致吊篮变形，同时不便于操作，增加了劳动强度。目前常用的吊篮的长度一般为 1600～2000mm。

链式干燥器在运行中出现的常见故障是吊篮倾覆和断轴。吊篮倾覆的主要原因有：①工人操作不当，坯体或模型没有放在吊篮中心；②运行不平稳，导致坯体或模型移位；③两边链条松紧不一，导致吊篮销轴错位、吊篮卡死，在改向轮处倾覆；④改向轮处支承导轨安装位置不正确，吊篮挂耳与导轨相碰而倾覆；⑤吊篮销轴与耳座配合间隙太小或吊篮变形，导致吊篮转动不灵活而卡死。

5. 规格和技术性能

表 5－2 列出了某陶瓷机械厂生产的部分链式干燥机的规格和技术性能，仅供参考。

表 5－2　　部分链式干燥机的规格和技术性能

型　号			TC3G165		TC3G212		TC3G265	
产品种类			碟、矮杯		平盘		平盘	
链条	型号		TG317		TG381		TG508	
	规格/mm		31.75		38.1		50.8	
	单边长度/m		170		190		219.9	
吊篮总数/个			535		501		541	
每个吊篮上的产品数/个			7		6		5	
链条速度（m/min）	前箱		0.832		0.692		0.741	
	后箱		0.635		0.594		0.616	
循环周期/min			245		250		288	
生产能力/（件/h）			960		560		540	
电动机	型号		Y90S－4	Y90L－6	Y90S－4	Y90L－6	Y90S－4	Y90L－6
	功率/kW		1.1	1.1	1.1	1.1	1.1	1.1
	转速/（r/min）		1400	910	1400	910	1400	910
干燥介质	种类		空气		空气		空气	
	温度/℃	前箱	50～60		50～60		50～60	
		后箱	70～80		70～80		60～80	
通风机	型号		4－72－11№6A		4－72－11№6A		4－72－11№6A	
	风量/（m^3/h）		10200		10200		10200	
	风压/kPa		1.04		1.04		1.04	
	电动机	型号	Y112M－4		Y112M－4		Y112M－4	
		功率/kW	4		4		4	
		转速/（r/min）	1450		1450		1450	

续表

型号		TC3G165		TC3G212		TC3G265	
外形尺寸	长/m	5290	10340	5350	11450	8570	15360
	宽/m	4000	4000	4000	4000	4356	4356
	高/m	15150	15150	15200	15200	15200	15200
设备质量/kg		24000		26000		28000	

(二) 转盘式干燥器

转盘式干燥机械是用大直径的圆形转盘作为模型、坯体的运载机构，以一定的转动规律载着模型、坯体在干燥室内运行并送到预定地点的机械设备。通常转盘式干燥机作为脱膜干燥的一次干燥机。

1. 结构组成和工作原理

图5－14所示为转盘式干燥机示意图。它主要由转盘、分度机构、传动系统、干燥器等组成。圆形转盘等分成若干工位放置模型，坯体做间歇运动。转盘逆时针回转一周，完成自动投泥、滚压成型、带模干燥和脱模等工序并组成自动工作循环。

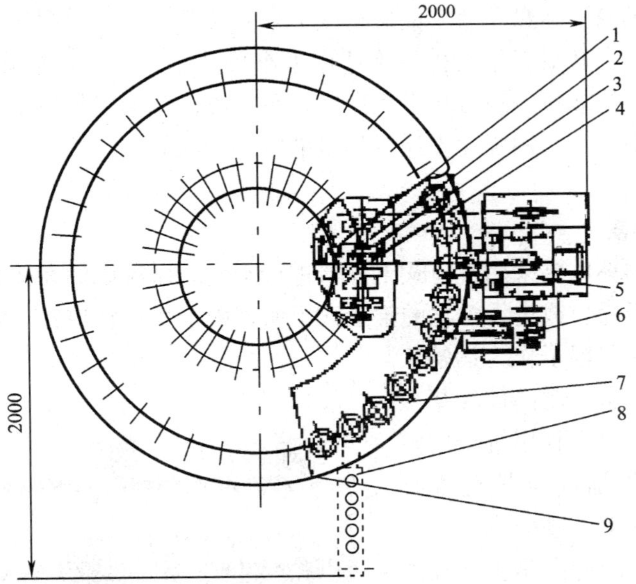

图5－14 转盘式干燥机示意图

1—定位销 2—分度销 3—凸轮杠杆机构 4—圆柱分度凸轮 5—滚压成型机 6—链式喂泥机 7—转盘式载模器 8—脱模器及输送皮带 9—干燥器

2. 主要零部件

(1) 转盘 为便于加工制造，转盘一般做成装配式。中部是一铁盘，支承与推力轴承上，并连接着驱动装置和定位销等。放模坯的圆形部分多用轻质材料（如铝合金）分块制成，并用可拆连接紧固在铁盘上。

（2）凸轮间歇运动机构　图5－15所示为圆柱凸轮间歇运动机构示意图。圆柱凸轮轴的转动由成型机凸轮轴通过1:1比速的链传动获得，因此两轴同步转动。圆柱凸轮轴转动一圈，推动装在转盘下的分度滚轮2使转盘转过一个分度角，即一个工位，然后使转盘停止；同时，由图5－14中的凸轮杠杆机构3使定位销1插入圆盘定位孔内，实现准确定位。下一次转盘转位前，首先由凸轮杠杆机构将定位销拔出，然后，转盘在圆柱凸轮分度机构推动下又重新转位，输送模坯。即圆柱分度凸轮转一圈，完成：拔出定位销—转盘转位（输送模坯）—插入定位销—转盘停留一个运动循环。转盘转动和停歇时间的长短决定于圆柱分度凸轮上斜槽所占转角的大小。

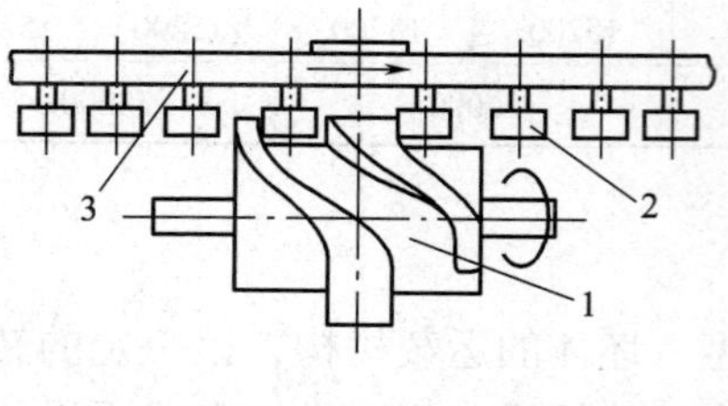

图5－15　圆柱凸轮间歇运动机构示意图
1—圆柱分度凸轮　2—分度滚轮　3—转盘

（3）性能特点和应用场合　转盘式干燥机的特点是：成型、干燥等工序均在同一转盘式载模器上完成，结构紧凑，占地面积小，便于操作和管理。采用圆柱分度凸轮实现转盘的间歇运动，并有定位销定位，运动平稳，定位准确，便于对位快速干燥。采用同步转动的凸轮轴经杠杆、挡块等实现与成型机等机械的协调同步作业，工作可靠、稳定，便于调试和维修。转盘尺寸不能做得太大，工位数受到一定限制。

根据以上特点，转盘式干燥机特别适用于小尺寸制品、要求精确对位干燥的情况。且经常与成型机、修坯机等组成自动生产线。另一方面，为了解决工位数不能随意增多的局限，此类干燥机应采用强化干燥以尽量缩短干燥时间。

（三）辊道式干燥器

陶瓷墙地砖的坯体多采用辊道式干燥器进行干燥。压制后的坯体直接进入辊道窑下层带的干燥器内干燥，或进入独立的辊道式干燥器内干燥。辊道式干燥器是连续生产的陶瓷干燥设备，利用辊子作为运输工具，如图5－16所示，制品放在垫板上或直接放在辊子上，利用辊子的转动，使砖坯由干燥器向窑炉连续移动，从而完成整个生产过程。

图5－16　辊道式干燥器

此种干燥方法的特点是生坯在通道中单向移动，干燥介质（热风）逆向流动。热源多采用烧成窑的余热或换热器的热风，湿坯首先接触的是低温、高速气流，先加热坯体，而不排湿，然后缓慢地接触高温、低湿的气流，坯体开始排出水分。中段设排湿风机抽出湿空气，尾部有气幕防止热空气逸出并使制品降温。

这种干燥方法较为简单，效率很高，干燥制度可以调节，但由于湿坯要在辊道上做长距离移动，坯体多为板状，若辊道不平整或棍棒运动中晃动，湿坯强度不足，易产生开裂。

辊道干燥器均配备自动砖坯进出及升降系统，使其成为全自动化陶瓷生产线的一部分，稳定、快速的干燥过程，避免了立式干燥器或特长地下干燥器在运动中容易损害砖坯的缺点。该种干燥窑可使陶瓷产品在很宽的范围内实现快速干燥。由于陶瓷砖呈薄片状，且是单层排列，因此干燥速率很快。辊道式干燥器投资较少，维护使用也方便，但占地面积较大，故有时将辊道式干燥器安装在辊道窑上面（或下面），既可减少占地面积，又可利用窑的余热，省去了管道的输送设备，节省了投资。

1. 主要技术参数

现以小型单层卧式辊道干燥窑为例，每排放入600mm × 600mm 砖 2 块，采用轻柴油热风炉供热。技术数据主要有以下几方面：干燥窑的实际长度及有效工作长度、干燥窑的工作通道内高、干燥窑的送风温度、干燥窑的送风压力、干燥窑的送风湿度、干燥窑的抽湿布管方式、干燥窑的传动机械等。

（1）长度　干燥窑的长度主要考虑砖坯行走的速度（与实际最大产量有关）和干燥窑的升温速度（与干燥窑热风管的布管方式有关）。一般来说，在其他因素不变的情况下，实际冲压速度越快，砖坯的行走速度就越快；热风管的布管密度越大，干燥窑的升温速度就越快。

（2）工作通道内高　根据对辊道干燥窑技术数据的分析，干燥窑滴水、裂砖与其内高关系最大。干燥窑内高不足时，干燥热风对砖面的热冲击大，很容易造成升温速度过快而导致砖裂（如果降低热风压，又容易造成排水裂和滴水缺陷）。所以，内高不足的干燥窑，其改造方向应该是如何设法增加加热风管的数量并降低升温速度。

（3）送风温度　生产中常常发现这样的情况：干燥窑出现严重的前边裂，调节干燥窑前段热风管、降低干燥窑前温以后，前边裂得到解决，但又出现严重的干燥滴水现象，这是干燥窑送风温度设计不当造成的结构性问题。

（4）送风压力　和窑炉一样，干燥窑也需要适当的压力制度。裂砖、滴水和落脏等干燥缺陷都有可能通过对干燥压力制度的调节得到解决。干燥窑的压力制度主要由干燥热源在干燥窑外的输送过程中形成，以及热源在干燥窑内由于输入量与输出量之间的偏差形成。对于前者，设计与控制的原则是既要适当减少输送阻力，又要达到压力在干燥窑中和窑外的合理分配。管径的选择、弯头的数量及选择、进风口的设计都要考虑。

（5）送风湿度　由于干燥窑的工作目标是完成坯体水分的排除，因此坯体在某个温度阶段的排湿速度就成了干燥的主要控制参数。干燥热源的湿度是影响干燥窑工作介质湿度的主要因素之一。干燥窑的热源包括窑炉热源和燃烧机热源两种，其中窑炉的排烟湿度较大，窑炉中余热湿度小，燃烧机热风湿度介于两者之间而且湿度可控性大。除了利用供热风管上的连通闸板合理地分配干燥热源的湿度以外，还应结合干燥窑抽湿口的分布特点，才能达到有效的干燥湿度控制。

（6）抽湿风管的布管方式　抽湿口布置在干燥窑的前1/4区域（排湿区）。随着陶瓷产量的增加、原材料性能的演变及生产新工艺的要求等因素的变化，原干燥窑排湿管的布置方式已经不适应目前生产需要，“均匀、可控、管口不落脏”，成为新型干燥窑抽湿改造的基本元素。

（7）传动机械　在实际生产中，干燥窑前温高时容易出现裂砖的现象。其原因除了配方的干燥性能影响之外，窑炉的传动机械设计未能满足干燥初期砖坯力学要求是更主要的因素。因此，干燥窑传动水平要求以及干燥前段对砖坯的承载方式，甚至输送方式都需要改进。

2. 辊道干燥器的结构

（1）窑体　辊道窑的窑体结构包括长度、宽度、截面和窑体厚度及组成窑体的材质等。

①窑体分节按模数设计，采用2.2m左右作为一个模数段，模数段的长度为辊子间距的整数倍。分节模数化实现了辊道窑设计制造的标准化，选用不同的节数可以十分灵活地组成各种窑长、多种生产能力的辊道窑系列，从而扩大了使用范围。节与节间用陶瓷纤维毡子堵塞，可以起到膨胀缝的作用。

②窑体采用金属框架承载结构，内衬耐火材料，分段预制，现场组装。

③窑墙选用主要采用轻质保温砖和棉，金属外壳。选用轻质隔热耐火材料和陶瓷纤维毡减少了散热损失，明显降低了产品热单耗。外层用的薄钢板具有保护、装饰和遮热罩（用来削弱辐射换热，改善烧成车间工作环境）的作用。

④窑顶采用拱顶式结构。

⑤在辊道窑各控制段窑底采用了不同材质的轻质隔热砖挡火墙，同一部位的窑顶设置了可调节的不同材质的隔焰板。可使窑隔成不同温度段，便于调节和控制窑内温度。辊道窑的长度和宽度是根据所烧坯体的矿物、化学组成以及产品性能指标、产量等参数来确定的。

（2）辊道窑的运载装置　辊道窑的运载装置包括辊子和辊子的传动装置，它的质量往往影响到窑炉的工作性能和产量的高低等。辊子的材质要求十分严格，要有均匀且很小的膨胀系数，使辊子各处的径向膨胀一致，以保证制品的平直移动；要有很好的抗热震性能，使辊子经受得起急冷急热的冲击；要求辊子直径一致和平直，确保产品的平直移动；要有强的高温抗氧化性能，使辊子能承受高温的作用；要有高的荷重软化温度和小的蠕变性，使辊子在高温下及自重和制品的重力作用下具有最小的弯曲变形，以及避免扭断和折断的危险；要有特别好的高温耐久性，使辊子能在高温下长久地工作；要有很高的硬度，使辊子具有最小的磨损。另外，还要有好的去污性能，使粘在辊子上面的釉滴或其他污物容易去掉。

辊子的材质有两种：一种是金属质，另一种是陶瓷质。金属质辊子实际上是耐热合金钢辊子，它的工作温度为1140℃，它的最大优点是抗热震性好，去污性能好，但它的高温抗氧化性能差，高温机械强度低，高温蠕变大。目前，常用的辊子是陶瓷质，高温强度大，高温蠕变小，且有很强的高温抗氧化性能。

辊子的规格尺寸要根据产品的尺寸、质量及窑炉的结构而定。为了保证辊子的平直度，辊子的直径和长度比例需有一定的限度，辊子的直径一般为30mm，其长度为2200mm。辊子的间距应尽可能小，但要保证辊子之间有一定的空隙，以便热气体通过。在辊道窑正常工作情况下，辊距的设计要使产品受到三根辊子的支撑。产品的长度与辊距之比一般要大于2.5，但辊距不能过大，否则，产品易变形。瓷辊的使用与管理应注意以下几个方面：

①使用前将瓷辊的工作部位表面涂上氧化铝涂层（涂层的成分：黏土、工业氧化铝、黏结剂、水）。

②放置在窑旁或窑顶烘干。排除瓷辊所吸附的水分，再装入窑内使用。

③若瓷辊上的涂层出现黏合物，应从窑内拉出来清洁（剥落黏合物），并涂上新的保护层。

④当瓷辊在高温状态下取出换辊时，应把瓷辊放置在有保温材料支撑的垫架上，并转动冷却到600℃以下方可停转堆放，避免瓷辊与冷金属及水泥地面接触。

（四）发展趋势

现代陶瓷的干燥技术发展到今天，许多方面都有进步，特别在以下几方面：

（1）强制干燥的广泛应用　现代化陶瓷产量不断提高，同时生产周期越来越短，传统的干燥方法在很多场合已难以适应，强制干燥因干燥周期短而得到了越来越广泛的应用。

（2）干燥理论的发展　干燥理论的发展揭示了影响干燥的因素，为新干燥机的发展提供了方向上的指导。

（3）干燥机外围设备的发展　干燥机不是一个孤立的系统，它有许多外围设备，如燃烧机、运输机械、保温系统等。这些设备的发展也带动了干燥机的发展，将陶瓷干燥技术提高到一个新的水平。

（4）计算机技术在干燥设备上的广泛应用　计算机技术的发展及成本的降低使得它在干燥设备上的应用越来越多，如快速干燥室、多层干燥窑等。计算机技术提高了干燥设备的工作稳定性，减少了对操作工人熟练程度等不确定因素的依赖，稳定了质量，提高了产量，应该说它是现代干燥设备的重要标志。可以预见，在未来不长的时间内，以下几方面还将会有新的突破。

①首先是节能　强制干燥意味着额外的能量消耗，当要求的干燥时间越短，水分越低，那么能量消耗也就越大。在陶瓷行业，强制干燥的能耗相当大，甚至超过窑炉的能耗。因此，节能上升成为新干燥机设计的主要矛盾。一方面，干燥设备要提高燃烧效率、换热效率。但另一方面，更重要的是在干燥设备的投资和运行费用（能耗）之间寻找一个适合本企业情况的平衡点。

②其次是热工仪表　热工仪表的发展远远低于其他干燥设备的发展速度。热工仪表普遍存在精度低、成本高、可靠性差的情况。未来新的热工仪表应在精度、可靠性、模块化、智能型方面有所突破。

③还有监控系统　有关干燥控制的软件包仍然是一个待开发的项目，通用工业控制软件不能解决干燥过程的具体情况，特别是温度湿度的变化关系，这类软件的出现将会使干燥过程更加容易控制和调节。

思考题

1. 简要叙述湿坯体中水分的类型。

2. 坯体干燥过程可以分为哪几个阶段？对陶瓷生产有何指导意义？

3. 简述坯体中水分的外扩散与哪些因素有关。怎样提高对外扩散速度？

4. 简述红外干燥的原理。

5. 干燥收缩率+烧成收缩率=总收缩率，你认为这种观点正确吗？为什么？

6. 简述干燥开裂的类型及产生条件。

7. 比较可塑成型、注浆成型、干压成型方法对干燥收缩的具体影响。

8. 干压成型、注浆成型及可塑成型后的坯体相比较，哪种方法的干燥收缩最小？为什么？

9. 简述坯体在输送带上较易出现跑偏的原因。

10. 简述链式干燥器的工作原理和特点。

11. 链式干燥机安装调试及使用过程中应重点注意哪些问题？

12. 对链式干燥机吊篮有哪些要求？试分析链式干燥机运行中吊篮倾覆的主要原因有哪些。

项目6　修坯与施釉

学习目标

了解施釉方法及相关机械工具，会进行修坯及施釉操作

知识要求

1. 了解施釉的方式方法
2. 了解施釉的相关工具与设备
3. 了解施釉过程易产生的缺陷及控制方法

技能要求

能对坯体进行干修、湿修、上釉等操作

知识点一　坯体的粘修

（一）粘接

粘接是制造壶、杯及坛、瓶等不能一体成型的坯体所必须经过的工序，其过程是指用一定稠度的黏性泥浆将各自成型好的部件粘接在一起，通常有专门的技术工人负责操作，手法讲究，目前还没有自动化地粘接工艺。对于粘接，要注意以下几个方面的问题：

（1）各部件的软硬程度（含水率）　在粘接时，各部件的软硬程度并不强求一致，但是含水率应尽量接近。一般来说，零件坯件应比主体坯件稍硬一些，以防止变形，但也不能相差太大，否则会因含水量不同而造成收缩不一致，引起坯体的开裂。实践表明，两者之间水分含量相差不应超过2%～3%。

（2）粘接泥浆　粘接泥浆一般和坯体的组成一致，这样才不会由于两者膨胀系数不一致而导致裂纹，同时，还要控制好泥浆的黏度和流动性，一般流动性要好，相对密度调节至2.0以上，这样的泥浆粘接后才不会开裂。为了粘接牢固，也可在粘接泥浆中加入一定的黏结剂，如糊精、甲基纤维素等，也可以在泥浆中加入30%左右的釉料或

其他熔剂，使其在高温下与坯体牢固结合。

（3）粘接接触面　根据粘接接触面的不同，可以将粘接分为滑面粘接和麻面粘接。所谓麻面粘接是指两接触面有锯齿状刀子划成锯齿状，这样可以增加接触面积，使粘接口更牢固。麻面粘接的麻面程度还可根据坯体含水率而定，如坯体含水率低，则麻面程度可深一些；如含水率高，则可浅一些。对于大型卫生瓷有两种不同的操作方法；一种是在两个粘接件含水率适当的情况下，先将两者粘接处划成麻面；另一种情况是坯体含水较低，使之麻面后可用刷子粘水刷一遍，直接用稠泥浆进行粘接。这两种操作如能掌握恰当，可以得到同样的效果。粘接完后，要将多余的泥浆刮走。同时，为了防止开裂和变形，一般在粘接处粘上软布或纸。

（二）修坯

对于粘接完的坯体，由于其表面不太光滑，边口有毛边，有的还留有模缝迹，而且有些产品还需进一步加工，如挖底、打孔等，因此需要进一步加工修平，称之为修坯。修坯是对立体半成品进行打磨加工，使其成为能适应施釉操作和入窑烧成的精坯。修坯是注浆成型和可塑成型工业中一项必需的工作。它对坯体表面品质影响很大，应足够重视。

1. 湿修

修坯有湿修与干修之分。湿修是在坯体含水很多，尚在湿软的情况下进行的，适合器形较复杂或需经湿接的坯体，此时操作较容易而且修坯刀子不易磨损，其缺点是容易在搬动及操作过程中使坯件受伤而引起变形，对提高品质不利。一般碗、壶、杯等需进行加工的制品，多采湿修，其水分视需加工的程度来定。需可塑加工（如打孔等）和粘接的坯体，其湿修水分可略高，为16%～19%，例如瓷器和精陶坯体一般为16%～18%，而粗陶坯一般为8%～16%。湿修的方法，可用刮刀、泡沫塑件等刮平修光。

2. 干修

干修是在坯体含水量降至6%～10%或干燥后水分更低的情况下进行。此时坯体强度增大，可减少因搬动受伤而引起的变形，对提高品质有利，其缺点是粉尘较大，而且对修坯刀的阻力较大，容易跳刀。修坯刀的磨损也较大，操作技术较难掌握。干修时由于坯含水率低，可用泡沫塑料、抹布、海绵等蘸水进行修坯，也可用小刀、筛网等直接干修。

修坯采用的刮刀种类很多，制品不同，其采用的形状也不同。例如卫生瓷的修坯刮刀，按其形状分，可分为平刮刀、圆刮刀、月牙刮刀三种。平刮刀为全半圆形，一般适应于修平面；圆刮刀，呈双弧形，适用于刮凹面；月牙刮刀适用于刮凸起面模型对口缝痕迹等。刮刀一般为双面刃，刃宽在5～10mm。刮坯时根据所刮坯体的凸凹程度，改变刮刀面同坯体表面的角度进行操作。

3. 修坯机械

无论是用可塑法还是注浆法成型的坯体，都要做进一步的修整加工，才能使坯体的形态、尺寸和表面状况符合质量要求。常用的修坯方法有磨削和车削两种。下面介绍对坯体进行磨削和车削加工的机械设备。

（1）磨坯机　坯体的磨削加工是在磨坯机上手工进行的。磨坯机的主要部分就是一根带有离合器的立轴，坯体放在固定于轴端的承座上，立轴转动时，由人工用磨具（砂纸或铜筛网）对坯体修磨。磨坯机的构造与单头滚压机主轴部件基本相同。

磨坯机转速是影响产品质量和生产能力的一个重要因素，转速过高，坯体容易损坏，操作比较困难；转速过低，坯体表面不够光滑，生产能力也低。转速的选择应根据坯体大小由试验确定，目前为300～600r/min。坯体尺寸大，转速应低些；尺寸小，转速可高些。坯体的含水量是影响产品质量的另一个重要因素，一般要求坯体含水量小于4%。磨坯机需要的功率很小，只要0.4kW左右。

（2）车坯机　对于日用陶瓷来说，车削主要用于加工坯体的底足，故通常把完成这一工艺过程的操作称为挖底，而用于这种操作的机械称为挖底机。

①构造和工作原理　挖底机主要由主轴6、承座1、压头2、凸轮轴11以及传动装置等组成，如图6－1所示。在主轴的端部固定着按坯体底足轮廓曲线修磨的样板刀片5，电动机10除带动主轴转动外，还经过蜗轮减速器8带动凸轮7转动，凸轮则通过摇杆9、连杆12和导杆3使压头按一定规律做升降运动。操作时，主轴旋转，坯体由人工放入具有弹性支架的承座内，接着压头下降，压住坯体并进而迫使坯体连同承座一同下降，当坯体底足与样板刀片相碰时，刀片开始对坯体进行切削加工。然后，压头继续下降，刀片继续切削，当压头下降到终点位置时，底足加工完毕。最后，压头下升，坯体也随之离开样板刀片，待压头离开坯体后，由人工取出已经加工的坯体。至此，机器完成一个工作循环。

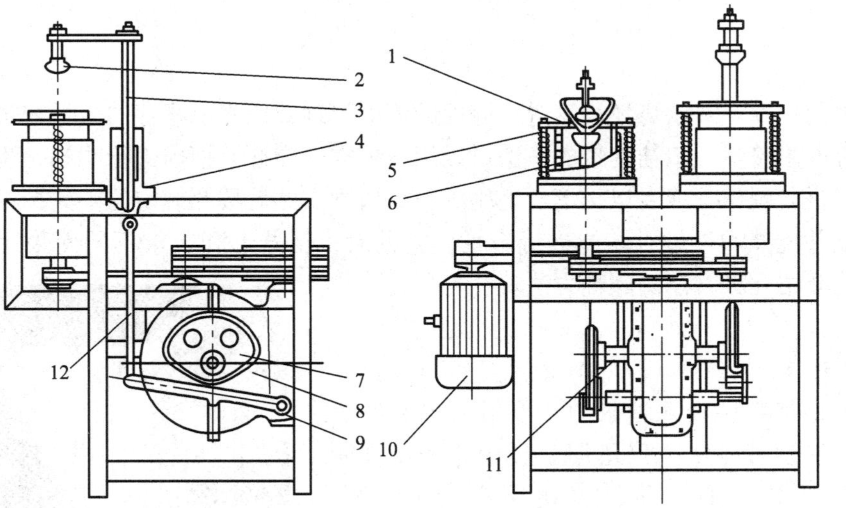

图6－1　双头挖底机示意图

1—承座　2—压头　3—导杆　4—滑座　5—样板刀片　6—主轴　7—凸轮　8—蜗轮减速器　9—摇杆　10—电动机　11—凸轮轴　12—连杆

挖底机有单头和双头两种。与滚压机类似，双头挖底机有两套完全相同的由主轴、承座和压头等组成的装置，两套装置并排装设并按一定顺序交替作业，由一名工人操作，生产能力可达12～18件/min。

②主要参数　挖底机的主要参数是切削用量和需要的功率。切削用量是指切削时各运动参数的数量，一般包括三个要素，即切削速度、进给量和切削深度。切削速度是指刀具从加工对象上把切屑切下来的速度。对于挖底机的样板刀来说，刀刃上各点的切削速度是各不相同的。切削速度除与主轴转速有关外，还与该点的转动半径有关。转动半径越大，切削速度也越大。不过，实际上挖底机加工的多是碗、碟类产品，底足的尺寸相差不大。为了方便起见，通常用刀具的转速（也就是主轴转速）代替切削速度作为切削要素。

进给量是指刀具（或加工对象）每转一圈，加工对象（或刀具）沿进给方向移动的距离，进给量也称为走刀量，用 s 表示。切削深度是加工对象已加工表面和待加工表面的垂直距离，以 t 表示。

由于挖底机是用样板刀切削的。显然，切削深度在数值上等于进给量，故实际上只有两个独立的切削要素，即主轴转速和进给量。由于坯体的强度很低，不能承受很大的切削力，故进给量不宜过大，但主轴转速可以高些。不过，主轴转速增加，刀具寿命缩短，机器振动加大。根据实际使用的数据，挖底机的进给量为0.08～0.15mm，主轴转速为1500～2800r/min。

挖底机需要的功率，还没有建立有理论根据的计算方法，通常是参照实际使用的数据确定，一般取0.2～0.4kW。

知识点二　施釉方式

施釉前，生坯或素烧坯均需进行表面的清洁处理，以除去积存的尘垢或油渍，保证釉层良好的附着性。清洁处理的方法可以用压缩空气在通风柜内进行吹扫，也可以用海绵浸水后进行湿抹，或者以排笔、毛刷等蘸水洗刷。然后按照规定的工艺标准调整釉浆相对密度并搅拌均匀后对坯体进行施釉。施釉时，视器形和要求不同而采用不同的方法。下面介绍几种常用的施釉方法。

（一）浸釉

浸釉是将坯件浸入釉浆中，停留适当时间后迅速提出。这种方法不仅适用于日用瓷和小件制品的通体一次上釉，而且普遍用来给壶、瓶、杯、罐等制品施外釉。浸釉法要求生坯具有一定的强度或采用素烧坯，否则容易被浸散碎裂。对于这种施釉方式，要求操作者手法熟练，速度均一，并定时搅动釉浆，以确保釉层厚度的一致。浸釉时釉层的厚度取决于坯体的吸水率、釉浆的相对密度及浸釉的时间。图6－2为小型花盆的浸釉图示。

图6－2　浸釉

手工浸釉是一种适用于中小件陶瓷制品的常用施釉方法。浸釉时必须经常搅拌釉浆，以避免釉浆沉淀而导致釉层厚度不均。为提高釉层质量，有些日用陶瓷的浸釉必须用到专门的工具来辅助施釉，如上釉钳、上釉弓、吸盘等。这些工具如吸盘等可以直接买到，而上釉钳、上釉弓等工具可以根据陶瓷产品的外型自己制作，通常可以用剪刀、钢丝经过一定的处理即可。

使用上釉钳时，待制品表面擦拭干净后用上釉钳夹住，倾斜约45°浸入釉浆中，如图6－3所示。完全浸入后翻卷手腕，使先入水的一侧坯体先出釉浆，缓慢提出。但这种方法容易使钳子与坯体接触的部位产生缺陷，需补釉刮平。使用上釉钳时，对象一般为扁平状的陶瓷产品，常见的是盘子。

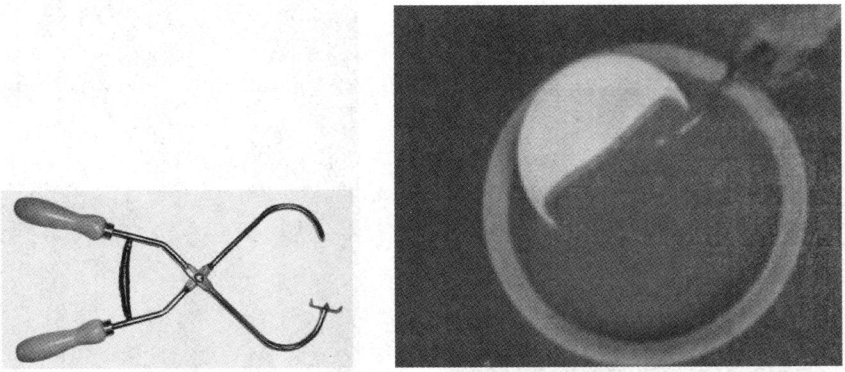

(a) 上釉钳　　(b) 浸釉操作

图6－3　利用上釉钳浸釉

上釉弓也是常用的浸釉工具，如图6－4所示，同样适合扁平陶瓷器的施釉。但操作过程中容易使陶瓷下部积釉，因此需要等到余釉完全沥干以后才能正放器件。与上釉钳一样，工具与坯件接触点也需修补处理，否则易产生釉面缺陷。

吸盘浸外釉是碗、碟类陶瓷产品经常使用的施釉方法，如图6－5所示。在对于一些正面凹凸不平的制品就无法用吸盘来施釉。另外，浸釉时最好保持一定的倾斜角度入釉浆，以利于气体的顺利排出，否则可能造成缺釉或薄釉等现象。

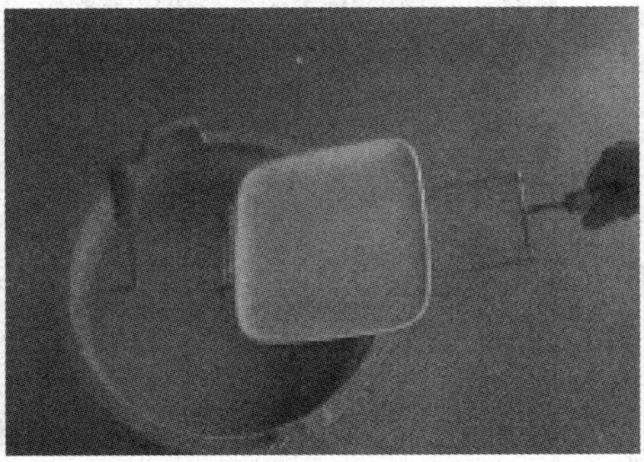

图6－4　利用上釉弓浸釉

图6－5　利用吸盘手工浸釉

（二）荡釉

荡釉法适用于中空器物如壶、瓶、罐等施内釉。将釉浆注入空心坯件内，上下左右摇动，使釉浆涂敷于坯件的内表面，然后倒出余浆，见图6－6。倒出余浆时很有讲究，因为釉浆如果从一边倒出，则釉层厚薄不均。有经验的工人倒余浆时动作快，釉浆从圆周均匀流出，使釉层均匀。目前，很多生产陶瓷酒瓶、陶瓷砂锅的企业仍然保留有荡釉这一操作岗位，工人师傅的劳动强度较大，基本上企业的所有产品都需经过他们这一道工序。

图6－6　荡釉

（三）浇釉

浇釉是利用浇洒的方法，把釉浆浇于坯件之上，见图6－7。对于大件制品，如缸类，通常是舀取釉浆从上到下均匀地浇洒于静止的坯件上，靠釉的重力流淌，完成施釉过程。而我国南方的一些陶瓷企业，由于生坯的强度较差，不宜采用浸釉法施釉，也常采用浇釉法。施釉时，把盘、碟类坯件放于辘轳车上，然后把釉浆浇至坯件中央，釉浆在离心力的作用下均匀地流散于整个表面，余浆从坯体边沿被甩出，并收集循环使用。这种方法也被称为旋釉或轮釉，它不仅适用于强度低的坯件，而且得到的釉层均匀。

图6－7　浇釉

浇釉这种施釉方式，一般不针对小型、精细的陶瓷产品，因为浇釉后的产品往往平整均匀性都会打点折扣。但对于大型或艺术陶瓷，浇釉往往会产生意想不到的特殊效果。此外还要注意浇釉后，坯体的擦底操作。不然大量的釉浆会沉积在底部，导致烧成缺陷。

（四）喷釉

喷釉是利用压缩空气将釉浆雾化喷于坯体的表面。此法常用于壁薄、易碎的高档制品、釉下彩装饰的制品及某些大型瓷板等。喷釉的工具是喷枪，气源是空气压缩机，工作压力一般控制在3～4MPa。为防止喷釉过程中的雾粒对人体的危害，操作室必须设有吸尘设施。

比较古老的喷釉方法是由人工直接吹出釉，适用于局部的粗颗粒感喷釉。由于效率很低，但效果独特，一般用在陶艺等个性产品的施釉方面，如图6－8所示。

随着科技的不断进步及陶瓷产品要求的不断提高，如今喷釉基本都实现机械化和自动化，如图6－9所示。流水线的喷釉生产及机器人喷釉的高度自动化，大大降低了劳动强度，也使陶瓷表面釉层更加均匀，更加完美。

图6－8 人工吹釉

图6－9 地砖自动喷釉生产线

（五）刷釉

刷釉是用毛笔蘸取釉浆涂刷于坯体之上，见图6－10，往往用在一些陶瓷餐具的装饰及艺术陶瓷的点缀上。这种方法施釉量相对较少，并且需要转盘辅助操作。对于一些具有环形色彩的陶瓷盘，这是一种常见且方便的施釉方式。此外，刷釉还经常用于在同一坯体上施几种不同的釉或用于补釉操作。

(a) 毛刷子

(b) 刷釉操作

图 6－10　刷釉

（六）淋釉

将釉浆抽入高位罐，通过釉槽和筛网格的缓冲作用，使釉浆通过光滑的钟罩，均匀如瀑布一样覆盖在坯体的表面，一般适用于墙地砖企业瓷砖的上釉工序。淋釉釉坯表面光滑，适于高度精细的图案印刷或胶辊印花。

图 6－11 为淋釉装置示意图。淋釉设备通常有振动筛、溢流釉槽、阀门、贮釉杯、淋釉钟罩、回釉槽等组成。坯体经传送带输送至釉垂直面时，就会在坯体表面附着，非常均匀，如图 6－12 所示。

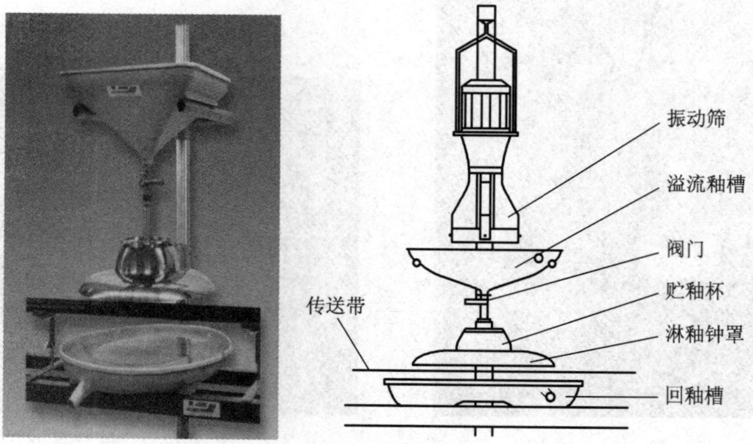

图 6－11　淋釉设备示意图

（七）射釉

口小、中空的制品，如瓶、壶、罐内表面施釉则可以使用射釉或泵釉的方法，但需采用专门的工具。方法是将杯口倒置，釉浆在压力作用下向上喷射，浇在制品内表面，在重力作用下余釉

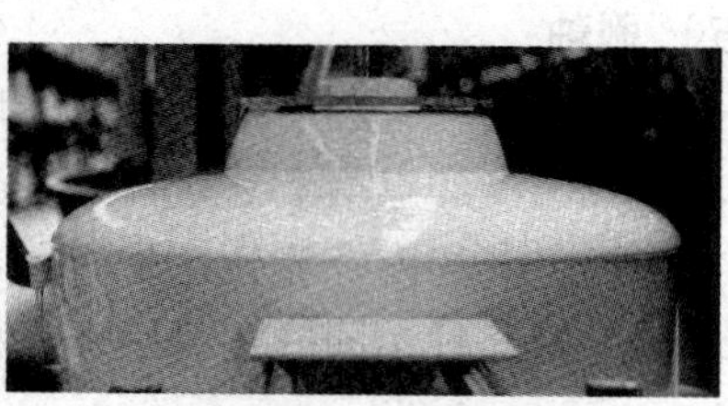
图 6－12　淋釉工序图

均匀流出。这种方法和荡釉相比速度更快，釉层的均匀性也有所提高。这种上釉方式比较特殊，一般用于制品内釉的施制。采用射釉一般需要使用特殊装置将釉浆加压，常见设备如图6－13所示。

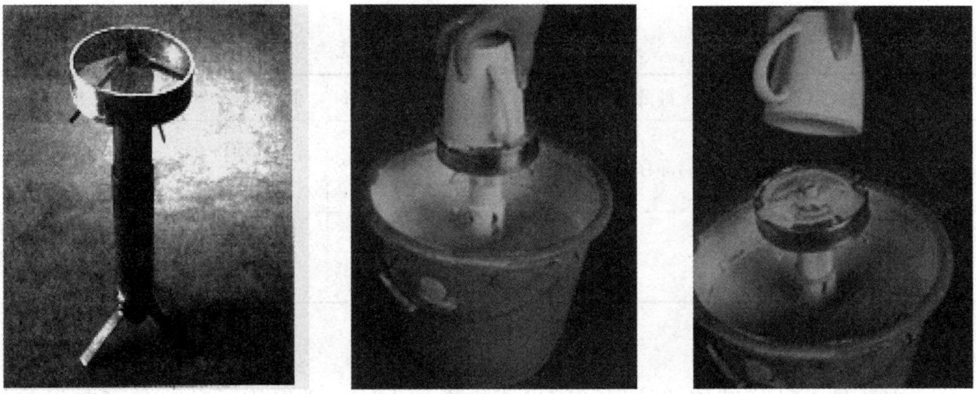

(a) 射釉泵　(b) 射釉操作一　(c) 射釉操作二

图6－13　射釉

(八) 其他施釉方式

1. 高压静电施釉

在卫生陶瓷生产中，普遍采用人工压力喷釉的方法施釉，生产出来的卫生陶瓷产品釉面存在局部釉薄、缺釉、釉脏、波纹、色差等缺陷，严重影响了产品的质量、档次、合格率以及操作者的身体健康。这些缺陷难以控制且波动性较大，人为因素影响尤为严重。为提高卫生陶瓷产品釉面质量和档次，利用高压静电施釉法生产卫生陶瓷已成为趋势。

高压静电施釉的工作原理是：在釉料上施加高压静电，使雾化颗粒带电，在高压静电场的作用下，釉料微粒定向移动到坯体上，当这些带电微粒触及坯体时产生放电反应，在坯体表面形成一层均匀致密、附着力很强的釉层。此时静电压越高，釉浆雾化所带的静电能量就越大，与坯体接触时产生的附着力越强。在实际生产中。静电压以 $(9\sim10)\times10^5$V 为宜，静电压过高，设备性能要求高，投资大，同时自动保护系统也制约最高静电压值。

通过喷枪压力及喷嘴的调节，可获得较佳的施釉效果，喷枪压力过大易造成釉浆飞溅，施釉不均；压力过小坯体对釉浆的吸附力差，喷枪雾化压力以0.4MPa为宜。喷嘴的锥面大小直接影响施釉效果，锥面小雾化效果差，太大也不利于釉浆雾化。对喷枪进行综合分层布置，调整喷枪与坯体的距离和角度，角度以适于喷到坯体的各面为宜，喷枪与坯体距离以400～500mm为宜，喷嘴与施釉面垂直为佳。传送带的运行速度快有利于提高工作效率，但釉层较薄或不均匀；反之效率就低，易造成釉浆堆积过厚，其速度以18～36s/件为宜。

表6－1为人工施釉与高压施釉的对比。由表可知，与一般施釉方法相比，高压静电施釉效率高，釉层质量好，釉浆浪费少，适用于大批量连续化生产。缺点是：对于小批量、多釉品种的生产灵活性差（施釉线清洗工作量大），同时引进设备一次性投资大，设备维修困难。此外因电压较高，须有安全保护措施。

表6－1　人工施釉与高压静电施釉对比

	釉脏	滚油	釉薄	波纹	色差	缺陷率/%	生产效率/（件/班）	釉浆损失/%
人工压力喷釉	存在	存在	局部存在	存在	存在	20～40	550～650（10～12人）	20
高压静电施釉	无	少	无	无	无	<5	1500～2500（6～8人）	回收率高

2. 干法施釉

干法施釉是一种代替传统的以釉浆进行施釉的方法，它采用干釉粉，可获得美观而又耐磨的表面。干法施釉工艺将在很大程度上影响今后的陶瓷地砖工业，会使陶瓷地砖的表面装饰技术发生突破性的变革。干法施釉在国外已普遍应用，我国则处于发展阶段，只有少数墙地砖工厂采用这种施釉方法。根据施釉方式的不同，干法施釉分为流化床施釉、釉纸施釉、干法静电施釉、撒干釉、干压施釉、热喷施釉等。

（1）流化床法施釉　所谓流化床施釉就是利用压缩空气设法使加有少量有机树脂的干釉粉在流化床内悬浮而呈现流化状态，然后将预热到100～200℃的坯体浸入到流化床中，与釉粉保持一段时间的接触，使树脂软化从而在坯体表面上黏附一层均匀的釉料的一种施釉方法。该种施釉方法对釉料的颗粒度要求较高。颗粒过小，容易喷出，还会凝聚成团；大颗粒的存在会使流化床不稳定。釉料粒度比一般釉浆粒度稍大，通常控制在100～200μm。气流速度通常为0.15～0.3m/s。这种施釉法由于设备复杂，施釉效果不易控制。

（2）釉纸施釉　这种方法最初出现在日本，它是将造纸工艺运用于陶瓷工业施釉中而不断发展起来的。其方法是将表面含有大量羟基的黏土矿物制备成浓度为0.1%～10%的类似纸浆的悬浮液，把釉料均匀分散到悬浮液中，然后把这种分散液进行造纸而得到釉纸。目前，用釉纸施釉进行装饰的方法有如下几种：①成型和上釉同时进行。在注浆成型时，可先将釉纸附在石膏模中，脱水后，釉纸即附在坯体上；②可在成型的湿坯上黏附釉纸；③可在干燥或素烧后的坯体上黏附釉纸。

这种方法不需要特别的施釉装置，大大简化了生产流程；同时制作釉纸及施釉过程中，粉尘或釉不会挥发，减少了环境污染；另外，还可以将成型和施釉同时进行。不足之处是该法需要设置釉浆抄纸设备。

（3）静电干法施釉　这种方法是由英国的HR JOHNSON瓷砖公司开发出的一种施釉新工艺，和湿法静电施釉原理一样，此种施釉方法非常适合于生产仿古瓷砖产品。传统的湿法施釉方法由于受到釉浆流变学性能与干燥工艺的束缚，不能够适应不同表面瓷砖的施釉，而且容易出现许多釉面缺陷，诸如针孔、裂纹、波纹等。采用干法静电施釉工艺，几乎可以完全避免上述釉面缺陷，使产品的釉面装饰质量大大提高。另外，采用静电干法施釉工艺，还可以提高釉粉的回收率，节约陶瓷原料，同时也改进了过去的釉浆处理方法与操作者的工作环境，提高了经济效益，还可以消除由于湿法施釉带来的水浸泡和干燥引起开裂等问题。

（4）撒干釉　撒干釉是目前干法施釉中应用最为普遍的一种，它能获得传统的施釉工艺方法得不到的斑晶状多色装饰效果，能产生大理石，花岗石般的仿古效果。撒干釉的工艺大致可分为两类：一类是将干釉粉撒到用传统施釉方法施的底釉层上，然后根据需要施一层薄透明釉；另一类是先在坯体上施一层黏结剂，再施干釉粉，然后再根据需要施一层薄透明釉。另外还可以配合丝网印刷，以获取不同花纹图案的装饰效果。

撒干釉通常要先制备釉粉，也称釉粒。制作流程是将长石、硅石、黏土、熔块、石灰、氧化锌和金属氧化物颜料等组成的釉原料置于球磨机中，加入适量水及添加剂，按需要再加入平均粒度为0.1～0.5mm，耐火度在1200℃以上的颗粒物，如熔融二氧化硅，粉磨成泥浆，然后经喷雾干燥造粒成含水量在2%以下的釉粒。

使用时，为了便于黏附釉粒，可以先将黏结剂喷雾于坯体表面，撒釉粒后，经压实使釉粒固定在坯表面。据介绍，使用这种釉粒具有以下优越性：由于釉粒含有石蜡成分，其休止角在30°以下，流动性高，便于施釉，且不易碎裂，便于贮放和输送。由于釉粒中含有熔融二氧化硅颗粒物，使釉面具有凹凸粗糙感，也可起到防滑的效果，随颗粒特性的变化，砖表面形成大斑点和微细花纹，加之凹凸感，显得自然而美观。

（5）干压施釉　干压施釉法是用压制成型机，将成型、上釉一次完成的一种方法。釉料和坯体均通过喷雾干燥来制备。釉粉的含水量控制在1%～3%。坯料含水量为5%～7%。成型时，先将坯料装入模具加压一次，然后撒上少许有机结合剂，再撒上釉粉，然后加压。釉层在0.3～0.7mm。采用干压施釉，由于釉层上也施加了一定的压力，故制品的耐磨性和硬度都有所提高。同时也减少了施釉工序，节省了人力和能耗，生产周期大大缩短。干压施釉法主要适用于建筑陶瓷内外墙砖的施釉。

（6）热喷施釉　热喷釉就是在一条特殊设计的隧道窑内将坯体素烧和釉烧连续进行的一种方法。先进行坯体的素烧，然后在炽热状态的素烧坯体上进行喷干釉粉。喷釉后继续进行釉烧，这种施釉方法的特点是热施釉，素烧和釉烧连续进行。该种方法坯釉结合好，且能节约能耗。

知识点三　施釉缺陷及其控制

在施釉时，如果釉浆的质量控制不严格，就会在坯体上出现缺陷。要适当选择釉的相对密度，釉浆的相对密度过小，则在坯体上形成的釉层过薄，不易消除制品表面上的粗糙痕迹，且使烧成后釉面光泽不良。釉浆相对密度过大，施釉操作不易掌握，坯体内部有棱角的地方往往上不到釉，施釉后釉面容易开裂，烧后在制品表面可能产生堆釉现象。

釉料中加入的可塑性物料过多，造成釉的黏度过大时，施釉后容易发生龟裂、釉层卷起等现象。此时，应调整可塑物料的配合量，或将部分黏土原料预烧，以减小黏附能力。剥脱也是釉最容易发生的缺陷。烧成后釉面呈鳞片状、点滴状或粒状。其产生的主要原因是由于烧成前釉与坯的附着不充分而引起。

由黏结力过强的坯料形成的坯体，水的渗透较为困难，在施釉时往往产生开裂缺陷，尤其使用浓度小的釉更为严重。这是由于坯体的组织过于致密，缺乏渗透性，施釉时坯体表面吸收水分而膨胀，坯体内部则由于水分难以渗透进去，使坯体内外膨胀不一致，所以发生开裂。在黏性过强的坯料中应加入减黏原料来增加坯体的吸水性。此外，也可以将坯体先行素烧来增加其吸水性。由黏着力过小的坯料形成的坯体，施釉时容易破损，操作也比较困难。此时，可增加坯中可塑性原料或对坯件先行素烧，以增加坯体的强度。

为保证顺利施釉并使烧后釉面具有预期的性能，对釉浆性能具有一定要求。一般从以下几个方面控制。

（一）细度

釉浆细度直接影响釉浆稠度和悬浮性，也影响釉浆与坯的黏附能力、釉的熔化温度以及烧后制品的釉面质量。一般来说，釉浆细，则浆体的悬浮性好，釉的熔化温度相应降低，釉坯黏附紧密且两者反应充分。但釉浆过细时，会使浆体稠度增大，施釉时容易形成过厚釉层，从而降低制品的机械强度和抗热震性。即使釉层厚度适中，因釉料过细，高温反应过急，釉层中的气体难以排除，容易产生釉面棕眼、开裂、缩釉和干釉缺陷。此外，随釉浆细度增加，含铅熔块的铅溶出量增加。长石中的碱和熔块中的钠、硼等离子的溶解度也有所增加，致使浆体的 pH 提高，浆体容易凝聚。一般透明釉浆的细度以万孔筛筛余0.1%～0.2%较好。乳浊釉的细度应小于0.1%。

（二）釉浆密度

釉浆密度直接影响施釉时间和釉层厚度。釉浆密度较大时，较短时间上釉也容易获得较厚釉层。但过浓的釉浆会使釉层厚度不均，易开裂、缩釉。釉浆密度较小，要达到一定厚度的釉层必须多次施釉或长时间施釉。釉浆密度的确定取决于坯体的种类、大小及采用的施釉方法。颜色釉的密度往往比透明釉大些。生坯浸釉时，釉浆密度为1.4～1.5g/cm^3；素坯浸釉时密度为1.5～1.7g/cm^3；烧结坯体所施釉浆更浓，要求密度为1.7～1.9g/cm^3；机械喷釉的釉浆密度范围可大一些，一般为1.4～1.8g/cm^3。冬季气温低，釉浆黏度大，釉浆密度应适当调小；夏季气温高，釉浆黏度小，密度应适当调大。

（三）流动性与悬浮性

釉浆的流动性和悬浮性是釉浆的两个重要性能指标。它直接影响施釉工艺的顺利进行及烧后制品的釉面质量。釉料的细度和釉浆中水分的含量是影响釉浆流动性的重要因素。细度增加，可使悬浮性变好，但太细时釉浆变稠，流动性变差；增加水量可稀释釉浆，增大流动度，但却使浆体密度降低，釉浆与生坯的黏附性也变差。有效地改善釉浆性能的方法是加入添加剂。单宁酸及其盐类、偏硅酸钠、阿拉伯树胶及鞣质减水剂等为常用的电解质，适量加入可增大釉浆流动性。另外，陈腐对黏土的釉浆性能影响显著，它可以改变釉浆的屈服值、流动度和吸附量并使釉浆性能稳定。

知识点四 施釉设备

在陶瓷制品的坯体表面上，一般都要覆盖一层粉磨得很细的，由长石、石英、黏土以及其他矿物组成的物料，这层物料经高温焙烧后即成为与坯体牢固地结合在一起的一薄层玻璃态物质，这一薄层的玻璃态物质称为釉。釉一般具有光亮、半透明、圆滑和不透水等性质。制品施釉后，表面不易沾污，弄脏后也容易洗涤干净。此外，釉还可遮盖坯体上的某些瑕疵，增进美观，起着装饰的作用。

作为釉所使用的物料，即通常所谓的釉料，一般都制成泥浆状，利用干燥坯体的吸水性使之黏附在坯体表面上。施釉的方法很多，其中主要有浇釉、浸釉和喷釉等几种。目前施釉操作还有不少是借助于简单的设备人工进行的，与此同时，也有一些半自动的施釉机械，下面介绍其中的几种。

（一）浇釉机

浇釉机主要由主轴2、凸轮轴13、釉浆泵12、釉浆桶11及机架等组成，如图6－14所示。主轴上端固定着坯体承座1，下部为离合器4，离合器的接合与分离用踏板6由人工控制。底釉管5穿过空心的主轴，使釉浆能向上喷浇在坯体的底部。底釉管5、外釉管14和内釉管15共用一台釉浆泵供釉。釉浆泵由一个空心的橡胶球和两只止回阀组成，如图6－15所示。当橡胶球受到挤压和由于橡胶的弹性而松回时，使釉浆作间歇式的输送，工作原理与隔膜泵相似。在工作台上装有抹水笔16。浇釉前，抹水笔自动对坯体内面抹

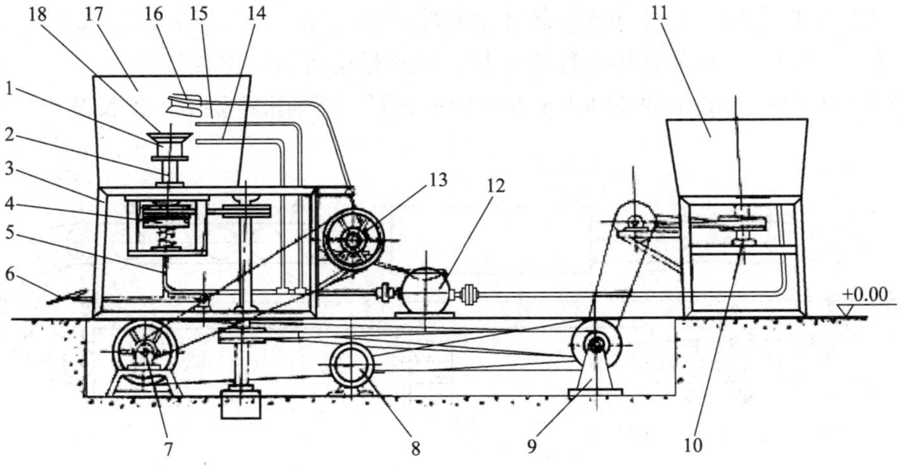

图6－14 半自动三管浇釉机示意图

1—承座 2—主轴 3—机架 4—摩擦离合器 5—底釉管 6—踏板 7、9—传动装置 8—电动机 10—搅拌机 11—釉浆桶 12—釉浆泵 13—凸轮轴 14—外釉管 15—内釉管 16—抹水笔 17—釉盘 18—坯体

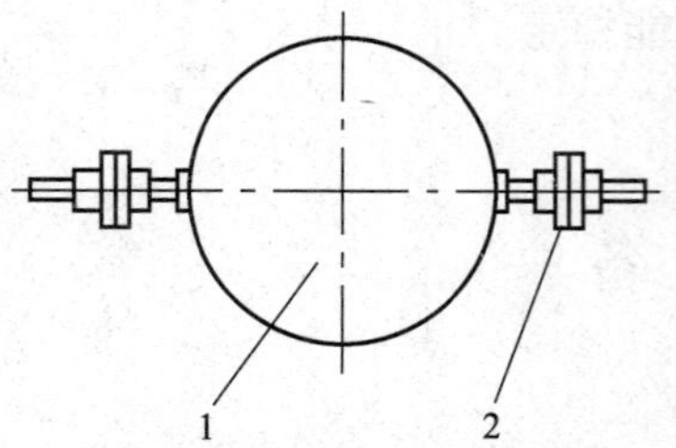

图 6－15　浇釉机用的釉浆泵
1—空心橡胶球　2—单向阀

水，清除黏附在坯体表面上的灰尘。釉盘 17 承接从坯体甩出的多余釉浆，多余的釉浆集中后由另一台釉浆泵送回釉浆桶中继续使用。抹水笔和各台釉浆泵的动作由凸轮轴上相应的凸轮控制。

施釉的操作过程如下：

（1）用脚踩下踏板，使主轴离合器分离，与此同时制动器制动，主轴停止转动。

（2）把坯体准确地放在承座上。

（3）松开踏板，离合器接合，制动器松开，主轴转动。

（4）抹水笔自动抹水，清除坯体表面上的灰尘。

（5）三根浇釉管同时往坯体上的不同部位浇上釉浆。

（6）待釉层不沾手后，踩下踏板，主轴停止转动。

（7）取出施好釉的坯体，接着把另一个需要施釉的坯体放在承座上，重复以上操作。

浇釉机并排装有两套完全相同的浇釉装置，两套装置交替动作，生产能力可以达到 11 件/min。浇釉机采用三根釉管同时浇釉，故通常又称为三管施釉机。浇釉机目前多用于盘类产品，其主轴转速约为 200r/min，电动机功率为 1kW。

（二）喷釉机

用喷釉的方法施釉的喷釉机有多种不同的结构形式。但无论具体结构如何，基本上都有以下几部分组成：坯体输送装置、喷釉装置、多余釉雾收集装置、坯体托架的洗涤装置以及干燥器等。

喷釉有一次喷釉和二次喷釉两种不同的方法。一次喷釉就是坯体在喷釉室中一次同时喷上内釉、外釉和底釉。这种方法的优点是设备结构简单，缺点是坯体与托架接触处不能喷上釉料，有明显的缺釉痕迹。二次喷釉是坯体首先在一个喷釉室中喷上外釉和底釉，干燥后坯体翻转，使托架支承坯体已经施有釉的那一面，然后再进入另一个喷釉室中喷内釉。这种方法可使坯体全部施上釉，缺点是设备结构比较复杂。

图 6－16 是一次喷釉的喷釉机平面布置示意图。喷釉机主要由一条长圆形（或长方

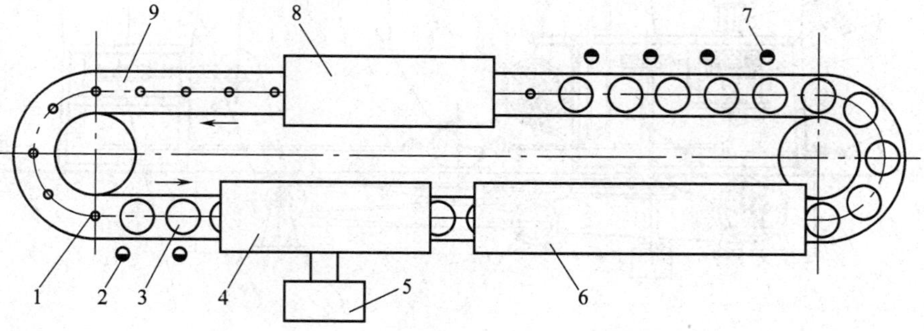

图 6－16　喷釉机平面布置示意图
1—坯体托架　2—装坯工位　3—坯体　4—喷釉室　5—釉雾回收装置　6—干燥器
7—产品检验和卸压工位　8—坯体托架洗涤装置　9—链式输送机

形）的链式输送机 9、喷釉室 4、釉雾回收装置 5、干燥器 6 以及坯体托架的洗涤装置 8 等组成。链式输送机的链条带动一列轻型小车沿固定的轨道运动，小车上装有由滚动轴承支承的立轴 3（见图 6－17），立轴 3 可自由旋转。立轴的上端固定坯体托架 2，托架以三个尖端支撑着坯体 1，立轴的下端装有皮带轮 6，皮带轮通过与装在喷釉室下面的橡胶带之间的啮合，使立轴转动。这样，当坯体通过喷釉室时能不断旋转，坯体上釉层厚度比较均匀。为了防止皮带轮与橡胶带突然进入啮合时产生过大的惯性力，设计时要注意让皮带轮与橡胶带逐渐进入，以尽可能减小惯性力。

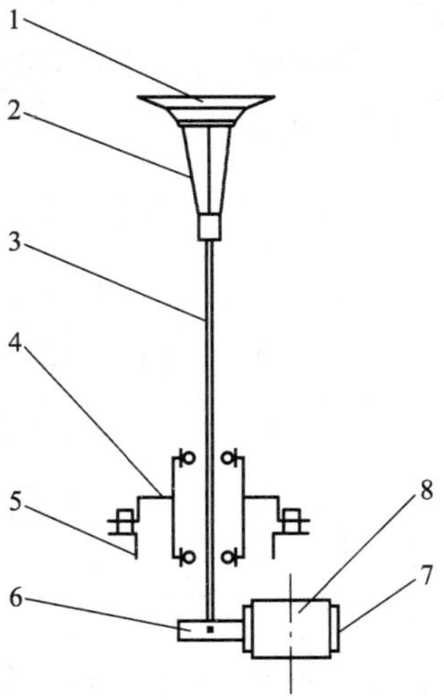

图 6－17 坯体托架示意图

1—坯体 2—托架 3—立轴 4—小车 5—轨道 6、8—皮带轮 7—橡胶带

坯体托架的自转装置见图 6－18，由图 6－18 可知，立轴转速为：

$$n = \frac{60}{\pi d}(v + v_0)$$

式中：n——立轴转速，r/min；

d——皮带轮直径，m；

v——输送机速度，m/s；

v_0——橡胶带速度，m/s。

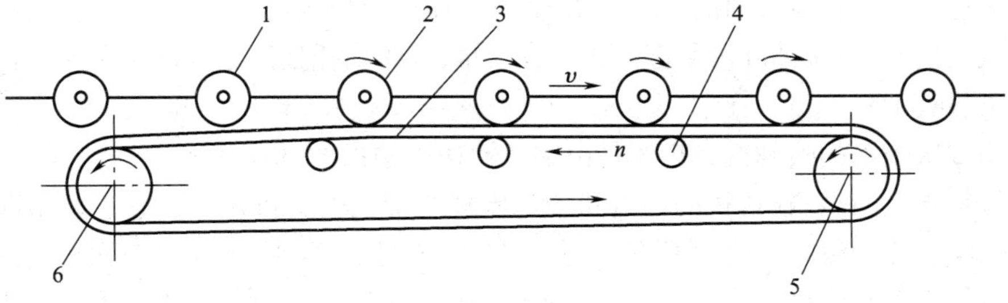

图 6－18 坯体托架的自转装置

1—托架的立轴 2—皮带轮 3—橡胶带 4—托辊 5—从动皮带轮 6—主动皮带轮

立轴转速由试验决定，一般取为 60r/min 左右。为了在使用时能根据需要进行调节，橡胶带速度应能无级调节。

喷釉室中有两组喷釉器，一组喷内釉，另一组喷外釉和底釉，每组的数目根据产品的大小而定，通常为 2～4 支。喷釉器实际上就是空气雾化器，它是利用压缩空气高速喷出时把釉浆撕裂雾化的。一般来说，增加气流速度，可以得到更细的釉滴。如果压缩空气从轴向进入喷釉器并沿轴向喷出，那么，所产生的釉滴喷距是窄而长的，雾化角较小。如果压缩空气从切线方向进入喷釉器，使之有强烈的旋转运动，那么，所产生的釉滴喷炬的截面是圆形的，喷炬在不同方向的覆盖范围相同。对于尺寸较大的制品，要求喷距在某一个方向上有较大的覆盖范围，也就是说要把喷距的截面调整为长圆形。为此，可在喷炬两侧另外喷出两股调整气流，利用调整气流对喷炬的作用把喷炬压扁，如图6－19所示。

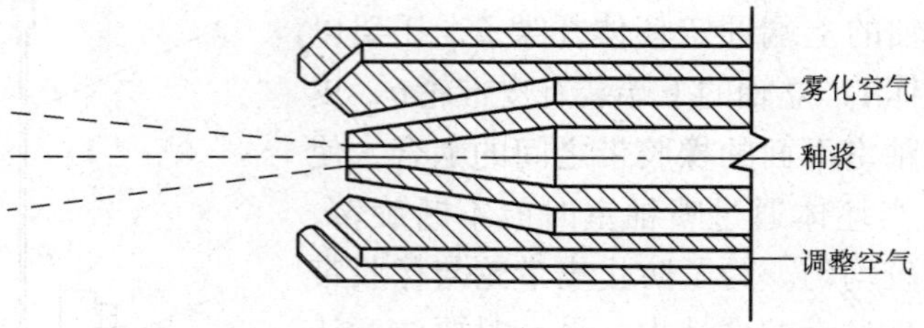

图6－19　喷炬截面为长圆形的喷釉器

釉雾回收装置与喷釉室相联，其作用是回收喷釉室中多余的雾状釉滴，以免散布到车间，影响环境卫生和造成釉料损失。釉雾回收装置的构造和工作原理与一般的收尘设备相同。坯体喷釉后，含水量增加，故设置了干燥器，可采用热空气干燥或红外线干燥。

在托架洗涤处，坯体托架用水冲洗干净，冲洗下来的稀薄釉浆经沉淀、过筛后回收使用。操作时，坯体经过喷釉室施釉和干燥器干燥后，在卸坯工位由人工将已施釉的坯体取出并同时进行质量检验，托架则经过托架洗涤装置冲洗干净，最后返回装坯工位继续装载坯体。

据统计，从喷釉器喷出的釉浆有15%喷到坯体上成为釉层，有75%在喷釉室中沉降下来直接回收，7%釉滴由釉雾回收装置收集，2%在托架洗涤处冲洗下来。因此，釉浆的损失只有1%。

采用二次喷釉的喷釉机，坯体是由钢丝输送机输送的（已发明了一种异形V胶带，用以代替钢丝），钢丝输送机的构造和工作原理与带式输送机相似，它主要由两根闭合的平行钢丝、传动滚筒、改向滚筒、托辊和拉紧装置等组成。坯体放在两根钢丝的上面输送。喷釉机共有两台输送机，每台输送机都配有喷釉室、釉雾回收装置和干燥器。坯体首先在第一台输送机的喷釉室中喷上外釉和底釉，经过干燥后再在第二台输送机的喷釉室中喷上内釉。根据车间设备的要求，两台输送机可布置成一直线，也可布置互为90°或180°。坯体的翻转装置是自动工作的。

喷釉机目前只用于盘、碟等具有扁平形状的制品。

（三）浸釉机

浸釉是将坯体要施釉的表面浸入釉浆中，利用坯体对釉浆的吸附能力，使釉料附着在坯体表面上。浸釉对坯体的强度有较高的要求，一般用于素烧后的坯体施釉。

图6－20所示为盘碟自动浸釉机示意图。坯体施釉前，由输送带1送入除尘箱，坯体经旋转的毛刷2和压缩空气喷吹清除坯体上的灰尘，然后由输送带送入釉槽上方的釉料喷嘴3连续不断地向坯体喷射釉浆，喷嘴的作用在于防止坯体漂在釉面上。浸

釉后的坯体由输送带送出釉槽。离开釉槽后，坯体的内表面会留有余釉，为避免余釉淤积成釉缕，在卸料带上方装有压缩喷嘴5，利用空气吹掉余釉。浸釉后的坯体足部也粘有釉料，需要除去。输送带6是由两条速度不一样的宽海绵带组成。由于两带的速度不同，坯体在向前输送的同时会产生旋转运动，从而将其足部的釉层擦去。所有输送带的速度均可无级调节，浸釉的深度、坯体进入釉槽的角度，可根据坯体的形状进行调节。坯体进入釉槽的最佳角度，坯体在釉中的时间，应根据坯体的形状和釉浆的浓度通过试验确定。

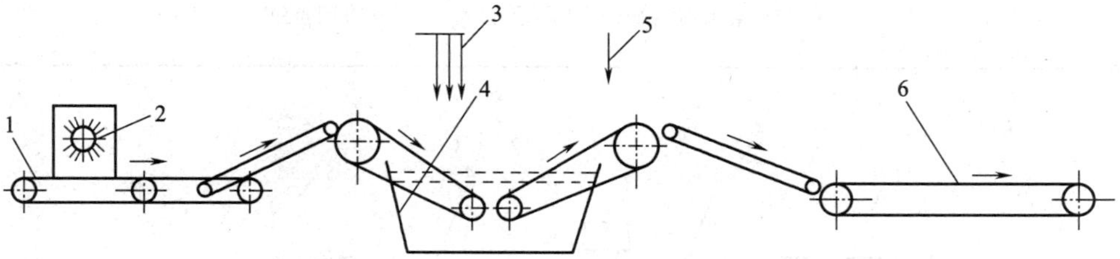

图6-20　盘碟自动浸釉机示意图

1—输送带　2—毛刷　3—釉浆喷嘴　4—釉槽　5—压缩空气喷嘴　6—宽海绵输送带

(四) 施釉生产线

施釉生产线主要由带式输送机和安装在带式输送机上的双辊清扫机、供料装置、施釉机、擦边机、转向装置、补偿器等组成，如图6-21所示。

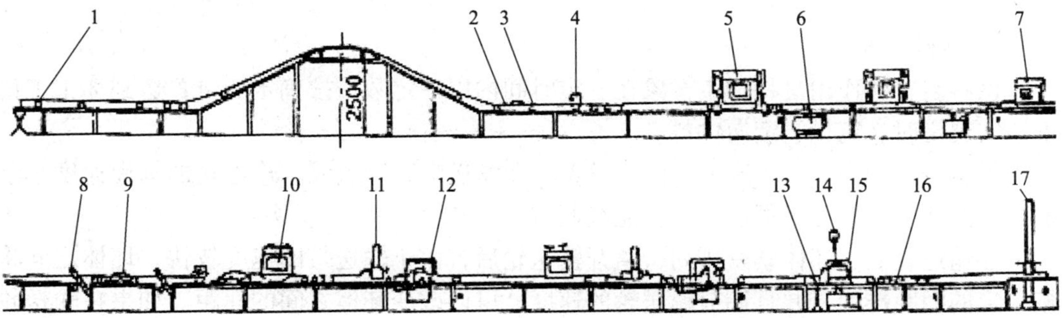

图6-21　施釉生产线示意图

1—锥形滚子弯道　2—供料装置　3—双辊清扫机　4—吹风机　5，7—甩釉机　6—离心泵
8—擦边机　9—转向装置　10—保护膜喷洒机　11—40型补偿器　12—丝网印花机　13—泵
14—振动筛　15—喷釉机　16—上底面保护膜装置　17—120型补偿器

1. 带式输送机

由多台输送机组合而成，每台输送机由各自的电动机驱动，速度可无级调节，以满足不同的施釉工艺要求。

坯体在输送带上较易出现的问题是跑偏，即坯体与输送方向不垂直（如图6－22所示），这种现象多发生在主动带轮附近。故障的排除方法见表6－2。

表6－2　坯体跑偏的原因及排除方法

故障现象	产生原因	排除方法
坯体与输送方向不垂直	(1) 两输送带嵌入轮槽的深度不同，致使线速度不一致 (2) 两轴承座不在同一水平面上 (3) 带轮轴线与输送方向不垂直	(1) 更换输送带 (2) 将两轴承座调至同一水平面 (3) 调节轴承座位置，使带轮轴线与输送方向垂直

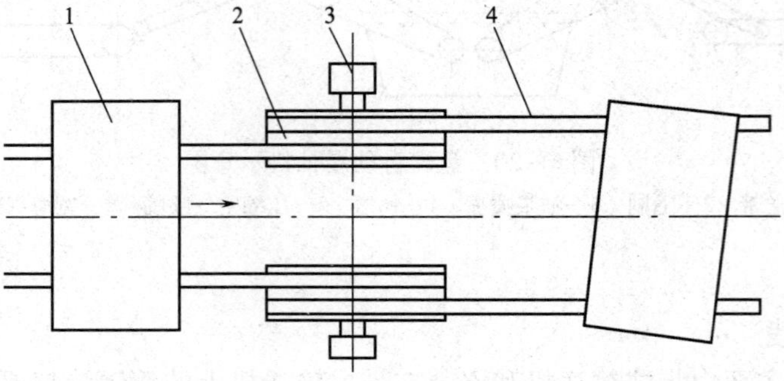

图6－22　坯体的跑偏

1—坯体　2—带轮　3—轴承座　4—输送带

2. 供料装置

供料装置的作用是将加工对象在一定时间内以一定数量按确定的位置送到加工工位上，实现定时、定量、定向供料。

供料装置如图6－23所示。由输送轮3和输送带2等组成。输送轮的圆周速度小于输送带的速度，并可根据需要进行无级调节。

在输送轮处，坯体紧密排列，离开输送轮后，由于输送带的速度较快，坯体之间将按一定的间距排列，并且调节输送轮的速度，可以改变坯体之间的间距。如果在输送轮转速的调节范围内不能得到满意的结果，则应调节输送带的速度。

为了保证坯体的顺利输送，输送轮的支承面应比输送带的支承面高2mm左右。

3. 转弯机构

施釉线上常用的转弯机构有锥形滚子弯道、链板弯道和带式弯道三种。

锥形滚子弯道的构造如图6－24所示。弯道由十二根按扇形排列的锥形橡胶滚子和传动装置组成，平均转弯半径 R 为600mm。锥形橡胶滚子中间是一根轴，上面装有若干个锥形橡胶圈，转动时各点线速度不同，从而实现坯体的转弯输送。

安装时，应注意滚子的支承面与输送带的支承面要在同一个水平面，滚子的圆周速度应与输送带的速度一致。

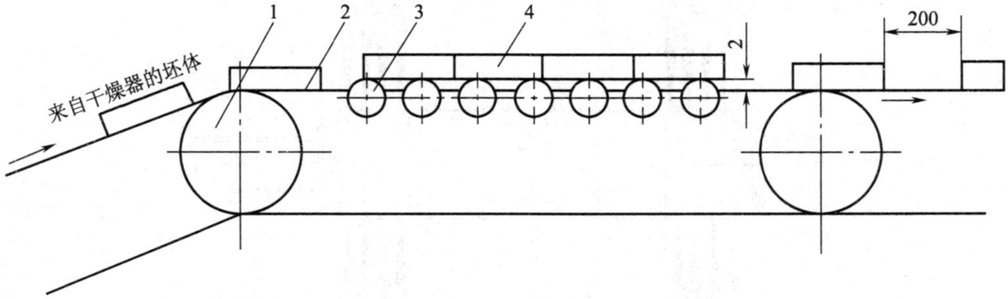

(a) 传送装置侧视图

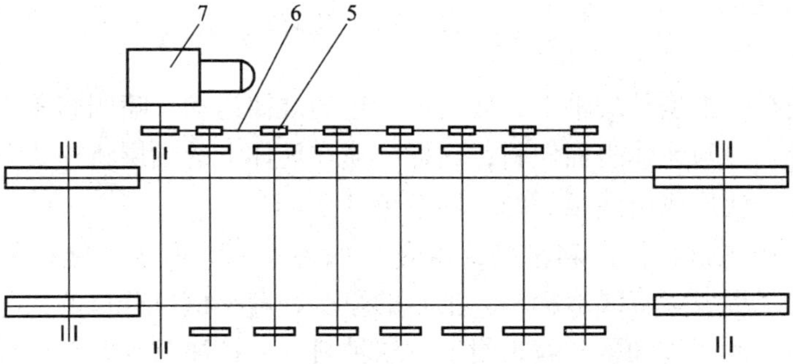

(b) 俯视图

图6－23 施釉生产线的供料装置示意图

1—带轮 2—输送带 3—输送轮 4—坯体 5—链轮 6—链条 7—电动机和无级变速器

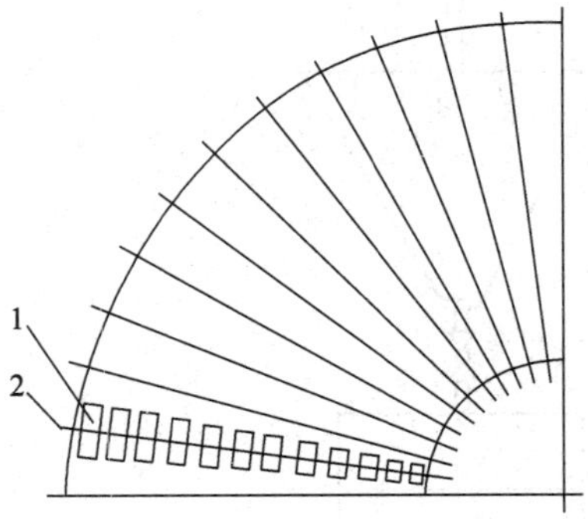

图6－24 锥形滚子弯道示意图

1—锥形橡胶圈 2—轴

4. 双辊清扫机

双辊清扫机又称毛刷清扫机。用于清扫粘在坯体表面的灰尘和杂物。坯体从一对滚动的毛刷（称毛辊）中间通过，使上下表面均得到清扫。毛辊的结构如图6－25所示。毛辊的转向与坯体输送方向相同，通过调节手柄可调节上下毛辊与坯体之间的间隙，使毛辊既能清扫到坯体的上下表面，而又不影响坯体的输送。

5. 施釉机

施釉方法不同，施釉机也各不相同。常用的施釉机有喷釉机、扁平槽式淋釉机和甩釉机等几种。

（1）喷釉机 喷釉机由釉箱、喷嘴及传动装置组成。釉箱为一密闭的小室，喷嘴安装在釉箱中。根据不同的施釉要求，可将喷嘴固定或装在一根摆动的轴上。釉浆靠重力或用泵送入喷嘴，雾化空气由空压机或空压站供给，压力一般为0.2～0.4MPa。

在施釉线中，喷釉机多用于喷云雾状图案和明暗（阴阳）图案。喷云雾状图案时

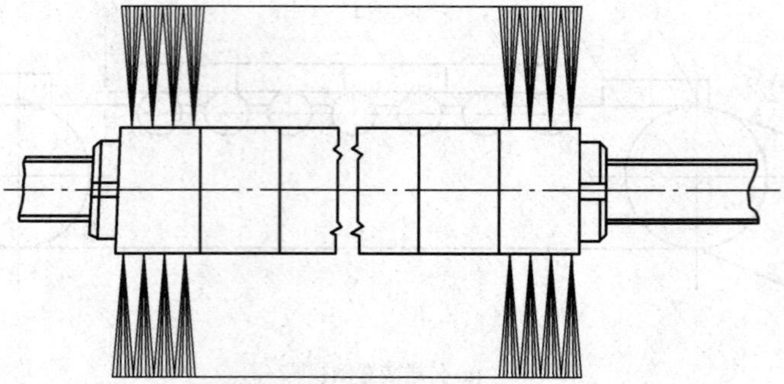

图 6－25　毛辊

要将喷嘴安装在一根摆动的轴上，使之按一定的规律运动。喷明暗图案时，喷嘴要对着坯体边缘附近，并与坯体表面倾斜，这样，喷在坯体上的釉层将一边薄，一边厚，烧成后，制品表面上就形成由浅至深的不同颜色（阴阳色）。

（2）扁平槽式淋釉机　扁平槽式淋釉机如图 6－26 所示。施釉装置为一扁平状漏斗，流出的釉浆形成一直线形釉幕。釉幕的厚度和扁平槽口开口的大小有关，可根据需要进行调节。坯体通过釉幕时就黏附上一层釉料。应该注意当漏斗中釉浆液面发生变化时，容易使釉幕发生变化，从而影响施釉质量。用淋釉法施釉，坯体四周往往粘有釉浆，必须用擦边机将其擦掉。

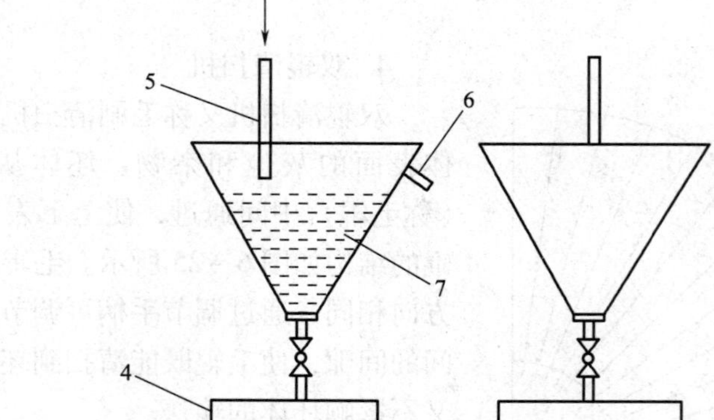

图 6－26　扁平槽式淋釉机示意图

1—输送带　2—坯体　3—釉幕　4—流釉槽　5—釉管　6—溢流管　7—贮油箱

（3）甩釉机　甩釉机主要由甩釉器、传动装置和箱体组成。釉浆首先用泵送入盛釉桶（位于甩釉机上方）中，然后经甩釉器中的多孔釉管流出，当转轴带动甩釉盘高速旋转时，釉浆受离心力的作用从甩釉盘的周边甩出，形成雾状釉滴，使经过甩釉器下面的坯体黏附一层薄薄釉料。

6. 其他装置

（1）擦边机　擦边机是利用方型胶带的外表面和施釉后坯体侧面摩擦将坯体侧面多余釉料擦掉的装置。粘在胶带表面上的釉料用刮料器刮除。方型胶带由带轮和电动机带动，连续运转。安装时应注意使胶带既能擦净坯体侧面的釉料，又不妨碍坯体顺利通过。

（2）转向机　转向机是利用两条平行输送带的速度不同，使在输送带上的坯体转动90°的装置。

（3）补偿器　补偿器是用于保持施釉线连续工作的装置。当施釉线中某一工序出现故障时，可贮存从上一工序送来的坯体或向下一工序供应坯体。一般设置40型和120型两种。40型补偿器的贮坯量为40块，120型补偿器的贮坯量为120块。

（五）丝网直接印花机

丝网直接印花机（以下简称印花机）是目前广泛用于墙地砖生产中的一种装饰机械。印花机可以在坯体表面印刷出各种画面，也可多次套色印刷。印花机一般安装在施釉生产线上，和施釉生产线配套使用，使印花和施釉过程实现自动化。

印花机主要由主传动装置、刮板的往复运动机构、链传动机构、定位装置、丝网架和丝网架升降气缸所组成。下面主要介绍丝网印刷的关键装置。

1. 主传动装置

该装置主要由电动机、无级变速器、电磁离合器、蜗轮蜗杆减速器、凸轮转盘机构和曲柄连杆机构组成，其运动简图如图6－27所示。在转盘上装有链轮轴，由于凸轮的

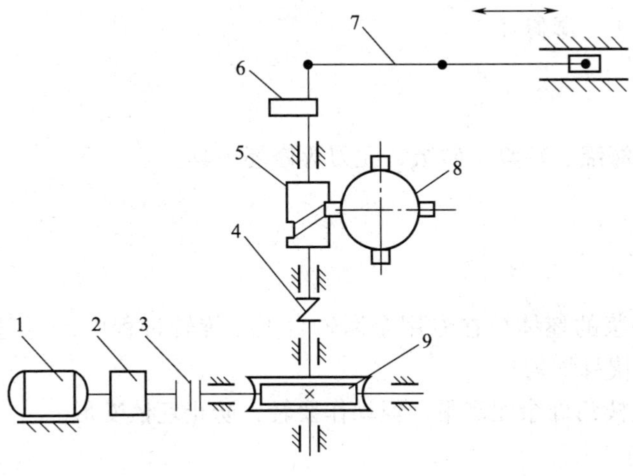

图6－27　印花机传动简图

1—电动机　2—无级变速器　3—电磁离合器　4—联轴器　5—转位凸轮
6—定位凸轮　7—曲柄连杆　8—转盘　9—蜗杆副

作用，使链轮实现间歇转动，借助链条上的挡块，推动坯体向前运动；曲柄连杆机构带动刮板作往复运动；坯体的向前运动和刮板的往复运动是通过凸轮转盘机构实现的。

2. 刮板的往复运动机构

刮板一般采用橡胶制作。刮板有两块，称为前刮板和后刮板。后刮板在前进过程中不压丝网，即不使丝网接触坯体，它的功能只是推动堆积在丝网上颜料使其铺满丝网。当后刮板运动到终点时，坯体已停止在丝网下，此时刮板后退，前刮板依靠弹簧力的作用紧紧压在丝网上，同时也挤压丝网下面的坯体，于是丝网上面的颜料便通过网孔印在坯体上，从而达到印花的目的。

刮板的往复运动是通过曲柄连杆机构来实现的。通过调节曲柄长度可改变刮板的行程，使其适应于不同坯体的印刷，调节连杆的长度可调整刮板的初始和终止位置。

3. 丝网框架的升降

为了便于印花机的修理和丝网的清扫，丝网框架必须能够升降，此动作由气缸来完成。

4. 丝网和网框

丝网印花机的丝网主要有真丝网、尼龙网和金属网三种。根据陶瓷坯体印花的具体操作和特点，一般选用尼龙较多。对于釉上印花，过细的网孔容易堵塞，并且使用寿命短，过粗的网孔则色层过厚，不易控制，花纹不够清晰，一般选择 90 ~ 160 目的丝网较好。

网框有铁框、铝框和木框三种。以木框较为经济、方便。但对材质有一定要求，以红松木最佳。制作要求平整、牢固，其形状呈长方形，大小一般每边边长比坯体大 50 ~ 100mm。

任务一　修　　坯

（一）任务要求

能对坯体进行干、湿修坯。

（二）操作准备

粗坯、泥浆和海绵、转盘、砂纸、泥刀等修坯工具。

（三）操作步骤

1. 湿修

（1）把空心注浆的坯体放在专用金属转台上，旋转过程中，用泥刀快速割掉注浆口。此操作速度要快且均匀。

（2）用泥刀把棱角处余泥刮平，但动作要轻，防止坯体变形。

2. 干修

（1）坯体表面的石膏脏、绒布脏、海绵脏和泥片屑，务必清除干净，以防造成成品外观缺陷。

（2）要用混水擦坯，以浆水糊住坯体表面的棕眼，以免影响成品外观品质。

(3) 坯体本身有气泡，一般在5mm左右，可以用干坯碎块堵，然后用硬物轧实。如果气泡超过5mm则要看能否堵，若不能堵，可用刮刀刮平，使之没有明显的痕迹，以不影响外观为好。如果气泡较大，又有一定深度，则视为废品。

(4) 坯体表面有明显凹凸一定要刮平。

(5) 坯体某一部位如有长10mm、深2mm左右的小裂纹，可以用刮刀刮到无裂纹为止，然后将周围部位刮平。

(6) 坯体注浆眼有痕迹的部位一定要用刮刀刮掉，以防止成品出现泥缕缺陷。坯体经干修后还要进行打磨、检查。检查时一看坯体的洗净面、隐蔽孔；二看眼孔等；三看模缝；四看粘口部分；五看打磨干坯时缺陷部位的技术处理效果；六看有无积水。检查完后还要进行干坯找裂工作。

任务二 施釉操作

(一) 任务要求

会进行施釉操作，并确保施釉产品质量。

(二) 操作准备

应检查空气压缩机、工作台是否运转正常。上釉前先开动空气压缩机，使其先工作起来以存有足够的压缩空气。

(三) 操作原理

喷釉实训过程中施釉原理是通过加压空气，然后释放，压缩空气将釉浆雾化，然后将雾化的釉浆喷到坯体表面，达到施釉的目的。

(四) 操作步骤

1. 喷釉

(1) 上釉时将吹釉桶注满80%的釉料，太慢会堵住釉口吹不出来，太少则喷出的釉料雾化程度不一样，使制品上釉厚度难以控制。

(2) 将待施釉的制品放置于工作台转台的中心部位，如果在非中心部位，转动时会容易滑出转台，造成不必要的破损。

(3) 准备好后，先开动工作台使其转动，而后打开压缩机的送气阀门，并将软管接到吹釉筒上，同时对着正在转动的制品由上而下进行施釉。制品在受釉时，眼睛盯着制品，若此部分开始出现水光，则说明此处此时已达饱和，应将雾化点下移。从上到下一般要求重复3~4次（根据釉层实际需要调整喷釉次数）。施釉过程中切记不可将吹筒不停的上下往复，同时注意吹釉筒中釉料及时补充。

(4) 施釉完后将釉筒洗净，关掉压缩机及工作台开关，并将工作台清理干净。

2. 浸釉

用手指轻压坯体上沿，将坯体（经素烧）浸入已准备好的釉浆一定时间（2~5s），然后拿出。如对盘子进行浸釉，需借助上釉弓或上釉钳。

（五）注意事项

（1）喷釉结束后，应及时用清水洗喷枪。

（2）保持环境清洁。

思考题

1. 施釉的方法有哪些？

2. 简述施釉产生的主要缺陷。

3. 查阅相关资料，列举在浸釉过程中常用的辅助工具。

4. 喷釉机主要由哪几部分组成？其工作原理是怎样的？喷釉的方法有哪几种？其优缺点是什么？

5. 陶瓷酒瓶的制备过程中，上釉的方法主要有哪几种？

6. 什么是干法施釉？干法施釉主要包含哪些方法？

7. 为保证施釉效果，一般在哪些方面对釉浆的质量进行控制？

8. 简述施釉生产线主要有哪几部分构成。

9. 在施釉生产线中，坯体有时会在输送带上跑偏，因而影响生产。简述坯体跑偏的主要原因。

项目7 成型模具

学习目标

了解成型模具，特别是石膏性质及石膏模的制作过程，能制作简单的石膏模型

知识要求

1. 详细了解α－半水石膏和β－半水石膏的性质、特点
2. 了解石膏模型的制作过程
3. 会模型放尺计算
4. 了解金属模具的加工及维护

技能要求

能对成型模具进行必要的维护，能制作简单的石膏模型

知识点一 石膏认知

石膏模型是陶瓷制造中的重要辅助工具，可塑成型法或注浆成型法都需要大量的石膏模型。由于石膏具有价格便宜、制造方便、复制清晰、棱角线条突出等优点，因此至今仍然被广泛使用。但是，石膏模使用寿命短、消耗量大，废石膏难利用，尤其日用陶瓷工业采用了滚压成型与高温快速干燥等新工艺后，石膏模就暴露了其致命弱点——强度低与耐热性差。因此，陶瓷科技人员不断研究延长石膏模寿命与解决废石膏利用问题，积极研制新材料以取代石膏模，而且已取得一定成效。

（一）石膏

石膏由于它的多孔性，具有吸收水分的能力，使坯料在模内逐渐脱水硬化形成一定的外形。石膏的质量、模型的设计及制造工艺不仅直接影响陶瓷产品的外形尺寸，而且对坯体变形、开裂等缺陷的产生也有一定的影响。

石膏的主要成分为含水硫酸钙，是自然界里硫酸盐中分布最广的一种矿物，其分子

式为 $CaSO_4 \cdot 2H_2O$，其晶体结构如图 7－1 所示。硫离子被形成四面体的四个氧所包围，每一个 Ca^{2+} 周围有 8 个 O^{2-}，其中 2 个属于水分子，其余 6 个属于 SO_4^{2-}，而每一个 O^{2-} 则与一个 S^{6+} 和 2 个 Ca^{2+} 相连接，Ca^{2+} 与 SO_4^{2-} 排列成层，对相邻两个层起着连接的作用。

对于石膏属单斜晶系，其三维空间格子晶体结构参数 $a_0 = 0.568$nm，$b_0 = 1.518$nm，$c_0 = 0.629$nm，$\beta = 113°50'$。纯净的二水石膏其颜色为白色，莫氏硬度为 2，密度介于 2.2～2.4g/cm^3，其外观形态呈块状、纤维状、雪花状等，在水中溶解度极小，有少许滑腻感。天然石膏矿由于含有杂质而呈现多种颜色。如兰州石膏石，化学成分如表 7－1，主要是由青石膏、雪花石膏、块状灰黑色硬质石膏组成，呈块状、粒状和少量纤维状结构，硬度较大。兰州石膏中 $CaSO_4 \cdot 2H_2O$ 平均含量在 75% 左右，杂质较多，主要是黏土、砂、碳酸盐。杂质中除 Mg、Al、Si 外，还含有微量的 Mn、Ti、V 等。综上所述，要提高半水石膏的质量，必须提高石膏中硫酸钙的含量和纯度。

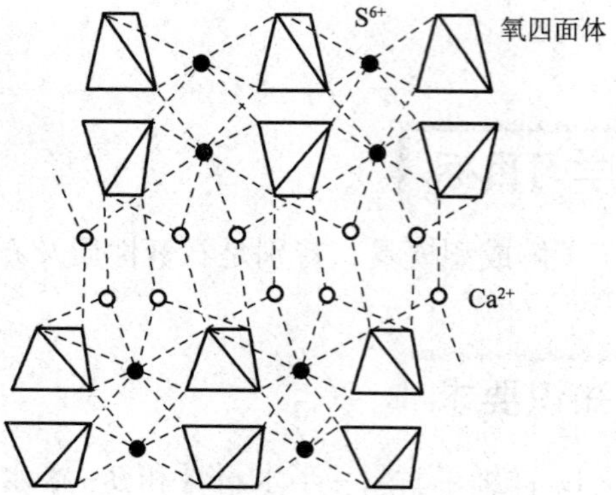

图 7－1　$CaSO_4 \cdot 2H_2O$ 晶体结构

表 7－1　兰州石膏石化学成分　单位：%

成分	雪花石膏	青石膏	灰黑色块石膏
CaO	32.78	39.43	29.37
SO_3	46.49	39.19	51.50
H_2O	20.34	0.78	15.92
酸不溶物	0.23	0.51	1.22
Al_2O_3，Fe_2O_3	微	微	1.65，0.06
MgO	/	0.51	1.62
$CaSO_4 \cdot 2H_2O$	97.18	85.38	13.73

（二）半水石膏

石膏中由于含有两个结晶水，因此又称为二水石膏。二水石膏中有 3/4 的结晶水与硫酸钙结合比较疏松，而其余 1/4 结晶水则与硫酸钙结合较牢固。因此，二水石膏在加热时，在不同的温度下顺次排出 3/4 与 1/4 结晶水。首先排出 3/4 结晶水而变成半水石膏（俗称“熟石膏”），然后在更高的温度下排去剩下的 1/4 结晶水而成无水石膏。排出 3/4 结晶水的温度约为 150℃，排去剩余的 1/4 结晶水的温度约 180℃，图 7－2 为石膏加热成分转变关系。

1. β－半水石膏

浇注模型用的是半水石膏，又称熟石膏。由于加热条件不同，半水石膏有两种晶型，即β－半水石膏和α－半水石膏。β－半水石膏是在干燥大气中常压炒制而得的。一般将生石膏粉置于装有搅拌机的凸底铁锅内，经160～170℃炒制。炒制温度高低，要根据各地石膏的化学组成而定。炒制时要搅拌均匀，升温不宜过急，防止局部过烧。

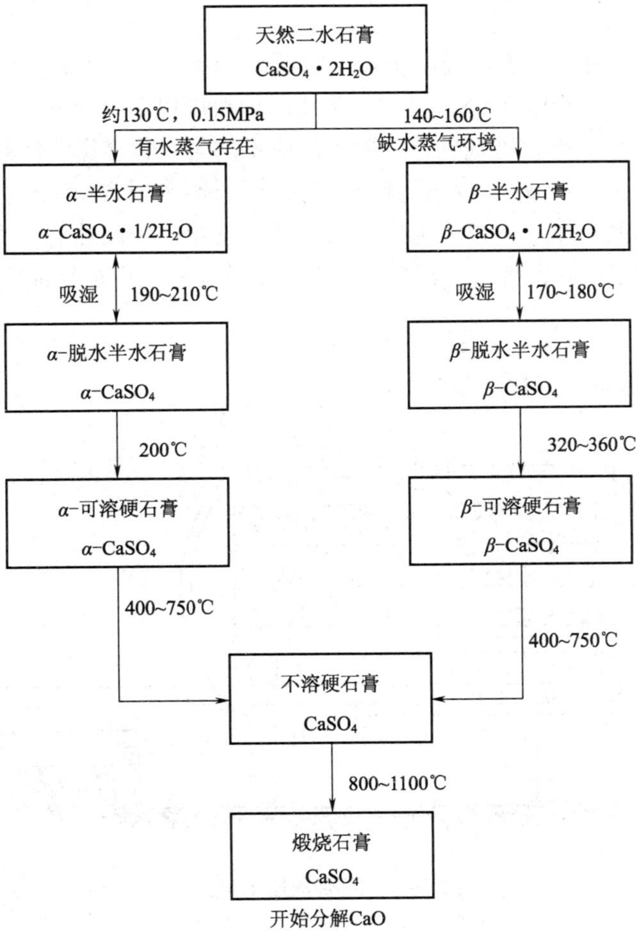

图7－2 石膏加热转变图

鉴别石膏粉炒制得是否适宜，一般观察其调水后的凝固情况。若石膏粉炒制温度过高，制成的模型机械强度低，耐磨性不好；若石膏粉炒制温度过低，其凝固速度加快，不便于操作。炒制温度适宜的石膏粉，调水达到正常稠度，其初凝时间在4min以上，终凝时间在6～25min以内。硬化后的石膏块用小刀切断，其断面光滑且无气泡。有经验的操作者是用一支玻璃棒插入石膏粉内，约30s后迅速取出，若玻璃棒上不黏附石膏粉即为炒熟。炒制后的半水石膏，要妥善包装贮存，严防受潮吸湿而失去胶凝性。由于刚炒制的石膏粉反应能力较强，故宜在干燥处存放半个月后再使用。

2. α－半水石膏

α－半水石膏是在水蒸气存在的条件下加热加压脱水制得的。制备过程先将块状石膏拣选、洗涤、粗碎，然后送入密闭的蒸汽釜中，在130℃及0.15～0.3MPa下蒸压3～5h。蒸压阶段，使3/4结晶水脱离二水石膏晶格，变成独立于二水石膏晶格之外的游离水。而原来的$CaSO_4$晶格随着溶解和再结晶作用形成针状或粒状α－半水石膏晶体。蒸压后再在150～170℃的干燥室内干燥，使游离结晶水汽化脱出。最后将其粉碎，细度用100目筛控制。

制备α－半水石膏时，石膏纯度越高，则熟石膏中α－半水石膏的含量越高。通常模用石膏中α－半水石膏量在95%以上。蒸压时的块度以20～50mm为宜，块度太大会延长蒸压时间；块度太小，透气性差，脱水反应不均匀，也会影响质量。

国内采用蒸压法生产α－半水石膏，先将石膏石破碎成3～5cm块度，再用水冲洗干净，装入带网格的小车上，推入锅内，密封通入蒸汽，控制蒸汽压力0.15～0.3MPa，蒸压处理约4h，如图7－3所示。石膏石析出部分结晶水，形成结晶的半水石膏。

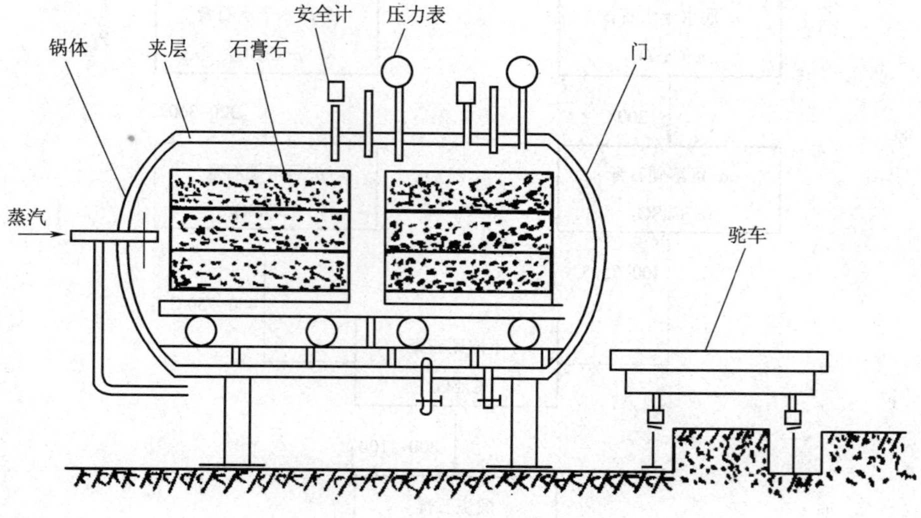

图7－3　石膏蒸压示意图

蒸汽压力和蒸压时间是制备α－半水石膏的主要条件，提高蒸汽压力，可相应缩短蒸压时间，但压力大于2.94MPa时，脱水反应速度便没有明显变化。比较适宜的蒸压时间是5h，时间再延长，反而降低石膏的强度。蒸压后的干燥温度过高，会产生部分硬石膏，而延缓凝结时间，导致强度的下降。

3. α、β－半水石膏的比较

石膏是一种多功能气硬性胶凝材料，但根据制作条件的不同，可获得α－半水石膏或β－半水石膏。其制品的功能与性能均有明显差异，而半水石膏的结晶形态是影响其制品强度的关键因素。

常压炒制的β型半水石膏具比体积大、水膏比大，胶凝后气孔率高、强度低，并具有针状结晶，见图7－4（a）。用β－半水石膏制造的陶瓷模具，有吸水率高的优点，但

(a) β-半水石膏　　(b) α-半水石膏

图7-4　α、β型半水石膏微观形貌图

模具使用寿命短，不能适应于压力较高的滚压成型。以蒸压法、水热法等不同的工艺方法制得α-半水石膏为致密的短柱状晶体，见图7-4（b），比体积小、水膏比小，胶凝后强度高，俗称高强半水石膏。用α-半水石膏制造的陶瓷模具强度高，使用寿命长，并可以提高陶瓷表面的光洁度，提高陶瓷产品档次。但由于α-半水石膏的生产工艺复杂，设备投资大，生产成本高，因此国内外都把研究开发α-半水石膏的新工艺列为石膏产业的重大攻关课题之一。

表7-2为湖北某品牌半水石膏性能对比。α-半水石膏与β-半水石膏的宏观性能差异主要表现在α-半水石膏的标准稠度需水量小，试件的力学强度大，表面硬度高，水化硬化体气孔率低，耐水性好，制模精度高，仿真性强。

表7-2　光学性能和工艺性能比较

性能＼类别	α-半水石膏	β-半水石膏
折射率	$n_g=1.583$，$n_p=1.559$	$n_g=1.556$，$n_p=1.550$
密度/（g/cm^3）	2.72～2.73	2.76～2.68
晶型	晶面整齐，晶型完整	碎屑
标准稠度下膏水比	100:(45～55)	100:(70～80)
标准稠度下吸水率/%	35～40	50～60
注浆速度	较快	较慢
5min吸坯厚度/mm	2.5	2.0
初凝时间/min	约10	约8
终凝时间/min	约16	约14
表面硬度/（kg/mm^2）	0.354	0.2185
45℃干燥抗压强度/MPa	41.8	17.59
45℃干燥抗折强度/MPa	12.3	5.82

根据两种晶型半水石膏的特点，通常选用β－半水石膏制作注浆成型用模，选用α－半水石膏制作滚压成型用模。我国一些厂家采用α－半水石膏制作滚压模型，棱角清晰，工作面光洁，强度高，使用次数明显增加。

知识点二　石膏模制作过程

（一）模型的设计

1. 模型放尺计算

陶瓷坯泥，主要是用黏土、长石、石英、瓷石等原料，经过精选、粉碎，按配方配合，加入适量的水合成的；再经过炼制，制坯成型后，干燥、修坯、上釉，然后经高温烧炼成陶瓷。坯体由于受高温焙烧，水分挥发，烧结成为致密的陶瓷器，体积必然缩小，这种现象叫“收缩”。收缩的多少有一定的规律，通常用“收缩率”表示收缩的多少。

坯体有干燥和烧成收缩，模型即应按其收缩率留出放尺。在测出坯体总收缩率（$S_{总}$）后，即可按下式计算其放尺：

$$L_0 = \frac{L_{烧}}{1 - S_{总}}$$

式中：L_0——放尺后模型尺寸；

$L_{烧}$——制品烧后尺寸；

$S_{总}$——烧成总收缩率，%。

计算放尺时，制品的垂直方向与口径应有不同，因为在坯体形成过程中，泥浆中黏土矿物的片状结晶，多以平行于石膏表面作定向排列，因此平行于石膏表面方向的收缩小于垂直方向的收缩，同时由于重力作用，垂直高度上的收缩也往往较大。此外，各类制品的形状不同，横直之间的比率不同，即使是同一配料，其横直收缩率也并不完全一样，必须经过实际测定，再定出各部分的收缩。

例：计算口径6.3cm、高6.3cm的咖啡杯（如图7－5所示）产品的坯体成型尺寸，即放坯尺寸。横收缩率为10%，直收缩率为14%。

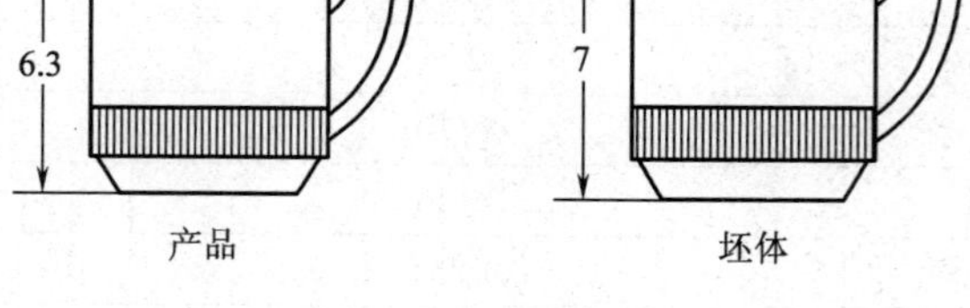

图7－5　某型号咖啡杯尺寸

放尺计算后：

坯体口径：　　6.3/（1－10%）＝7（cm）

坯体高：　　6.3/（1－14%）＝7.3（cm）

2. 模型设计原则

合理的模具设计应遵循下列原则：要便于粉料、泥浆的充满和移动，模具结构简单、装卸方便、壁厚均匀、尺寸准确、配合精密、工作面光滑、节约材料等。注浆成型模具设计时应考虑以下一些技术要求：

（1）要考虑到如何开模和脱模方便，有利于成型。例如壶类模型，可以上下对开模，也可以垂直对开模，在两者都属可行的情况下，以采用上下对开模为好，因为上下开模翻制模型简单，模型变小，成型操作方便。

（2）复杂的模型要考虑如何分割，原则上以块数越少、装模卸模越容易为好。

（3）大型复杂的模型应考虑如何合适地安排注浆孔，排浆孔及出气孔等的位置，便于操作，保证制品质量。

（4）实心注浆用模型的空间部分，应保证均匀一致，符合坯体规格要求。

（二）石膏模的制作

1. 石膏浆的调制

石膏浆是由半水石膏粉（熟石膏）调水而成的。调和水分根据模具用途不同而异。通常塑性成型用模的调和水为70%～80%（以干石膏为基）。注浆用模为80%～90%，而翻制母模用石膏浆中只加入30%～40%调和水。显然，石膏浆中调和水量比半水石膏水化成二水石膏所需水量高得多，这个多余水量与模型的性能有密切关系。多余水量越高，模型吸水率越高，而机械强度相应较低。反之，则吸水率低而强度高。此外，对棱角较多的模型与形状复杂的模型，调和水量应相应增大些。

调制石膏浆时，应不断均匀搅拌。搅拌时间增加则胶凝后的硬块密度也相应提高。

调制石膏浆时，只能将石膏粉倒入调和水中而不能将水倒入石膏粉中，否则易结团块，不易搅匀。

石膏浆中加入少量亚硫酸纸浆废液、$NaHCO_3$或糊精可以增加浆体流动性。为了增加母模与石膏模座的强度，可以加入少量普通硅酸盐水泥。

2. 制母模

母模也称模种，是制备大量翻制工作模的原始种子。可供制造母模的材料有金属（铁、钢、铜、铝、锡）、石膏、水泥、硫磺、橡胶、硬木、瓷器、聚氯乙烯、环氧树脂等。金属母模表面光滑，规格准确，不易走样，经久耐用，大量生产的盘碗类母模最好采用金属铸造（以铜、铝最好）。一般产量不大，或非永久性生产的品种，则为了节约成本，可用石膏车制。

制造石膏母模，可先在辘轳轮头上用石膏浆浇出一个石膏毛坯，然后按图纸精心车制成型。制成后表面涂抹一层洋干漆酒精溶液，使表面光润，不起吸水作用，并略可提高硬度。洋干漆溶液是将洋干漆溶解在浓度为85%的酒精中而制成，酒精:洋干漆约为8:1。

除石膏外，以硫黄注制模种也是比较合适的材料，硫黄模种的强度比石膏大，因而比石膏耐用，它的表面光滑，容易加工，规格一致，可抵得上金属模种，而成本比金属低。

硫黄模种的原料配合量如下：硫黄80%～84%、石墨16%～20%或硫黄85%～70%、滑石（或河沙）15%～30%。加入石墨、滑石或河沙是为了减少收缩，防止变形。

原料配合后置铁锅内熔融，先宜小火，逐渐加大火力，至110℃左右硫黄开始熔融，至270℃左右放出SO_2气体，继续缓慢加热至444℃左右，硫黄开始沸腾，用搅棒不断搅拌，使其成为黏稠的胶状，然后冷却5～6min，到泡沫不再消失为止。

事先预备一个石膏阴模，置于冷水中浸透，使其吸水率为40%～50%（如石膏模吸水不足，注出的硫黄模种容易开裂），取出拭去表面水分后在内壁涂一层薄油，随即将熔制好的硫黄胶液倾注于内，停10～20min即可脱模，脱模后用金刚砂布擦光，使表面平滑。

为了降低硫黄模种的收缩应力，要将模种注成空心的，不可注成实心的，否则会造成开裂。其厚薄视器形大小在6～10mm，注成后可在其空腔中填满糠灰，然后注一薄层石膏封住即可。用硫黄母模注制石膏模型时，一般宜用煤油作脱模剂。用坏的硫黄母模可以重新熔化使用。

3. 脱模剂的制备

常用的脱模剂有各种植物油、煤油和肥皂水等。为了节约食用油，我国很多陶瓷厂自制钾肥皂代替，效果很好，其配制方法如下：碳酸钾27%～30%，块状石灰13.5%～18%，松香7.5%～11%，桐油（或茶油）45%～48.5%。先取相当于K_2CO_3质量15倍的清水，盛入锅内烧开，加入块石灰，煮沸20～30min，再加入K_2CO_3，继续煮4h，然后出锅沉淀，取出上层清液置于另一容器中，将沉淀继续加水煮沸，沉淀去渣，将两次清液混合入锅烧开，加入松香，煮沸15min后，再加桐油，直至熬成胶状物以滴入水中不散为止。使用时视胶状物的浓度，适量加入清水加热溶化。

4. 工作模型的浇注

制模时先将母模擦干净，表面均匀地涂一层脱模剂（当母模为铁质时，采用1份柴油与1.5份菜油的混合物。如为石膏质或硫黄质的，则采用肥皂水），要涂匀擦光，不宜擦得过多。然后将模套合好，加固，再调制石膏浆。

石膏浆的调制是向预先注入已称量过的水的容器内缓慢撒入已称量的石膏粉，而不是在石膏粉内冲水。石膏浆最好用机械方法或在密闭的圆筒内一面抽真空，一面搅拌，调配量不大时可以人工搅拌，使其混合均匀，不呈颗粒状态，并除去表面泡沫，混合好后立即注入母模；自调水到浇注不应超过5min。但浇注时要徐徐倒入，不宜过快，以免母模内残留空气来不及逸出，而造成气泡。注满后立即振动几下，以免有的地方注不到。浇大模型时，须调制足够的石膏浆连续一次注入。

注入母模及模套间的石膏浆，一般经3～10min便会开始初凝，放出热量，并发生0.1%～0.2%的体积膨胀。此时即可拆去模套，小心取出新模，移至修正车上进行“卡模”（车削配合面），其公差不超过±0.5mm。同时严格检查质量，遇有口径大小不一、同心度不合的模型，应予报废。最后送干燥器干燥。由多块组成的石膏模（双合模或复合模），在干燥过程中都须套合，并捆扎紧密以防变形。

图7－6是碗类制品从制模种至翻成工作模型的程序。先在镟铲车轮头上用铅皮等可拆卸的薄金属片围成圆框，倒入石膏浆注成一个圆柱体，拆去圆框按照图纸车成模种和模座。涂上洋干漆酒精溶液，再涂一层肥皂水，又用铅皮围起注入石膏浆制成工作模，仍在镟铲车上按工作模所要求的外观规格及厚度尺寸，车削成工作模的外形。再依次上洋干漆酒精溶液和肥皂水，把铅皮围起来，注制对开式模套，最后在外层浇一大套，把模型各部箍紧，以后即可利用模种和模套的空间大量注制工作模。

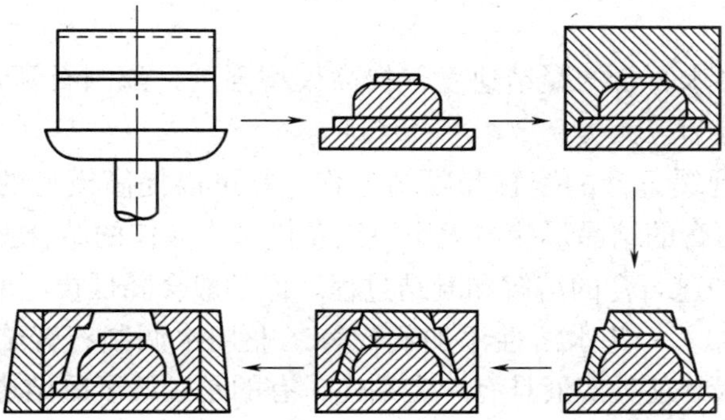

图7－6　碗类模型制造流程图

（三）影响石膏模质量的因素

石膏模的主要缺点是使用寿命短，耐热性能差。由于模型本身的机械强度不高，使用中容易被碰裂和压裂。同时，成型时坯料中的黏土粒子和电解质与模型中的硫酸钙发生离子交换反应，使得模型表面变得凹凸不平。一般可塑成型用模型的使用寿命为100～150次，注浆成型用模型的使用寿命为50～150次。当模型的使用温度超过60℃时，模型中的部分二水石膏又会脱水变成半水石膏，造成模型粉化变脆等。这使坯体干燥温度的提高受到了限制。随机械化、自动化生产及快速干燥工艺的不断发展，如何提高模型的强度和耐热性能，已成为国内外广泛重视的问题。影响石膏模质量的主要因素有以下方面。

1. 半水石膏的质量

（1）纯度和细度　熟石膏中除半水石膏以外，还有少量无水石膏或二水石膏。可溶性无水石膏易吸水形成半水石膏，要求的调水量比半水石膏多25%～30%，凝结快，强度低；不溶性无水石膏及二水石膏均不吸收水分，不会凝结。但它们会成为结晶中心，加速凝结过程，降低模型的强度。

模型的强度随半水石膏的细度增大而提高。但当细度超过某一数值时，强度反而会降低。一般工厂使用的半水石膏其细度控制在100～120目，也有的粉碎到180目。

（2）晶型　β－半水石膏的水化速度较大，在标准稠度下有较高的膏水比，这表现在它的吸水性较强。此外，水化时形成薄片状和有裂纹的二水石膏晶体，模具的强度较低。而α-半水石膏吸水性弱，浇制成的模型呈微晶结构，强度较高。

2. 石膏粉与水的比例

石膏粉与水的比例影响模型的气孔率、结构和强度。水分增加，模型的气孔率和气孔的平均直径都相应增大，从而使得吸水率增大，但模型的强度随之降低。

3. 配制石膏浆的工艺条件

（1）真空处理石膏浆　经真空处理后的石膏浆流动性好，凝固时间略有延长，使得模型的强度提高，密度增大，气孔率略降低，气孔分布更加均匀。

（2）提高搅拌速度　适当提高搅拌速度，可以改善半水石膏的水化条件，使之均匀溶解，达到最佳饱和状态，从而提高模具强度。

4. 添加剂

为有效地控制半水石膏的凝结速度，提高模型强度，配制石膏浆时常加入添加剂。常用的添加剂可以分为三大类：

（1）缓凝剂　延缓石膏的溶解和凝结过程，并可以提高模型的强度。其作用原理主要是改变了二水石膏的结晶形状与大小，以及模型中晶体的结合强度和结构。

（2）促凝剂　加速石膏的溶解和凝结过程。但一般会降低模型的强度，故较少用。

（3）增强剂　加入一些水溶性添加物代替工业用水调制石膏浆时，可使模型强度提高。其可能的原因是这类溶液具有一定黏性，有的是延缓了凝结过程。另一类增强剂是合成树脂。如将相对分子质量为（200~400）$\times 10^5$的聚氧化乙烯调成0.3%的溶液加入石膏粉中，可使模型的使用次数提高一倍以上。

（四）石膏模的增强

石膏模的使用寿命取决于制造工艺及使用时的操作条件。前者如石膏粉炒制温度过高，颗粒粗大，存放过程中受了潮，浇注时加水过多，混合不均匀等，后者如模型未保存在干燥的地方，使用时不谨慎，未及时干燥等，均能影响模型使用期限。

模型的使用周转率一般为70~120次，以后强度逐渐降低，表面上产生凹陷，接缝处间隙增大，如继续使用，则坯件表面会产生不匀的粗糙现象（麻点）。模型之所以会逐渐损伤，除机械因素外，是由于泥浆中固体颗粒的摩擦以及解凝剂的作用，特别在用Na_2CO_3作为解凝剂时，会与石膏作用而生成$CaCO_3$沉淀在石膏模内，使石膏模的吸水能力降低。此外，细微的黏土颗粒常堵塞石膏模气孔，引起模型吸水能力的降低。

石膏模的抗折强度一般要求在2.5~4.0MPa以上。为了增加石膏模的机械强度，除应注意石膏的磨碎细度、拌和水量及混合的持续时间等工艺因素外，还可采用下列方法进行增强：

（1）真空处理石膏浆。

（2）添加外加剂如加入少量硼砂、矾土、明矾、石灰、动物胶、尿素、鞣型减水剂（AST）等。

（3）采用α-半水石膏。

（4）在制造可塑成型用模时，可往石膏浆中渗入少量（小于5%）硅酸盐水泥。

（5）大型模型可在模壁内部加钢丝或钢筋加固。

知识点三 其他石膏模具

除了传统的注浆、滚压成型石膏模具外，还有一类比较特殊的石膏模型，那就是塑压成型用石膏模。塑压成型石膏模的制造工艺和注浆模类似，共分四个步骤：①种模设计制造；②母模制造（由种模翻制母模）；③母模的印模制造；④工作模制造（由印模翻制，与母模相同）。但是，塑压模与注浆成型模具相比，采用了“金属模框”，其作用是防止模具受机械损伤。这种金属模框的材料可采用一定厚度的铸铁或浇钢，须经精确的机械加工，为了适合上下模塑压时定位要在金属模框上设置定位销和孔。此外，模具中还增加了檐沟与排气盘束的设计。

（一）塑压成型模具制作过程

1. 种模制造

种模制造过程主要是仿制一个形状与坯体完全一致的模型，其表面光滑、无针孔和其他瑕疵，种模材质可用石膏、硫黄、石墨、硬木、金属、环氧树脂等，由专门技术工人制作。金属母模表面光滑，规格准确，不易走样，经久耐用，大量生产的盘碗类母模最好采用金属铸造。一般产量不大或非永久性生产的品种，则为了节约成本，可用石膏车制。

2. 母模制造

母模制造主要有以下步骤，如图7－7所示。

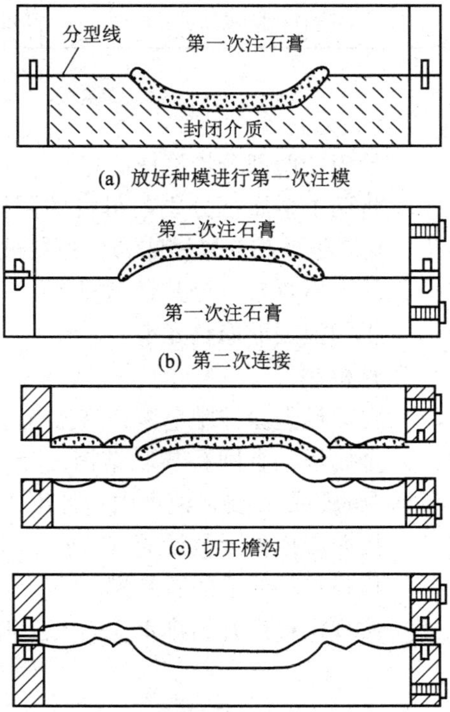

(a) 放好种模进行第一次注模
(b) 第二次连接
(c) 切开檐沟
(d) 制成的母模

图7－7 母模制造图示

（1）种模表面涂满肥皂水，以便同浇注上去的石膏分开，并将种模放在“金属模框”的中央。种模周围用可塑黏土或其他适用介质封闭，把母模的一面固定起来。

（2）将封闭介质表面弄光滑，高度尽可能接近所需的外形轮廓高度。

（3）母模的另一面再涂一层肥皂水。

（4）放上第二个金属模框，定位孔中用销子销好，把通气软管的接头安排在框孔内，软管的排列是互相重叠的，金属框也要严密合缝，不易为外力所分开。

（5）软管穿入金属框的孔内，以相隔3cm的间距扩展在金属框中，并以石膏浆加以固定。

（6）第二个金属框内用石膏浆注满，要注意防止空气裹入石膏浆内。

（7）注好后将金属模框分开，石膏模表面要保持平滑，达到设计要求。

（8）开好檐沟。

3. 印模制作

要使工作模与母模的尺寸严格保持一致，就要翻好母模的印模，然后再由印模翻好工作模。制作檐沟更方便的方法不是在母模上挖出檐沟，而是用黏土或其他制模材料在注入石膏浆之前先做成檐沟所需形状，这样在注好石膏模后就形成了檐沟。还有一种简便方法是在石膏模中先挖好檐沟，注成石膏模后即形成了檐沟。印模制作操作步骤，如图 7 – 8 所示。

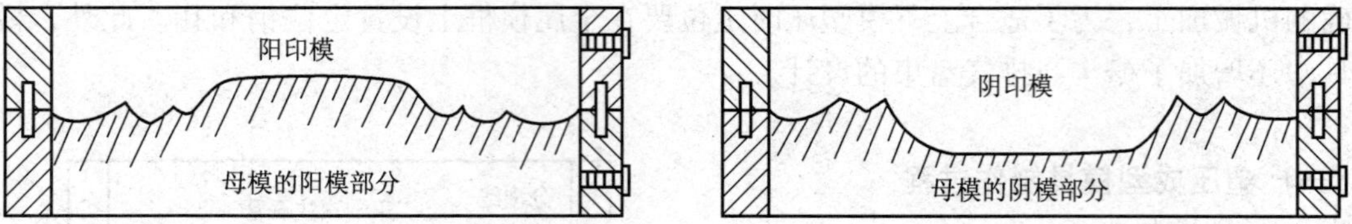

图 7 – 8　由母模制作印模

（1）母模的两部分均涂抹肥皂水。

（2）将两个金属框分别与母模的阴模、阳模套准，加销子定位。装好压缩空气软管接头，金属框要相互紧密吻合，不易被外力移动分开。

（3）注入石膏浆，分开金属框。

（4）将印模表面修整光滑。

4. 工作模制作

（1）在印模上涂抹肥皂液，将排气软管按适当直径与深度埋入模框中。

（2）金属框上有圆孔与联结销，套在印模的适当位置上，要注意上下对准，螺栓穿过模框中的圆孔，要在模框内壁伸出 3cm，使石膏模能固定在模框中。

（3）按照印模外形敷设通气软管，并检验是否符合要求，搅拌并浇注石膏浆。

（4）检查首件注成的石膏模。

（5）按规定程序开始排水，通入压缩空气使工作模与印模分开，如图 7 – 9 所示。

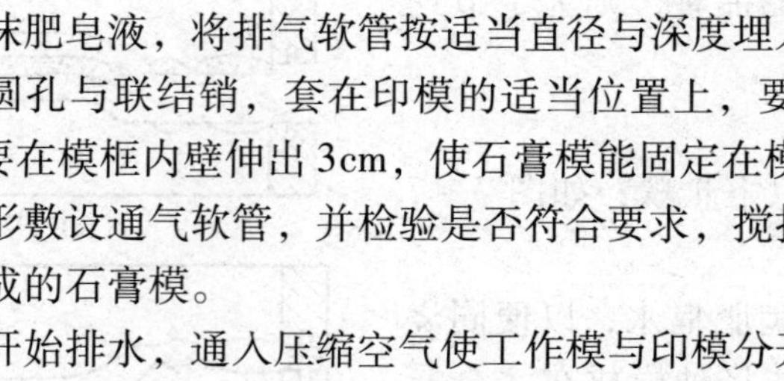

图 7 – 9　工作模结构示意图

（6）将工作模置于一旁，继续按操作顺序排水，用海绵频频地揩拭表面。

（7）整个排水完毕，检查石膏模交付使用。

(二)檐沟设计与排气盘束

1. 檐沟设计

檐沟是塑压模重要组成部分，檐沟的作用：

(1) 容纳片状余泥。

(2) 限制泥料外溢，防止制品成型腹腔内泥料不足，保证制品充填情况良好。

(3) 限制泥料外溢，导致提高压力。

若塑压成型压力甚大，坯体含水率很低，则檐沟设计仅考虑上述檐沟前两条作用。若要求不仅能容纳坯料余泥，而且还要求提高对坯料余泥流动的阻力，则考虑上述(1)、(3) 条作用。檐沟顶部要有角，不要呈圆形或浅平状，但也不要太锋锐，如图7－10所示。

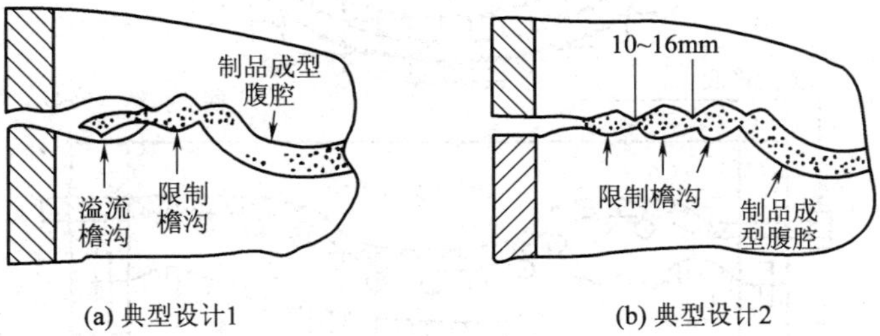

图7－10 檐沟设计

2. 排气盘束

(1) 排气盘束的作用　压缩空气通入模内，把塑压好的坯体从模中托起，起脱模作用。另外，制作石膏模时，把压缩空气通入模中，起排水作用。

(2) 排气盘束材料　最理想的材料是采用透气性玻璃纤维软管作排气盘束，这种软管有一定的刚性，石膏不会牢固地黏结在软管上，工作模坏了，软管可回收再用。玻璃纤维软管可按照排气盘束需要形状加以布置。软管设计有几种办法：

①在软管内嵌入一根软铁丝，可弯曲成一定形状，适合于塑压深型及小型制品。

②将软管扣绕在定形的金属格子构件上，适用于“浅平器皿”或外形很浅以及又大又深的器形，如图7－11 所示。

③将软管固定在预制网络状骨架上。

铺设排气盘束最好的方法是将软管弯成盘绕的形状，而且必须使排气管与工作模表面的间距适当，以达到最佳排气效果。排气管之间的间距不能少于管子的直径。

工作模内软管的铺设情况对于保证制品的适当脱模极为重要。排气盘束的软管盘绕形状一般接近制品的大致形状。软管应离开模面3cm左右。软管盘绕要稍许靠近石膏模外部周边，以使制品外缘因排气而易与工作模脱开。但软管盘绕应避免薄壁处，以免排气时有损于制品。

软管不允许接触到模框，以防止压缩空气经金属模框和石膏之间的缝隙而形成无效

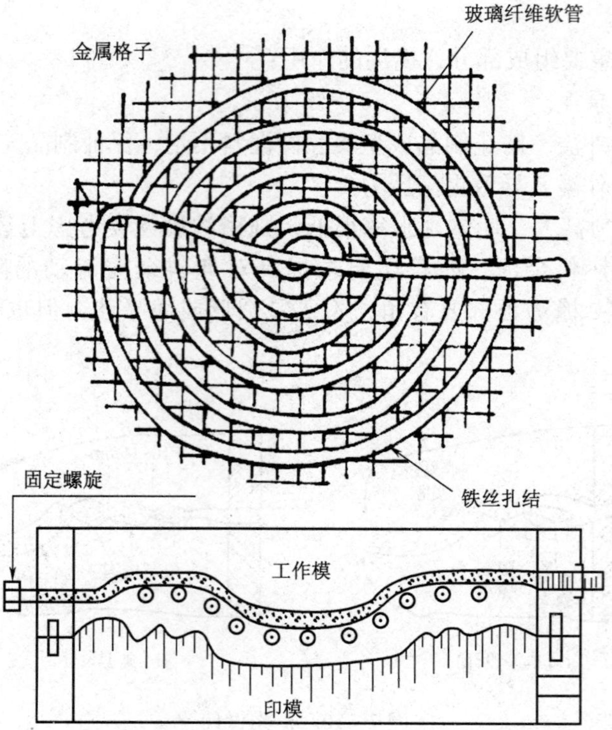

图 7 – 11　排气盘束的软管盘绕图

循环。要注意勿使排气盘束的任何部分紧靠模子表面和接触到印模表面，以免排气压力在局部集中而导致石膏模从框内顶出和损坏印模。

知识点四　金属模具

（一）金属模具的组成及技术要求

金属模具常用于墙地砖的压制成型，一般有上模、下模和内有衬板的模框 3 个部分组成。陶瓷墙地砖的压制模具主要有两种类型：一种是模框固定不动，并固定在下模底板上（称为插模），上模直接进入模腔，装料、墩料和顶出等动作均由下模完成，如图 7 – 12 所示。

另一种是模框浮动（一般由若干个液压缸支承），上模的尺寸比模腔大，因为上模不能进入模腔，而是压在衬板上。装料、墩料和出坯等动作的实现视压机类型的不同而不同，有的压机由模框来完成，但目前一般压机仍由下模实现，如图 7 – 13 所示。

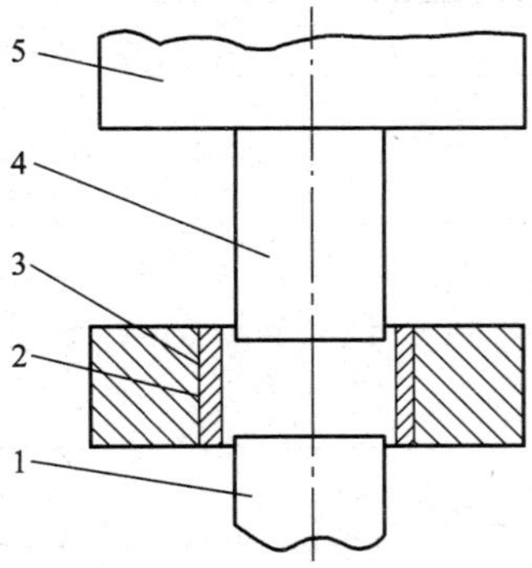

图7－12

1—下模 2—衬板 3—模框

4—上模 5—活动横梁

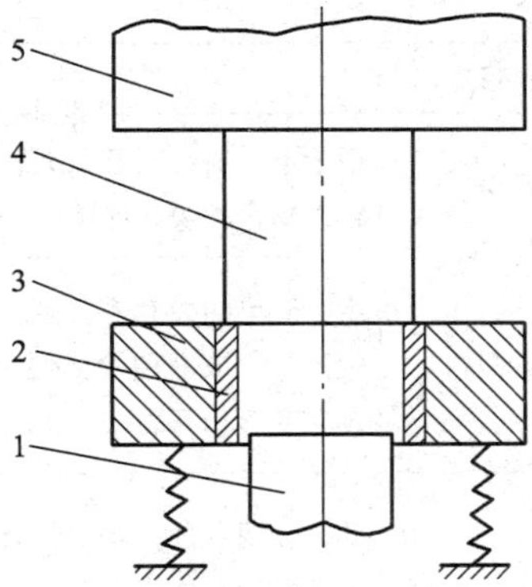

图7－13

1—下模 2—衬板 3—模框

4—上模 5—活动横梁

模具的通常技术要求：

（1）模具的结构应满足成型过程的要求，模具零件的技术性能要好。

（2）模具零件的制作应符合零件图要求，即它的材料、硬度、尺寸、形位公差及表面粗糙度等要符合图纸要求。

（3）凸、凹模（或动、定模）应保持精确的相对位置。

（4）分形面（或压边面）应设置合理，即能顺利地分形或有利于成型。

（5）一般各零件的定位底平面应与运动方向保持垂直，即上、下模板（座）、上、下模的两底面和固定板等应有平行度要求。

（6）模具的闭合高度（或长度）应与压力机的装模高度（或长度）相适应。

（7）模具应在生产条件下进行试验（试模），保证制出的零件符合品质要求，并且生产率高和成本低。

（二）金属模具材料

金属模具材料的选择对于模具的正常使用、模具的寿命和模具成本影响较大。在选材时应综合考虑模具的种类、制件数量、制件材料和制件复杂程度等因素，而对于模具材料本身，则要考虑它的力学性能、耐磨性、耐热性、热变形、淬透性、机械加工性、价格等。任何一种好材料都难以满足所需要的所有性能要求，只能根据实际使用条件，以满足主要的几个性能要求来选择模具材料。

金属模具一般用模具钢制造，在一些特殊情况下采用硬质合金、铸铁、有色金属合金等，常用模具钢的分类见表7－3。从使用条件及用途出发，可把模具钢分为：冷作模具钢、热作模具钢和塑料模具钢。

1. 冷作模具钢

冷作模具钢用于制造冷冲模、冷镦模、冷挤压模、冷拉丝模、滚丝模、冷剪切刀等。冷作模具在室温下成型，对模具材料的高温性质没有特殊要求，但要求在室温下有高硬度、高耐磨性和足够的韧度，分类见表7－4。

表 7－3　　　　　　　　　　　　常用模具钢的分类

模具材料名称	简要说明	钢号举例
普通碳素钢	用于不需要经过热处理加工的模具零件。或比较不精密的模具淬硬零件	45 钢、55 钢
碳素工具钢	用于简单的模具零件或产量小，精度要求不高的模具。该钢种价格便宜，但耐磨性差，淬火容易变形和开裂	T7A、T8A、T10A、T12A
低合金工具钢	低合金钢含合金元素的总质量分数不超过 5%，由于多种钢种均含有 Cr、W、Mo 等元素，所以比较耐磨，淬火变形小，使用寿命长，是常用的中档模具钢	CrWMn、9SiCr、9Mn2V、GCrl5、9CrWMn、7CrSiMnMoV（CH －1）、6CrNiMnSiMoV（GD）、6Cr3VSi5CrW2Si
中合金工具钢	其合金元素的总质量分数为 5% ~10%。由于合金元素的增加，模具钢的耐磨性、耐冲击性等进一步增加，是中上等模具钢。	Cr4W2MoV、Cr4WV、Cr6Wv、Cr2Mn2SiWMoV
高合金工具钢	其合金元素的总质量分数大于 10%，由于淬火硬度高，淬透性好，淬火变形小等特点，适用于制造精密、耐磨性好的模具	Cr12、Cr12Mo1V1、Cr12MoV、3Cr2W8、4Cr5MoSiV、9Cr6W3Mo2V
高速工具钢	它是比高合金工具钢更好的模具钢，但价格昂贵，用于制造高精度、高效率、高寿命的三高模具	W18Cr4V、W6Mo5Cr4V2、W9Cr4V3、W6Mo5Cr4V2、6W6Mo5Cr4V（6W6）
超高强度基体钢	这类钢具有高速钢基体的淬火性质，耐磨性好，强度高，而且韧性好、价格便宜，性能略次于（某些方面）高速钢	65Cr4W3Mo2VNb（65Nb）、6Cr4Mo3Ni2WV（CG2）、7Cr7Mo3V2Si（LD）
钢结硬质合金	钢结硬质合金是用粉末冶金的方法制造的铬钼合金钢，其中钢为黏结相，WC 或 TiC 为硬质相。它的性能介于钢与硬质合金之间，可进行淬火等热处理，因此加工硬质合金方便，而硬度比钢却高得多	GT35、TLMW50、TMW50、GW50、DT
硬质合金	硬质合金是以难熔的金属碳化物（如碳化钨、碳化钛等）为基体，用钴或镍为黏结剂，用粉末冶金法生产的组合材料，硬质合金硬度高，耐磨性好，红硬性好，其缺点是脆性大；是高级制模材料，用于批量大的生产	YG8、YG8C、YG11、YG11C、YG15、YG20、YG20C、YG25

表7-4 冷作模具钢分类

类型	钢号
低淬透性	T7A、T8A、T9A、T10A、T11A、T12A、8MnSi
冷模具钢	Cr2、9Cr2、Cr06、W、GCr15、V、CrW5
低变形冷模具钢	9Mn2V、CrWMn、9 CrWMn、9Mn2、MnCrWV、SiMnMo、CrWMo
高耐磨微变形冷模具钢	Cr12、Cr12Mo1V1、Cr12MoV、Cr5Mo1V、Cr4W2MoV、Cr2Mn2SiWMoV、Cr6WV、Cr6-W3Mo2.5V2.5
高强度高耐磨冷模具钢	W18Cr4V、W6Mo5Cr4V2、W6Mo5Cr4V2
高强韧冷模具钢	6W6Mo5Cr4V、6Cr4W3Mo2VN6、7Cr7Mo3V2Si、65Nb、LD、7CrSiMnMoV、6CrNiMnSiMoV、8Cr2MnWMoVS
抗冲击冷模具钢	4CrW2Si、5CrW2Si、6CrW2Si、9CrSi、60Si2Mn、5CrMnMo、5CrSiMo、5SiMnMoV
高耐磨、高韧性冷模具钢	GM、ER5
易切削精密冷模具钢	8Cr2MnWMoVS
火焰淬火冷模具钢	7CrSiMnMoV（CH-1）、6CrNiMnSiMoV（GD）
特殊用、冷模具钢	9Cr18、Cr18MoV、Cr14Mo4、1Cr18Ni9Ti、5Cr21Mn9Ni4W、7Mn15Cr2Al3V2WMo

2. 热作模具钢

热作模具钢主要用于制造热锻模、热挤压模和压铸模等。

3. 塑料模具钢

塑料模具是塑料成型加工不可缺少的工具，钢材耗用量大，品种、规格多。对塑料模具钢的使用性能（包括强度、硬度、耐磨性、韧度、热稳定性等）要求并不高，但是必须具备优良的加工性能：热处理变形小、机加工性能优良、焊接性能良好、研磨和抛光性能好，粗糙度低。

（三）金属模具的主要加工方法

1. 机械加工

机械加工（即传统的切削与磨削加工）是模具制造不可缺少的一种重要的加工方法。机械加工的特点是加工精度高、生产效率高。但加工复杂的形状时，加工速度慢，硬材料也难加工，材料利用率不高。

2. 特种加工

特种加工也被称为电加工，从广义上说，特种加工是指直接利用电能、化学能、声能、光能等来去除工件上多余的材料，以达到一定形状、尺寸和表面粗糙度的加工方法，其中包括电火花成型加工、线切割加工、电解加工、电化学抛光、电铸、化学刻蚀、超声波加工、激光加工等。特种加工与工件的硬度无关，可以实现以柔克刚，并可加工各种复杂形状的零件。特种加工在模具制造中得到了越来越广泛的应用。

3. 塑性加工

塑性加工主要指冷挤压制模法，即将淬火过的成型模强力压入未进行硬化处理的模坯中，使成型模的形状复印在被压的模坯上，制成所需要的模具。这种成型方法不需要型面精加工，制模速度快，可以制成各种复杂型面的模具。

4. 铸造加工

对于一些精度和使用寿命要求不高的模具，可以采用简单方便的铸造法快速成型。例如：锌基合金模具，用低熔点材料锌基合金铸造模具，也称快速制模法，其制模速度快，容易制成型状复杂的模具。但模具材质较软，耐热性差，所以模具寿命短，多用于试制和小批量生产的场合。

5. 焊接加工

焊接法制模是将加工好的模块焊接在一起，形成所需的模具。这种方法与整体加工相比，加工简单、尺寸大小不受限制，但精度难于保证，易残留热应变及内部应力，主要用于精度要求不高的大型模具的制造。

6. 数控加工

数控加工是利用数控机床和数控技术完成模具零件的加工，根据零件图样及工艺要求等原始条件编制数控加工程序，输入数控系统，然后控制数控机床中刀具与工件的相对运动，以完成零件的加工。数控机床范围很广，在机械加工中有数控车加工、数控铣加工、数控钻加工、数控磨加工、加工中心加工；在塑性加工中有数控冲床加工、弯管机加工等；在特种成型中则有数控电火花加工、数控线切割加工、数控激光加工等。

（四）模具寿命

模具寿命指在保证制件品质的前提下，所能成型出的制件数，它包括反复刃磨和更换易损件，直至模具的主要部分更换所成型的合格制件总数。模具的失效分为非正常失效和正常失效。非正常失效（早期失效）是指模具未达到一定的工业水平下公认的寿命时就不能服役。早期失效的形式有塑性变形、断裂、局部严重磨损等。正常失效是指模具经大批量生产使用，因缓慢塑性变形或较均匀地磨损或疲劳断裂而不能继续服役。

模具正常失效前，生产出的合格产品的数目，叫模具正常寿命，简称模具寿命；模具首次修复前生产出的合格产品的数目，叫首次寿命；模具一次修复后到下一次修复前所生产出的合格产品的数目，叫修模寿命。模具寿命是首次寿命与各次修复寿命的总和。

模具寿命与模具类形和结构有关，它是一定时期内模具材料性能、模具设计与制造水平、模具热处理水平以及使用及维护水平的综合反映。模具寿命的高低在一定程度上反映一个地区、一个国家的冶金工业、机械制造工业水平。

（五）模具失效形式及机理

模具种类繁多，工作状态差别很大，损坏部位也各异，但失效形式归纳起来大致有三种，即磨损、断裂、塑性变形。

1. 磨损失效

模具在服役时，与成型坯料接触，产生相对运动。由于表面的相对运动，接触表面逐渐失去物质的现象叫磨损。磨损失效可分为以下几种：

（1）疲劳磨损　两接触表面相对运动时，在循环应力（机械应力与热应力）的作用下，使表面金属疲劳脱落的现象称为疲劳磨损。

（2）气蚀磨损和冲蚀磨损　气蚀磨损金属表面的气泡破裂，产生瞬间的冲击和高温，使模具表面形成微小麻点和凹坑的现象叫气蚀磨损。

冲蚀磨损液体和固体微小颗粒反复高速冲击模具表面，使模具表面局部材料流失，形成麻点和凹坑的现象叫冲蚀磨损。

（3）磨蚀磨损　在摩擦过程中，模具表面和周围介质发生化学或电化学反应，再加上摩擦力的机械作用，引起表面材料脱落的现象叫磨蚀磨损。

（4）磨损的交互作用　摩擦磨损情况很复杂，在一定的工况下模具与工件（或坯料）相对运动中，磨损一般不只是以一种形式存在，往往是以多种形式并存，并相互影响。

2. 断裂失效

模具出现大裂纹或分离为两部分和数个部分丧失服役能力时，成为断裂失效。断裂可分为塑性断裂和脆性断裂。模具材料多为中、高强度钢，断裂的形式多为脆性断裂。

脆性断裂又可分为一次性断裂和疲劳断裂。

3. 塑性变形失效

塑料模具在服役时承受很大的应力，而且不均匀。当模具某个部位的应力超过了当时温度下模具材料的屈服极限时，就会以晶格滑移、孪晶、晶界滑移等方式产生塑性变形，改变了几何形状或尺寸，而且不能修复再服役时，叫塑性变形失效。塑性变形的失效形式表现为镦粗、弯曲、形腔胀大、塌陷等。

模具的塑性变形是模具金属材料的屈服过程。是否产生塑性变形，起主导作用的是机械负荷以及模具的室温强度。在高温下服役的模具，是否产生塑性变形，主要取决于模具的工作温度和模具材料的高温强度。

（六）影响模具寿命的因素

1. 模具结构的影响

模具结构对模具受力状态的影响很大，合理的模具结构能使模具工作时受力均匀，不易偏载，应力集中小。模具种类繁多，形式差别很大，工作环境也不尽相同，从几个具有共性的方面加以讨论。

（1）圆角半径　圆角半径分为外（凸）圆角半径和内（凹）圆角半径。工作部位圆角半径的大小，不仅对成型过程及成型件品质有影响，也对模具的失效形式及寿命产生影响。

（2）模具结构形式　整体模具与镶拼模具。整体模具的凹圆角半径很易造成应力集中，并由此引起开裂。模具的导向采用导向装置的模具，能保证在模具中各相关零件相互位置的精度，增加模具抗弯曲、抗偏载的能力，避免模具不均匀磨损。

2. 模具工作条件的影响

（1）成型件的材料、温度　一般来讲，非金属材料的强度低，所需的成型力小，模具受力小，模具寿命高。因此，金属件成型模比非金属成型模的寿命低。在成型高温工件时，模具因接受热量而升温，随着温度的上升，模具的强度下降，易产生塑性变形。同时，模具同工件接触的表面与非接触表面温度差别很大，在模具中造成温度应力。

（2）设备特性　设备的精度与刚度模具成型工件的力是由设备提供的，在成型过程中，设备因受力将产生弹性变形。速度设备对模具及工件的作用力是在一段时间内逐渐增加的，设备速度影响施力过程。设备速度越高，模具在单位时间内受的冲击力越大（冲量大）；时间越短，冲击能量来不及传递和释放，易集中在局部，造成局部应力超过模具材料的屈服应力或断裂强度。因此，设备速度越高，模具越易断裂或塑性变形失效。

（3）润滑　润滑模具与坯料的相对运动表面，可减少模具与坯料的直接接触，减少磨损，降低成型力。同时，润滑剂还能在一定程度上阻碍坯料向模具传热，降低模具温度，对提高模具寿命都是有利的。

3. 模具材料性能的影响

模具材料的性能对模具的寿命影响较大，这些性能包括：强度、冲击韧度、耐磨性、耐蚀性、硬度、热稳定性和耐热疲劳性。

4. 模具制造过程的影响

（1）在模块锻造时，模块加热和冷却所带来的内外温差会产生温差应力；镦粗、冲孔和扩孔等过程如技术参数选择不当易使锻坯开裂。此外，当锻比（锻比是锻造时金属变形程度的一种表示方式）超过一定值后，由于形成纤维组织，横向力学性能急剧下降，导致各向异性。

（2）在模具的电加工中，会出现不同程度的变质层，此外由于局部骤热和骤冷，还容易形成残余应力和龟裂。

（3）模具的热处理　模具热处理安排在模块锻造、粗加工之后，几乎是模具加工的最终工序。模具材料的选用及热处理工序的确定对模具性能的影响极大

任务　注浆模型制作

（一）任务要求

掌握模型制作方法，能制作简单注浆用模型。

（二）操作准备

石膏粉、车模机、雕塑刀、转盘、喷壶、盖布，直尺三角板、毛刷、海绵、脱模剂、油毛毡、稳定杆、石膏浆盆、耐水砂纸、钢锯条、铅笔、硬板、钢丝锯、绳子、夹子、内外卡钳、圆规等。

车模机要具有较高的同心度；要求稳定性好，能承受较大的负荷；要求刹车机构灵活；车模机轮头，必须紧固，不能松动。

（三）操作步骤

1. 石膏浆的调制

（1）准备好盆和石膏粉，注意挑除石膏浆里的硬块和杂质。

（2）在盆中先加入适量的水，再慢慢把石膏粉沿盆边撒入水中，一定要按照顺序先加水再加石膏。

（3）直到石膏粉冒出水面不再自然吸水沉陷，稍等片刻，就用搅拌棒搅拌，要快速有力、用力均匀。最好用机械方法或在密闭的圆筒内一面抽真空，一面搅拌，使其混合均匀，不呈颗粒状态，并除去表面泡沫。

（4）石膏在调制时的比例为：水∶石膏 = 1∶(1.4 ~ 1.8)。

2. 种模车制（如图 7－14 所示）

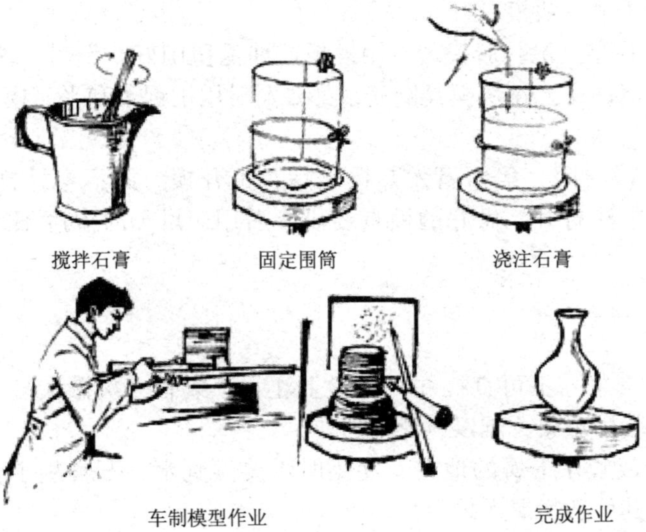

图 7－14　车模操作示意图

（1）根据造型高度裁好油毡，用绳子把油毡围在围填好的泥台上，一定要扎紧并用泥巴把缝隙填塞好，防止石膏浆泄漏。

（2）把搅拌好的石膏浆缓慢倒入围好的油毡空腔内，然后用细的杆状物插入轻轻搅动，把里面的气泡释放出来。

（3）石膏浆稍稍凝固后，拆掉油毡，首先用车模刀把石膏柱车圆车平；然后车削出雏形，一般留 1 ~ 2mm 的加工余量，只有待基本形体车削好后才进行细车，并用耐水砂纸细细打磨修整平滑。如果模种造型允许，可以把模种倒置车削，这样可以直接车削出底足。

（4）清理车模机台面、刀具等，把废石膏清理干净。

3. 模型翻制操作

（1）清理工作台　把石膏母模清理干净，根据预先做好的计划用铅笔轻轻在模型表面画上分模线，这是非常重要的一步。原则是在能开模的基础上，分块越少越好。

（2）一般造型先翻制大块模型　用泥垫底，并围好造型，依据分模线用竹刀抹平泥面，泥面应该在分模线以下一定的距离。

（3）在石膏母模上均匀涂抹脱模剂　一定注意各个部位必须均匀涂上，不能遗漏。

（4）用模板或油毛毡围出模具的外缘　离造型最大径距离要合适，一般 300mm 高度的模种造型，模型边缘厚度在40mm左右注意模板或油毛毡不能有缝隙。应该用泥料填塞。

（5）再在模种上涂抹脱模剂　用夹子或绳子扎紧。按照造型要求预留注浆口，可用泥团捏制成圆台状使用。

（6）调制石膏浆　缓缓注入围好的空腔内，直至淹没模种，并加至合适厚度，待石膏稍稍凝固后，拆掉模板或油毛毡，用钢锯条把模具外边修平。

（7）在模具边上开牙口　可以用梯形、三角形、圆形等，刻好修平，要求一定是上宽下窄，以利于另一块模具打开。

（8）在模具模型上涂抹脱模剂　用模板或油毛毡围好，倒另一块模具，以此类推，直至把整合模具浇注完。每块模具倒完，都要及时用钢锯条刮平。模具子口要吻合，分割要对称。

（9）静置一段时间　等石膏发热固化后，可开模。如不容易打开，可以用轻敲、气冲、水冲泡等方法打开。做好的模具要烘干后用，烘干时温度不得高于60℃，以免模具粉化报废。

（四）注意事项

（1）调制石膏浆　不可直接往石膏粉上注水，或者一次撒太多石膏粉，否则容易产生结块和部分凝固现象，难以搅拌均匀。

（2）石膏粉放置在干燥的地方　使用时不要溅到水，石膏袋子要干净，严防使用过的石膏残渣或其他杂物混入袋中。

（3）车制模型时，双腿分开站立以稳定身体　为了握稳刀具，必须借助稳定杆和身体的力量来稳定刀具。一般把稳定杆顶在右肩，稳定杆前端顶在车模机固定板的适当位置；左手在前紧握刀具前端及稳定杆，右手在后稳定刀具刀柄，使刀具一边固定在稳定杆上。车削时刀具接触石膏柱。

（4）一般车模机是逆时针方向旋转的　所以刀具一般在石膏柱的右侧；在车削过程中，要紧握刀柄和稳定杆，同时肩部也要顶紧稳定杆，这样才会减少跳刀和打抖现象。

（5）翻模整个制作模具的过程要求胆大心细　必须牢记涂抹脱模剂、开牙口、刮平。要求模具整体光滑，表面平整，内部光洁，不允许有飞棱和毛边现象。

思考题

1. 石膏模型质量与成型坯件质量的内在联系是什么？
2. 简述石膏模型的制造过程。
3. 什么是熟石膏？熟石膏一般有哪几种晶型？
4. 试比较α－半水石膏和β－半水石膏的区别。如果制造注浆成型用石膏，应选择哪一种？

5. 简述影响石膏模型质量的因素。
6. 简述塑压成型石膏模具与一般石膏模具的区别。
7. 查阅文献，列举增强石膏质量的方法。
8. 简述翻制石膏模型的主要操作步骤。

主要参考文献

［1］徐建华，邱永斌，等．陶瓷花釉与装饰技术［M］．北京：中国轻工业出版社，2011，4.

［2］陆小荣．陶瓷工艺学［M］．长沙：湖南大学出版社，2005，1.

［3］杨裕国．陶瓷制品造型设计与成型模具［M］．北京：化学工业出版社，2006，3.

［4］沈兵．陶瓷生产一线工人国家职业标准与技能操作规范达标手册［M］．广州：中国科技文化出版社，2005，6.

［5］张柏清，林云万．陶瓷工业机械与设备［M］．北京：中国轻工业出版社，2006，7.

［6］李世普．特种陶瓷工艺学［M］．武汉：武汉理工大学出版社，2005，9.

［7］刘康时，杨兆雄，王迎军，等．陶瓷工艺原理［M］．广州：华南理工大学出版社，1990，12.

［8］钦征骑，钱杏南，贺盘发，等．新型陶瓷材料手册［M］．南京：江苏科学技术出版社，1996，10.

［9］陈萍．Sialon 陶瓷注射成型与脱脂工艺的研究［D］．江苏大学，2010.

［10］李艳丽．新型蜂窝陶瓷的制备与性能研究［D］．华中科技大学，2007.

［11］桑培歌．轧膜成型制备多层片式 PTC 元件技术的研究［D］．华中科技大学，2002.

［12］李海滨．阳极支撑 SOFC 关键材料的流延成型工艺及性能表征［D］．中国科学技术大学，2005.

［13］王瑞生．高压静电施釉法生产卫生陶瓷［J］．陶瓷．2003，(4)：37 ~ 38.

［14］林云万．关于陶瓷墙地砖的深加工及其机械［J］．陶瓷学报．2005，26 (2)：106 ~ 108.

［15］曾令可，税安泽，等．陶瓷工业实用干燥技术与实例［M］．北京：化学工业出版社，2008，5.

［16］诸爱珍．热压注成型及排蜡工艺中常见缺陷分析［J］．山东陶瓷．2004，27 (2)：39 ~ 40.

［17］刘文波．辊道干燥窑生产技术改造方法研究［D］．广东工业大学，2008.